大数据与人工智能技术丛书

统计学
——方法、数据与R的应用

◎ 刘超 编著

清华大学出版社
北京

内 容 简 介

当今是一个大数据的时代,人们已经生活在数据的海洋之中。本书尝试了解学习者的想法和需要,强调统计学的基本概念,突出数据,使用 R 软件为读者呈现可见即可得的统计分析过程,让读者能够轻松、愉快地了解统计的基本思想和应用价值。本书可读性强,语言轻松活泼,内容通俗易懂。

本书可作为高等学校理、工、农、医、经济、管理、人文社会科学专业的统计学教材,也可以供从事商务活动和经济分析等实际工作的各类人员参考。

本书封面贴有清华大学出版社防伪标签,无标签者不得销售。
版权所有,侵权必究。举报: 010-62782989, beiqinquan@tup.tsinghua.edu.cn。

图书在版编目(CIP)数据

统计学:方法、数据与 R 的应用/刘超编著. —北京:清华大学出版社,2019(2022.2重印)
(大数据与人工智能技术丛书)
ISBN 978-7-302-52960-6

Ⅰ. ①统⋯ Ⅱ. ①刘⋯ Ⅲ. ①统计学-青少年读物 Ⅳ. ①C8-49

中国版本图书馆 CIP 数据核字(2019)第 085673 号

责任编辑:贾 斌 薛 阳
封面设计:刘 键
责任校对:焦丽丽
责任印制:沈 露

出版发行:清华大学出版社
    网　　址: http://www.tup.com.cn, http://www.wqbook.com
    地　　址: 北京清华大学学研大厦 A 座　　邮　编: 100084
    社 总 机: 010-62770175　　邮　购: 010-83470235
    投稿与读者服务: 010-62776969, c-service@tup.tsinghua.edu.cn
    质量反馈: 010-62772015, zhiliang@tup.tsinghua.edu.cn
    课件下载: http://www.tup.com.cn,010-83470236
印 装 者:保定市中画美凯印刷有限公司
经　　销:全国新华书店
开　　本: 185mm×260mm　　印 张: 12.75　　字　数: 312 千字
版　　次: 2019 年 7 月第 1 版　　印　次: 2022 年 2 月第 3 次印刷
印　　数: 2001~2500
定　　价: 39.80 元

产品编号: 075094-01

FOREWORD

当今是一个大数据的时代,大数据的概念已经深入人心。毫不夸张地说,人们已经生活在数据的海洋之中。各行各业、不同人群都听说过大数据,了解统计方法。而数据到信息、再到知识,需要用统计方法揭示出来。数据不仅限于数字,也可能是图表或者文字、音乐、视频等。统计学是数据的科学和艺术,其所分析的对象就是数据。统计学与各个学科的数据都有联系,几乎应用于所有领域。这就决定了大多数统计应用不是由统计学家实施的,而是由实际工作者(包括目前正在学习统计学的本科生、研究生)完成的。作为一个数据接收者或者使用者,在日常生活和工作中,了解统计学的基本概念以及懂得如何用统计手段去解决问题是非常重要的。

根据作者多年的教学经验,一本好的教材要以人为本,不仅重视传授统计学科的特点,也要了解读者学习统计的需求。因此,本书非常重视统计学的基本概念、公式和方法,这有助于读者了解统计方法和思想的精髓。很多烦琐的计算则交给统计软件去完成,让读者结合数据理解相关统计方法,突出各种统计方法的介绍和使用。

本书的最大特色就是"在干中学",极大地方便了读者的理解和学习。使用非常方便的R软件使得统计技术不再枯燥,不仅为读者呈现了可见即可得的数据分析过程,而且这种便捷性有助于读者马上动手实践,能更好地体会不同类型和结构的数据需要何种合适的统计方法,从而得到最大的启发,进而有兴趣掌握统计的基本概念和方法,在潜移默化中轻松、愉快地了解统计的基本思想。数据和方法的大量使用也使得本书内容通俗易懂,语言轻松活泼,可读性强。

本书可作为理、工、农、医、经济、管理、人文社会科学专业的统计学教材,也可以供从事商务活动和经济分析等实际工作的各类人员参考。本书相关的资料可以在 https://pan.baidu.com/s/1hrDmvMO 下载。

由于时间仓促,书中不妥之处在所难免,敬请读者指正。希望本书能引起读者对统计学和 R 语言的兴趣,在大数据时代从数据中发现价值,改善我们的生活。

刘 超

2019 年 1 月

CONTENTS

第1章 绪论 ·· 1
  1.1 什么是统计学 ··· 1
    1.1.1 基本定义 ·· 1
    1.1.2 基本类型 ·· 2
  1.2 数据和变量 ·· 3
    1.2.1 变量 ··· 3
    1.2.2 数据 ··· 4
  1.3 统计软件 ·· 7
    1.3.1 R 软件 ·· 7
    1.3.2 其他常用统计软件简介 ··· 8
  练习题 ·· 8

第2章 数据的描述性分析 ·· 10
  2.1 单变量数据的描述分析 ··· 10
    2.1.1 分类型数据 ··· 10
    2.1.2 数值型数据 ··· 13
  2.2 双变量数据的描述分析 ··· 21
    2.2.1 分类型数据对分类型数据 ·· 21
    2.2.2 分类型数据对数值型数据 ·· 24
    2.2.3 数值型数据对数值型数据 ·· 25
  2.3 多变量数据的描述分析 ··· 28
  练习题 ·· 36

第3章 概率与分布 ·· 40
  3.1 随机性和规律性 ··· 40
  3.2 概率 ··· 41
  3.3 变量的分布 ·· 42
    3.3.1 离散型分布 ··· 43
    3.3.2 连续型分布 ··· 44

3.4 中心极限定理和抽样分布 ······ 47
  3.4.1 中心极限定理 ······ 47
  3.4.2 抽样分布 ······ 49
3.5 分位数 ······ 51
练习题 ······ 52

第 4 章 参数估计 ······ 54

4.1 点估计 ······ 54
  4.1.1 总体、样本和统计量 ······ 54
  4.1.2 常用的点估计量 ······ 55
  4.1.3 估计量的选择标准 ······ 57
4.2 区间估计 ······ 58
  4.2.1 正态分布总体均值 μ 的区间估计 ······ 59
  4.2.2 独立正态分布总体均值差 $\mu_1 - \mu_2$ 的区间估计 ······ 61
  4.2.3 配对正态分布总体均值差 $\mu_D = \mu_1 - \mu_2$ 的区间估计 ······ 63
  4.2.4 总体比例 p 的区间估计 ······ 65
  4.2.5 总体比例之差 $p_1 - p_2$ 的区间估计 ······ 66
4.3 确定合适的样本量 ······ 67
练习题 ······ 69

第 5 章 均值的假设检验 ······ 71

5.1 假设检验的基本思想 ······ 71
5.2 单个总体均值的假设检验 ······ 73
  5.2.1 单样本 t 检验 ······ 73
  5.2.2 单样本 Wilcoxon 符号秩和检验 ······ 75
5.3 两个总体均值的假设检验 ······ 77
  5.3.1 两样本 t 检验 ······ 77
  5.3.2 两样本 Wilcoxon 符号秩和检验 ······ 79
5.4 配对总体均值的假设检验 ······ 80
  5.4.1 配对 t 检验 ······ 80
  5.4.2 配对 Wilcoxon 符号秩和检验 ······ 82
5.5 正态性检验 ······ 82
5.6 功效与样本量的计算 ······ 83
  5.6.1 单样本 t 检验与配对 t 检验的功效与样本量 ······ 84
  5.6.2 两独立样本 t 检验的功效与样本量 ······ 86
练习题 ······ 87

第 6 章 比例与列联表的假设检验 ······ 90

6.1 单个总体的比例 ······ 90

- 6.2 两个独立总体的比例 ·· 91
- 6.3 多个总体比例和趋势检验 ·· 94
- 6.4 $r \times c$ 表格 ·· 95
- 6.5 比例的功效与样本量 ·· 97
- 练习题 ·· 98

第 7 章 方差分析 ·· 100
- 7.1 单因素方差分析 ·· 101
  - 7.1.1 基本思想 ·· 101
  - 7.1.2 成对比较和多重检验 ·· 104
  - 7.1.3 Bartlett 检验 ·· 105
  - 7.1.4 放宽对方差的假设 ·· 106
  - 7.1.5 Kruskal Wallis 检验 ·· 106
- 7.2 双因素方差分析 ·· 107
  - 7.2.1 基本思想 ·· 107
  - 7.2.2 无交互作用的双因素方差分析 ·· 109
  - 7.2.3 有交互作用的双因素方差分析 ·· 111
  - 7.2.4 Friedman 检验 ·· 115
- 练习题 ·· 116

第 8 章 一元线性回归 ·· 120
- 8.1 基本原理 ·· 120
  - 8.1.1 基本模型 ·· 120
  - 8.1.2 参数估计 ·· 121
- 8.2 数据描述 ·· 122
- 8.3 模型设定和估计 ·· 123
- 8.4 模型检验和评价 ·· 124
- 8.5 残差与回归值 ·· 127
- 8.6 预测与置信区间 ·· 129
- 练习题 ·· 132

第 9 章 多元线性回归 ·· 137
- 9.1 基本原理 ·· 137
- 9.2 多维数据描述 ·· 139
- 9.3 模型设定和估计 ·· 140
- 9.4 模型检验和评价 ·· 141
- 9.5 模型选择和逐步回归 ·· 143
- 9.6 多重共线性 ·· 146
  - 9.6.1 多重共线性的定义及检验 ·· 146

9.6.2　逐步回归 149
　　9.6.3　岭回归 150
练习题 152

第10章　简单时间序列分析 159

10.1　基本概念 159
　　10.1.1　自相关 159
　　10.1.2　白噪声 161
　　10.1.3　平稳性 164
10.2　时间序列的平滑与分解 165
　　10.2.1　时间序列的成分 165
　　10.2.2　时间序列的分解 166
练习题 174

附录A　R的使用 176

A.1　程序包的安装与加载 176
A.2　数据的读取与保存 177
　　A.2.1　直接输入数据 177
　　A.2.2　读取R包中的自带数据 178
　　A.2.3　读取外部数据 178
　　A.2.4　输出数据 180
　　A.2.5　编辑数据 180
A.3　基本的命令与函数 181
　　A.3.1　数据类型 181
　　A.3.2　数据对象及其运算 181
　　A.3.3　数据的合并与拆分 193

参考文献 195

第1章

绪 论

这是一个数据的时代,互联网+数以百亿计的机器、企业、个人随时随地都会获取和产生新的数据。每一个人都能明显感受到与信息相关的数据无处不在。毫不夸张地说,我们已经生活在数据的海洋之中。作为一个数据接收者或者使用者,在日常生活和工作中,了解统计学的基本概念以及懂得如何用统计方法去解决问题是非常重要的。本书将成为你开始漫长却又乐趣无穷的"统计"旅行的一个合适的起点。本书可以帮助读者理解统计学,熟悉统计语言,从而知道如何将统计学应用于日常生活、工作和学习之中,有助于读者更加有效地做出决策。

1.1 什么是统计学

1.1.1 基本定义

在 300 多年前,统计的英文单词"statistics"首次被人们使用,指政府部门记录人们出生和死亡信息的工作。1903 年,中国学者钮永建、林卓南等翻译了日本人横山雅南所著的《统计讲义录》一书,把"统计"一词引入了中国。

统计学可以通过研究数据来找出规律甚至答案。以汽车保险为例,虽然从物理学角度,鲜明的红色应该更醒目,性能好的跑车应该更安全,眼明手快的年轻人应该更不容易发生交通事故,但是国外保险业数据却显示年轻人、开红色车的人、开跑车的人均容易出车祸。这一规律是从大量的事故数据中总结出来的。现在,心理学家可以从这一类人有炫耀倾向的心理因素来解释。统计学仅仅是从数据中找出规律。但是在统计学家找出什么类型的人易出事故的规律之前,心理学家往往不会往这方面去想。

从这个例子可以看出,统计学进行推断的基础就是**数据**(data)。数据不仅限于数字,也可能是图表或者文字。进入信息时代后,人们倾向于把所有存储在计算机上的信息,无论是数字还是音乐、视频,统称为数据。收集到数据之后,利用一些方法对其进行整理和分析,最后得到结论。因此,**统计学**(statistics)是用以收集数据、分析数据和由数据得出结论的一组概念、原则和方法,是一门"数据的科学"。

统计学与各个学科的数据都有联系,实际上已经应用于所有领域。目前,随着科技的进步,出现了"信息爆炸",即在网络、遥感、金融、电信、地理、商业、旅游、军事、生物医学等各个领域不断产生大量的数据。现在从各个领域中产生的数据量远远超过了人们对它们的分析和处理能力。把数据中的重要信息迅速、有效地提取出来是非常重要的。数据挖掘、人工智能、机器学习等领域的出现对统计学、计算机科学及各个相关领域提出了更高的要求,同时也带来了机会和挑战。

1.1.2 基本类型

统计涉及两个不同的阶段:描述数据集以及根据样本信息得出结论(估计、预测等)。因此,统计的应用也可以分为两个部分:描述统计学和推断统计学。

描述统计学(descriptive statistics)就是以某种信息化的方式组织、概括和展示数据的方法。具体而言,描述统计学利用表格、图形或者数字特征来展示和刻画数据中的信息,特别是数据的分布特征,进而通过综合概括与分析得出反映客观现象的规律性数量特征。大量的未经组织的数据(如人口普查数据)的价值极其有限,但是通过使用统计技术可以将这些数据组织为含义清晰的形式。可以通过对数据资料进行图像化处理将资料摘要转变为图表,以直观了解资料的整体分布情况。

描述统计学通常使用的工具有频数分布与统计图,如直方图、饼图、散点图等(具体方法详见第 2 章)。我们还可以通过分析数据资料,了解各变量观察值的集中趋势与分散情况。对于集中趋势,有均值、中位数、众数等度量方法可以用来描述,这些度量方法将在第 2 章中进行介绍。还有一些统计量可以描述一组数据在其平均值周围分散的情况,如极差(或全距)、标准差以及四分位数间距等,这些度量方法将在第 3 章中进行讨论。

推断统计学(inferential statistics)是在样本的基础上确定总体的某些特征的方法。具体而言,推断统计学是利用样本数据的信息,对总体的情况做出估计、推断、预测或其他归纳。**总体**(population)就是指问题所涉及的所有可能的个人、物体或度量的集合。比如青原博士想了解某个地区的居民(如湖北省江夏区居民)对延迟退休的态度,需要调查的对象是所有江夏区居民的态度,所有江夏区居民对这个问题的观点称为总体。要推断总体的某些特征,通常会从总体中抽取一个样本。**样本**(sample)就是所研究问题的总体的一部分。在上例中,显然不可能也不需要去调查所有的江夏区居民,可以抽取一部分居民进行调查,调查获得的那部分江夏区居民的观点就是总体的一个样本。根据这部分居民的态度即可了解江夏区所有居民的总体态度。第 4 章将对总体和样本进行详细的讨论。

描述统计学和推断统计学的划分,一方面反映了统计方法发展的前后两个阶段,另一方面也反映了应用统计方法探索客观事物数量规律性的不同过程。统计研究过程的起点是统计数据,终点是客观现象内在的数量规律性。在这一过程中,如果收集到的是总体数据(如普查数据),则经过描述统计之后就可以达到认识总体数量规律性的目的;如果获得的只是研究总体的一部分数据(样本数据),则要找到总体的数量规律性,必须应用概率论的理论并根据样本信息对总体进行科学的推断。

在现实问题的研究中,所获得的数据主要是样本数据,因此,推断统计学在现代统计学中的地位和作用越来越重要,已成为统计学的核心内容。当然,这并不是说描述统计学不重要,如果没有对收集到的统计数据进行统计描述以获得有效的样本信息,即使利用再科学的统计推断方法有时也难以得出切合实际的结论。

1.2 数据和变量

我们每天都要遇到各种有形或无形的数据,也在有意无意地利用各种数据,与此同时,也使用各种类型的变量。

1.2.1 变量

变量(variable)是一个可以取两个或更多可能值的特征或属性。在收集数据进行统计分析之前,要给变量一个明确的适合研究目的的定义。这个过程并不容易。如果对问题考虑得不全面,那么就没有理由指望回答问题的人能按照我们的期望回答问题。因此,在做研究之前,对变量必须要有一个清晰的定义。

下面通过一个例子来了解变量的类型和数据的各种测量水平。

例1.1 青原博士对大学生是否喜欢统计学进行了调查。表 1-1 是其中 10 位学生的调查数据,包括性别、年龄、籍贯、身高、体重以及对统计学的态度等指标。

表 1-1 是否喜欢统计学的部分调查数据

性别	年龄	籍贯	身高/cm	体重/kg	统计学成绩	对统计学的态度
男	22	湖北	170	65	90	非常喜欢
男	21	河南	175	60	88	喜欢
女	23	湖北	165	61	80	一般
男	22	北京	179	70	75	不太喜欢
女	21	上海	153	45	75	很讨厌
男	20	北京	180	65	80	喜欢
女	20	河北	172	55	80	一般
女	21	山东	167	52	95	非常喜欢
男	21	广东	165	55	90	非常喜欢
女	20	甘肃	170	60	87	喜欢

表 1-1 中的 7 个指标就是变量,又可以称为属性(attribute)、特征(feature)或特性(characteristic)等。变量所对应的内容则为这些变量的数据。

进一步来看,表 1-1 中的性别、籍贯、对统计学的态度为定性变量(qualitative variable)。如果所研究的特征或者变量是非数值型的,则称为定性变量,也可以称为分类变量(categorical variable)、属性变量(attributives variable)或名义变量(nominal variable)等。定性变量的取值称为水平(level)或者类(class)。例如,姓名、行业、出生地、国籍/地区以及汽车类型都是定性变量。

表 1-1 中年龄、身高、体重、成绩称为定量变量(quantitative variable)。如果所研究的变量可以用数值表示,则称为定量变量,相应的总体就称为定量总体。定量变量的例子比较多,如年龄、寿命、公司的员工人数、薪水金额等。定量变量有连续型变量(continuous variable)和离散型变量(discrete variable),以及既有连续成分,也有离散成分的混合型变量。离散型变量只能取某些特定的值,并且不同取值之间通常都存在间距。通常,离散型变量是通过计数得到的。离散型变量的例子包括具有某种特征的人口数(取正整数值)、某种事故发生的次数(非负整数)、足球射门次数、安静时的心率等。连续型变量的观测值可以遍取某一区间中的任何值。通常,连续型变量是通过测量得到的。例如,身高、体重、热量、速度、长度等都是连续型变量。

所以,在青原博士的调查中,性别、籍贯、对统计学的态度为定性变量,年龄、身高、体重和成绩为定量变量。

1.2.2 数据

数据(data)是变量的观测值或者是实验结果。例如,身高是一个变量,测量一个人的身高,就好比一次实验,可观测到一次实验结果,即观测值(observation)。一般所说的数据是一个集合名词,每一个数据包含很多观测值,每个观测值也称为一个数据点。表 1-1 中的这种数据排列方式是很典型的。通常每一列代表一个变量,而每一行则为一个对象关于各个变量的观测值。往往也把这种数据方阵的每一行叫作一个观测(值)。为了处理性别、籍贯等类似分类变量,通常对类别进行 1,2,3 等编码,以便计算机计数。

1. 数据的类型

数据还可以按照测量水平进行分类。数据的测量水平通常制约着在数据概括和显示时可以选用的计算方法,它还决定着应该使用何种统计检验方法。数据的测量水平有 4 个:定类或分类(categorical data)、定序或有序(ordinal data)、定距或区间(interval data)、定比或比例(ratio data)。最"低"或者说最粗糙的测量是定类水平的测量,最"高"或者说能够提供有关观测对象最多信息的测量是定比水平的测量。表 1-2 给出了常见的数据类型及其特征。

表 1-2 常见的数据类型及其特征

数据类型	数据表征	数据特征	运算功能	应用举例
定类或分类数据	状态,如男、女,0、1	没有数量关系,没有顺序关系	计数	产品分类
定序或有序数据	特征量,如甲>乙>丙>丁	有顺序关系	计数、排序	企业等级、分位数、众数
定距或区间数据	实数,如长度、重量、压力	有数量关系,可比较大小,可排序,可计算差异	计数、排序、加减	成绩差异、总量指标
定比或比例数据	实数,事物之间的比值	有数量关系,可以比较大小,可排序,可计算差异,具有绝对零点	计数、排序、加减、乘除	身高、体重

在计量尺度的应用中,需要注意的是,同类事物用不同的尺度量化,会得到不同的类别数据。例如,收入数据按实际填写就是区间数据;按高、中、低收入水平划分就是有序数据;按有无收入计量则是分类数据;而说某人的收入是另一个人的 2 倍,则是比例数据。再如,学生成绩按及格、不及格评定是分类;按优、良、中、及格、不及格评定是有序数据;按具体分数评定就是区间数据;而平均成绩评定则是比例数据。

对于表 1-1 中的数据,性别是定类变量。我们可以统计其中有多少男性、有多少女性。我们可以先报告男性的人数,也可以先报告女性的人数。因此,对于性别来说,所涉及的仅仅是计数问题。另外,还注意到性别的顺序可以改变。表 1-1 中的指标"对统计学的态度"为定序尺度,每一个类别都比其下一个类别"更高"或者"更好"。在这里"非常喜欢"要比"喜欢"更好,而"喜欢"又比"一般"更好。但是,我们不能确定不同组之间的差异程度。对于"非常喜欢"和"喜欢"之间的差距与"不太喜欢"和"很讨厌"之间的差距是否相同,我们无法辨别。表 1-1 中的统计学成绩是定距数据。成绩不仅可以排序,还可以确定不同成绩之间的差异。但是有一点需要注意,定距水平没有绝对的零点,0 只是测量刻度上的一个点,它不代表某一状态的不存在。例如,成绩为 0 并不代表成绩不存在,而是表明成绩非常低。表 1-1 中的身高、体重就是定比数据。定比水平与定距水平原则上属于同一层次,它具有定距水平的全部特征,一般可不做区别。它们的唯一区别在于定比水平具有绝对零点。也就是说,在定比尺度中,"0"表示"没有"或"不存在"。如一个人的身高为"0"米表示这个人不存在,一个人的收入为"0"表示这个人没有收入,一种产品的产量为"0"表示没有这种产品,等等。此外,定比数据的两个数值之比也具有实际含义。两个人的身高、体重的比值是有意义的。

一般地,因为研究的目的和内容不同,计量尺度也会不同。如果不担心损失信息量,可以降低度量层次。我们将数据的计量或测量尺度归纳如表 1-3 所示。

表 1-3 数据的计量尺度

计量尺度	特征	主要数据特征	运算功能	应用举例
定类或分类数据	分类 分组	$=$ $\neq$	计数	产品分类
定序或有序数据	分类 排序	$>$ $<$	计数、排序	企业等级、分位数、众数
定距或区间数据	分类 排序 量的差距	$+$ $-$	计数、排序、加减	成绩差异、总量指标
定比或比例数据	分类 排序 量的差距 有绝对零点	$+$ $-$ $\times$ $\div$	计数、排序、加减、乘除	身高、体重

2. 数据的收集

现在,数据存在于人们生活的每一个角落。一旦确定适合解决所面临问题的数据类型,就需要着手收集数据。通常,可以通过下面几个方式获得数据:①公开发表的资料;②实验设计;③调查;④观察。

具体来说,第一种方法是从公开发表的年鉴、图书、杂志、报纸等刊物或网络上获得大量二手数据。第二种方法是进行实验设计,在这种方法中研究者会对实验中的个体(人、物或事件)进行严格的控制。例如,在研究阿司匹林是否能保护心脏的实验中,所有自愿参与调查的人被分为治疗组和控制组。治疗组的成员每天服用一片阿司匹林,而控制组的成员则服用一片与阿司匹林形状、颜色等接近,但却不是阿司匹林的安慰剂。研究者——而非被调查者——决定被调查人员的分组情况。一个设计合理的实验会比不控制的实验得到更多的信息。第三种方法是调查。在调查中,研究者对一部分人询问一些问题,并记录答案。例如,人们对延迟退休是什么态度呢?调查可以通过问卷、电子邮件、电话访问或者面对面的方式进行。面对面调查则需要对调查者进行培训。虽然面对面调查比较昂贵,但是在收集比较复杂的信息时,这种调查手段还是非常必要的。最后,我们也可以通过观察的方法收集数据。在观察研究中,研究者对实验个体进行观察并记录所关心的变量。例如,证券分析人员可能会记录某家即将被收购的公司在被收购前一天的股市收盘价,并与其宣布被收购当天的收盘价比较。与实验设计不同,在观察研究中,研究者不对实验个体进行任何控制。

3. 随机抽样

不论采用何种数据收集方法,收集的数据都是从某些总体中得到的样本。为了进行统计推断,我们必须获得**有代表性的样本**(representative sample)。有代表性的样本指该样本的变量取值可以代表总体的特征。最简单的获取有代表性的样本的方法就是选择**随机样本**(random sample)。随机样本是在一个所有样本量为 n 的样本都有相同的机会被抽中的总体中所抽取的一个样本,它保证了总体中每个具有所需要的样本量的子集都有相同的概率被抽中。

本书主要使用 R 软件进行相应的统计分析。我们可以使用 R 软件中的 sample()函数模拟无放回和有放回抽样。如果想从 1~40 中随机取 5 个数字,那么可以使用下面的命令:

```
> sample(1:100,10)
[1] 45  100  65  59  91  36  10  94  70  22
```

第一个参数 x 是一个被抽样的值向量,第二个参数 size 是抽样大小。事实上,一个单个的数字可以代表整数序列的长度,上述命令用 sample(100,10)就足够了。注意,sample 的默认行为是无放回抽样。也就是说,样本不会包含同一个数字两次,并且 size 明显不能超过被抽样向量的长度。

如果想做有放回抽样,则只需要加上参数 replace=TRUE。有放回抽样适用于扔硬币或掷骰子模型。例如,模拟 10 次扔硬币:

```
> sample(c("H","T"), 10, replace = T)
[1] "T" "T" "H" "T" "T" "T" "T" "H" "T" "H"
```

如果公平地扔硬币,则硬币出现正面和出现反面的概率应该一样。

随机事件的思想显然不局限于对称情形,它同样适用于其他情形。如一个考试成功的结果,也许我们希望成功的机会超过 50%,此时可以通过使用 sample()函数中的 prob 参数模拟那种结果不具有相等概率的数据,如成功的可能性是 85%,因此,可以使用如下命令:

```
> sample(c("成功","失败"),10, replace = T, prob = c(0.85,0.15))
[1] "成功" "成功" "成功" "成功" "失败" "成功" "成功" "成功" "成功" "成功"
```

一个重要的有放回抽样方法就是 bootstrap 重抽样法(resampling),它是美国统计学家 Efron 于 1982 年发明的。该方法的基本思想是在原始数据的范围内做有放回抽样,样本量仍为 n,原始数据中每个观测值每次被抽到的概率相等,为 $1/n$,所得的样本为 bootstrap。我们以 R 软件自带的数据 faithful 中的变量 eruptions 为例进行说明。该变量记录了火山爆发的时间,属于不常见的分布,对它进行 bootstrap 重抽样,结果如图 1-1 所示,图 1-1(a) 是 eruptions 的直方图,图 1-1(b) 是 bootstrap 重抽样得到的直方图。可以发现两个图很接近,表明 bootstrap 重抽样很有效。

```
> attach(faithful)
> sample(eruptions,10,rep = T)
> b.sample = sample(eruptions,1000,rep = T) #抽取一个样本量为 1000 的 bootstrap 样本
> par(mfrow = c(1,2))
> hist(eruptions,main = "火山爆发时间的直方图",break = 25)
> hist(b.sample,main = "火山爆发时间的bootstrap样本得到的直方图",break = 25)
```

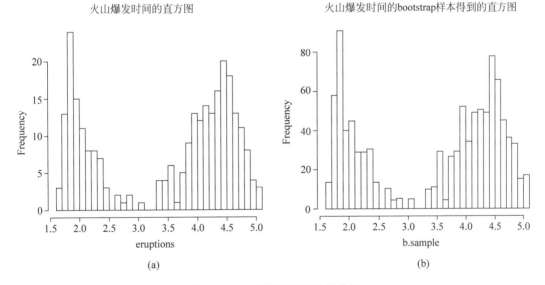

图 1-1　火山爆发时间的抽样模拟

1.3　统计软件

1.3.1　R 软件

统计学离不开计算机和统计软件。在本教材中,主要使用 R 软件进行数据分析。R 软件是一款免费的、由志愿者管理的软件,使用很方便。此外,R 软件网站提供不断更新的各种最新方法的统计软件包和程序,这使得 R 软件受到世界各国统计师生和实际工作者的欢

迎，是用户量增加最快的统计软件，也是多年来使用者比例最高的软件。R 软件已经成为统计和数据分析圈内的一种文化和时尚。我们可以在 R 软件的网站（http://www.R-project.org）找到 R 软件，包括 Windows、Linux 和 Mac OX 三个版本。该网站包括不断更新的系统本身，各种可添加的最新编写的关于不同统计方法的程序包以及手册说明等。

  R 软件的多数计算过程和代码都是公开的，这些函数的代码可以根据需要来改写。它的语言结构容易举一反三，便于读者入门和模仿使用。学习软件的最好方式就是"干中学"，因此，重复这些程序，会有好的收获并加强对统计方法的感知。

  需要注意的是，虽然统计软件的发展使得统计分析从统计学家的圈内游戏变成了大众游戏，只要输入数据，加上一些选项，马上就能得到令人惊叹的满意结果，但是，统计软件的使用可以代替统计课程吗？当然不。数据的整理和识别、方法的选用、计算机输出结果的解释都不像"傻瓜"相机那样简单可靠。况且，只要数据格式无误、选项不矛盾、不用零作为除数，统计软件都会给出结果，而且几乎没有任何警告。另外，统计软件输出的结果太多，即使是同样的方法，不同软件输出的结果也不一样，甚至同样的结果名称却不一样，这就使得使用者大伤脑筋。即使是统计学家，也不一定能够解释所有的输出。因此，应该特别留神，明白自己在干什么，不要在得到一堆毫无意义的垃圾数据之后还沾沾自喜。

1.3.2　其他常用统计软件简介

  统计软件的种类有很多。有些功能齐全，有些价格便宜，有些容易操作，有些需要更多的实践才能掌握；还有一些是专门的软件，只能处理某一类统计问题。太多的选择往往会给决策带来困难。这里介绍几种最常见的统计软件。

  （1）SPSS：这是一款很受欢迎的统计软件，它容易操作，输出漂亮，功能齐全，价格合理。它也有自己的程序语言，但基本上已经"傻瓜化"。对于非专业统计工作者，SPSS 是一个很好的选择。2009 年 4 月，SPSS 公司被 IBM 收购后被重新命名为 IBM SPSS。

  （2）Excel：严格来说它并不是统计软件，但作为数据表格软件有一定的统计计算功能。而且凡是装有 Microsoft Office 的计算机，基本上都有 Excel。但需要注意，有时在安装 Office 时并没有安装数据分析的功能，必须安装该功能后才能进行数据分析。当然，画图功能是默认具备的。对于简单分析，Excel 还算方便。但随着问题的深入，Excel 就不那么"傻瓜"了，它没有相应的简单选项，需要使用宏命令来编程。多数专业一些的统计推断问题需要用专门的统计软件来处理。

  （3）SAS：这是一款功能非常齐全的软件，尽管价格不菲，但许多公司特别是美国制药公司都倾向于使用它。尽管 SAS 现在已经尽量"傻瓜化"，但使用者仍然需要一定的训练才可以使用。也可以对它编程，但对于基本统计课程则不那么方便。

练习题

1. 举出你所知道的统计应用的例子。
2. 解释定性数据和定量数据的区别，分别给出一个定性数据和一个定量数据的例子。

3. 列出测量的 4 个水平,对每个测量水平举出一个实例。

4. 在 R 软件网站(http://www.r-project.org)上 CRAN (The Comprehensive R Archive Network)的镜像网站下载 R 的基本软件,并进行安装。使用 R 软件导入或者输入一个你收集到的数据。

5. 使用 R 软件对例 1.1 做一些简单的计算,比如计算男女人数、非常喜欢统计学的人所占的比例。更进一步,计算不同性别不讨厌统计学的人的比例。本题中,"非常喜欢"和"不讨厌"二者有区别吗?

第2章

数据的描述性分析

描述统计分析(descriptive statistics)也称为探索性数据分析(exploratory data analysis,EDA),是通过分析数据集以决定选择何种方法适合统计推断的过程。不同类别的数据使用的分析方法也应不同。本章将根据不同的数据类别,逐一介绍其分析方法。

2.1 单变量数据的描述分析

2.1.1 分类型数据

统计学上把取值范围是有限个值或是一个数列构成的变量称为离散型变量,其中表示分类情况的离散型变量又称为分类变量。对于分类数据,可以用频数表来分析,也可以用条形图和饼图来描述。

1. 频数表

频数表(frequency table)或**频数分布表**(frequency distribution table)可以描述一个分类变量的分布概况。频数表是遵循既不重叠又不遗漏的原则,按变量(数据特征)的取值归类分组,把总体的所有数据按组归并排列,由各个组别所包含数据的频数构成的汇总表格。R软件中的函数 table()可以生成频数表。如果 x 是分类数据,使用 table(x)就可以生成分类频数表。

例 2.1 青原博士对大学生是否吃早餐进行了调查。部分调查结果为:是,是,否,否,是,是,否,否,是,是。

对于该数据,首先采用 c()函数录入数据,然后调用 table(x)生成频数表:

```
> x = c("是","是","否","否","是","是","否","否","是","是")

> table(x)
> x
```

否　是
4　6

这是变量 x 的频数分布表,表示在接受调查的 10 个人中吃早餐的有 6 个学生,不吃早餐的有 4 个学生。

2. 条形图

条形图(barchart,barplot,bargraph)是用等宽直条的长短来表示各个相互独立的指标数值大小的图形,可以描述那些已经用频数或频率汇总了的分类变量。在条形图中,坐标横轴代表分类变量的各个取值,直条的高度反映的是相应的频数或频率。需要注意的是,使用频数或频率的图的形状看起来一样,只是刻度不一样。条形图分为单式和复式两种,单式适用于只有一组观察数据,复式适用于有若干组观察数据。条形图有很多变种,例如,纵轴和横轴可以互换,这决定了条形是垂直放置(柱形图)还是水平放置。

对分类数据作条形图需先对原始数据分组,否则作出的图将不是分类数据的条形图。R 软件中画条形图的函数是 barplot()。条形图还可以描述离散型定量变量的频数、频率或概率分布。

例 2.2　假如对 25 个学生的籍贯进行调查,按照东部(1)、中部(2)、西部(3)、东北部(4)分成 4 类。调查数据如下:3,4,1,1,3,4,3,3,1,3,2,1,2,1,2,3,2,3,1,1,1,1,4,3,4。

```
> x = c(3,4,1,1,3,4,3,3,1,3,2,1,2,1,2,3,2,3,1,1,1,1,4,3,4)
> par(mfrow = c(1,3))           ♯设置图形窗口以一行三列形式输出
> barplot (table(x))            ♯对 4 种籍贯的频数作条形图
> barplot (x)                   ♯没有对数据进行分组
> barplot (table (x) /length (x))   ♯对 4 种籍贯的频率作条形图,length(x)返回数据个数
```

图 2-1 是对 4 种类型籍贯的频数作条形图。如果事先没有对数据进行分组,则得出如图 2-1(b)所示的条形图,图 2-1(c)是对各种籍贯出现的频率作条形图。[①]

3. 饼图

还可以用饼图来描述分类数据。**饼图**(pie chart)又叫圆形图,是一个面积为 100%、由许多扇形组成的圆,各个扇形的大小比例等于变量各个水平(或类别)的频率或比例,即表示不同组成部分的相对重要性。饼图对描述定类尺度的数据特别有用。饼图比条形图简单,描述比例较直观。值得注意的是,与条形图一样,对原始数据作饼图前要先分组。继续利用上面的学生籍贯调查数据作饼图。在 R 软件中画饼图也很简单,只要使用函数 pie()就可以了。

```
> par(mfrow = c(1,2))
> d = table(x)
> pie(d)
```

[①] 还可以给条形图添上数字标签,用 text()命令,详细信息可以使用??text 命令查阅;也可以修改条形图的颜色,如可以分别改成红色、黄色、蓝色和白色,添加 col= c("red", "yellow", "blue", "white")即可。

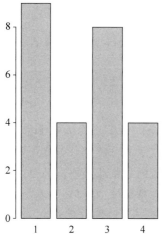
(a) 对y轴数据进行分组的条形图

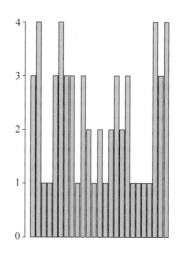
(b) 没有对y轴数据进行分组的条形图

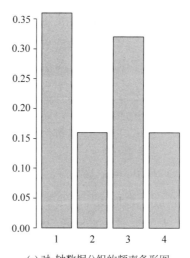
(c) 对y轴数据分组的频率条形图

图 2-1　三种情况下的条形图

得到的结果是图 2-2(a)的饼图，R 软件默认的分类标志是用 1,2,3,4 来表示。也可以用文字标识这些分类。

> names(d) = c("东部","中部","西部","东北部")　#用文字标识籍贯的分类
> pie(d)

得到的结果是图 2-2(b)的饼图，原来的 1,2,3,4 改成了相应的东部、中部、西部、东北部。①

---

① 在 R 软件中通过参数设置还可以对饼图的各个扇区的颜色进行修改，如将颜色改成紫色、绿色、青色和白色：
> pie(drink.count,col = c("purple","green","cyan","white"))

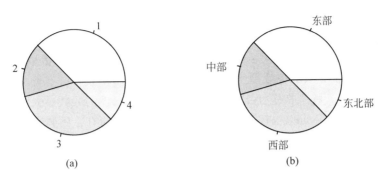

图 2-2　学生籍贯数据的饼图

2.1.2　数值型数据

1. 数据的集中趋势

对于数值型数据,每个数据都有自己的位置,有时候需要描述数据的"中间"或"中心"在哪里,数据离中心多远,或者数据中有多少数据点小于那个数等。用来描述数据**中心位置**(central location)或**集中趋势**(center tendency)的度量方法主要有均值、中位数和众数。

最常用的度量方法就是**均值**(mean),它反映数据在特定条件下所达到的平均水平。如果观测数据为 $x_1, x_2, \cdots, x_n$,那么样本均值定义为

$$\bar{x} = \frac{1}{n}\sum_{i=1}^{n} x_i = \frac{x_1 + x_2 + \cdots + x_n}{n}$$

式中:n 为数据集中的数据个数(样本量);x_i 为样本中的第 i 个数据。

如果数据已经分组得到了频数分布,则一些观测可能具有相同的数值,此时一个较为简便的计算均值的方法是计算加权平均数。设数据 $x_1, x_2, \cdots, x_n$ 相应的频数分别为 $w_1, w_2, \cdots, w_n$,则它们的**加权平均数**(weighted mean)的计算公式为

$$\bar{x}_W = \frac{w_1 x_1 + w_2 x_2 + w_3 x_3 + \cdots + w_n x_n}{w_1 + w_2 + w_3 + \cdots + w_n}$$

但是样本均值容易受到极大值或极小值的影响。如果样本中存在一两个数值极端大或者极端小,均值就有可能不是一个能够恰当地代表数据的平均数了。

对于这样的数据,可以使用**中位数**(median)来描述其集中趋势。如果将数据 $x_1, x_2, \cdots, x_n$ 按取值由小到大排序后记为 $x_{(1)}, x_{(2)}, \cdots, x_{(n)}$,则中位数定义为位于中间的那个数(如果样本量为奇数)或中间两个数的平均(如果样本量为偶数)。即当数据个数 n 为奇数时,中位数为处于 $(n+1)/2$ 位置上的数;当数据个数 n 为偶数时,中位数为中间位置上的两个数的平均值。因此,中位数的计算公式为

$$M_e = \begin{cases} x_{(\frac{n+1}{2})}, & n \text{ 为奇数} \\ \frac{1}{2}\{x_{(\frac{n}{2})} + x_{(\frac{n}{2}+1)}\}, & n \text{ 为偶数} \end{cases}$$

同均值一样,一组数据只有一个中位数。虽然均值用了所有数据点的信息,而中位数却只用了较少的信息,但是中位数不像均值那样会受到一些极端值的影响,中位数不易受极端

值影响的性质称为**稳健性**(robust)。

众数(mode)是另一种集中趋势度量方法。众数就是数据中重复出现次数最多的数。在样本的观测值没有重复的时候(这多出现在连续型变量的情况),众数就没有意义。在离散定量变量(包括四舍五入的连续型变量)和定性变量情况,众数常常有意义,它能明确反映数据分布的集中趋势。特别在定性变量时,哪一类(水平)出现的频数最大,它就是众数。

α **分位数**(α-quantile)可以描述数据的相对位置,定义为约有 α 比例的样本点小于它,或者 $\alpha\%$ 的样本点小于它。中位数就是 50% 分位数。

R 软件可以很简单地得到这些结果,可以使用 mean()、median()、mode()、quantile() 分别得到数据的均值、中位数、众数和分位数。

例 2.3 青原博士调查了 15 名员工的月工资,数据见下,计算员工的月工资均值、方差等。

```
2000  2100  2200  2350  2500  2900  3500  3800
2600  3300  3200  4000  4100  3100  4200
```

首先录入数据:

```
> salary = c(2000,2100,2200,2350,2500,2900,3500,3800,2600, 3300, 3200, 4000, 4100,3100,4200)
> mean(salary)      #求均值
[1] 3056.667
> median(salary)    #求中位数
[1] 3100
> mode(salary)      #求众数
[1] "numeric"
> quantile(salary, probs = c(0,25,50,75,100)/100)
   0%   25%   50%   75%  100%
 2000  2425  3100  3650  4200
```

在 R 软件中还提供了 fivenum() 对数值数据五等分法和 summary() 求出分位数,可以得到和上面 quantile() 一样的结果。例如:

```
> summary(salary)
   Min. 1st Qu.  Median    Mean 3rd Qu.    Max.
   2000    2425    3100    3057    3650    4200
```

通过以上的分析,可以知道这个公司员工的平均工资为 3056.667 元,中位数为 3100 元,75% 分位数为 3650 等信息,从而大概了解这些员工的工资集中状况。

值得注意的是,均值描述集中趋势往往基于正态分布。当数据是长尾或有异常值时,用均值就不合适了。例如,求平均工资时如果包括一个经理的工资,而假设经理的工资是 20 000 元一个月,远远大于普通员工的工资,这时用工资均值反映员工的平均工资水平,显然会偏大。

```
> salarym = c(salary,20000)
> mean(salarym)
[1] 4115.625
```

加上经理的工资后,该部门的平均工资从原来的 3056.667 元变成 4115.625 元。这样得到的部门平均工资显然是不合理的。

```
> median(salarym)
[1]3150
```

而此时的中位数为 3150 元，没有太大变化。因此用中位数来描述集中趋势则是稳健的，不易受异常值影响。

此外，还可以利用**截尾均值**（trimmed mean）来描述，如对该部门的工资截去两头的 20% 数据后计算均值。用 R 软件计算截尾均值很简单，只要在 mean() 中对 trim 参数进行设置即可。

```
> mean(salarym,trim = 0.2)
[1] 3125
```

如果对该部门的工资截去两头 50% 后的均值，实际上这就是中位数。注意 trim 可以省略，直接写上要截尾的比例就可以了。

```
> mean(salarym,trim = 0.5)
[1] 3150
```

2. 数据的离散程度

数据沿着中心位置的变化信息可以帮助我们形象化数据集的形状。用来度量数据离散程度的度量方法称为**尺度统计量**（scale statistics），也称为散度统计量，主要有极差、四分位数间距、方差、标准差和变异系数。

极差（range）是一组数据的最大值和最小值的差。一组数据的差异越大，其极差也越大。类似于极差，**四分位数间距**或**四分位数极差**（interquantile range）定义为上下四分位数之差，也就是盒型图里盒子的长度。它描述了中间半数观测值的散布情况。极差和四分位数极差实际上各自只依赖于两个值，信息量太少。利用偏差构建的**方差**（variance）是更受欢迎的变异性的度量指标。如果观测样本为 $x_1, x_2, \cdots, x_n$，那么样本方差定义为

$$s^2 = \frac{1}{n-1} \sum_{i=1}^{n} (x_i - \bar{x})^2 = \frac{(x_1 - \bar{x})^2 + (x_2 - \bar{x})^2 + \cdots + (x_n - \bar{x})^2}{n-1}$$

设数据 $x_1, x_2, \cdots, x_n$ 相应的频数分别为 $w_1, w_2, \cdots, w_n$，则它们的**加权方差**（weighted variance）的计算公式为

$$s^2 = \frac{1}{n-1} \sum_{i=1}^{n} w_i (x_i - \bar{x})^2 = \frac{w_1(x_1 - \bar{x})^2 + w_2(x_2 - \bar{x})^2 + \cdots + w_n(x_n - \bar{x})^2}{\sum_{i=1}^{n} w_i - 1}$$

显然，方差越大，则数据的分散程度就越大。由于方差的量纲是原数据量纲的平方，为了保持量纲不变，人们常用方差的算术平方根作为基本等价的尺度统计量。样本方差的平方根称为**样本标准差**（sample standard deviation），记为 $s = \sqrt{s^2}$。

变异系数（coefficient of variation, CV）是标准差与均值的比值，公式为

$$\text{CV} = \frac{s}{\bar{x}} \times 100\%$$

变异系数可以对比分析不同类型(收入和旷工天数)的数据的离散性。对相同类型的数据,当均值相去甚远(如大象的体重和老鼠的体重)时,也可以使用变异系数。但是使用变异系数的前提条件是只适用于仅含正数的连续型变量。

方差、标准差的函数分别是 var() 和 sd()。变异系数是标准差与均值的比值,可以使用 sd()/mean() 得到。极差使用 diff(range()),因为 range() 得到的是数据的极大值和极小值。

例 2.3 继续。计算工资数据的极差、方差、标准差和变异系数。

```
> diff(range(salary))          #求极差
[1] 2200
> var(salary)                  #求方差
[1] 566023.8
> sd(salary)                   #求标准差
[1] 752.3455
> cv = sd(salary)/ mean(salary)   #求变异系数
> cv
[1] 0.2461327
```

通过以上的分析,可以知道这个公司员工工资的标准差为 752.3455 元,变异系数为 0.2461 等信息,从而大概了解这些员工的工资发散状况。

方差、标准差对异常值也很敏感,这时可以用稳健的四分位间距(IQR)来描述离散程度。

```
> IQR(salarym)
[1] 1387.5
```

3. 数据的形状

数据的另一个特征就是形状。**偏度** S_k(skewness)描述观测数据分布形态的偏斜方向和程度。

$$S_k = \frac{\sum_{i=1}^{n}(x_i - \bar{x})^3}{ns^3}$$

当 $S_k=0$ 时,呈对称分布;当 $S_k>0$ 时,呈正偏态分布或右偏态分布;当 $S_k<0$ 时,呈负偏态分布或左偏态分布。

峰度 K_u(kurtosis)描述观测数据分布形态的陡缓程度。

$$K_u = \frac{\sum_{i=1}^{n}(x_i - \bar{x})^4}{ns^4}$$

当 $K_u=0$ 时,数据的分布形态与正态分布的陡缓程度相同;当 $K_u>0$ 时,数据的分布形态比正态分布的高峰陡峭;当 $K_u<0$ 时,数据的分布形态比正态分布的高峰平缓。

例 2.3 继续。计算工资数据的偏度和峰度。

```
> library(moments)
> skewness(salary)
```

```
[1] 0.117456
> kurtosis(salary)
[1] 1.683055
```

因此,该工资数据呈右偏态分布,并且数据的分布形态比正态分布的高峰陡峭。

4. 直方图

直方图(histogram)用于描述连续型变量的频数分布,实际应用中常用于考察变量的分布是否服从某种分布类型,如正态分布。图形以矩形的面积表示各组段的频数或频率,各矩形的面积总和为总频数或等于1。在R软件中里用来作直方图的函数是hist(),把probability参数设置为T是用频率作直方图,默认为F。

例2.3 继续。对工资数据作直方图,结果如图2-3所示。

```
> par(mfrow = c(1,2))
> hist(salary,main = "工资的直方图")
> hist(salary,main = "工资的直方图",probability = T)
```

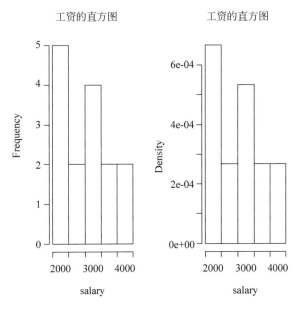

图 2-3　工资频数和频率直方图

在 R 软件中里还可以使用 rug() 函数把各个数据竖线描绘在 x 轴上,结果如图 2-4 所示。

```
> rug(salary)
```

在 hist() 中还可以指定 breaks=n,就可以在直方图中得到大约 n 个条。还可以指定 breaks 为一个向量完成对区间分割的完全控制。

```
> brk - seq(2000,4250,250) # 对区间(2000,4250)按照每间隔250划分,如图2-5所示
> hist(salary,breaks = brk)
```

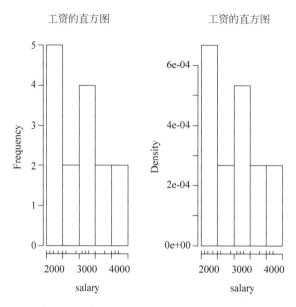

图 2-4 工资频数和频率直方图（添加数据格）

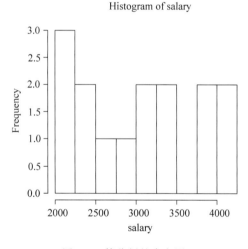

图 2-5 等分割的直方图

5. 茎叶图

茎叶图（stem-and-leaf plot）的形状与功能和直方图非常相似，但它是一种文本化的图形。茎叶图是一种可以较简练地表示数据信息的图表。在茎叶图中，每个数值都被分成两部分，打头的数字作为茎，尾随的数字作为叶。茎沿竖直轴线放置，叶沿水平轴线堆放。茎叶图与频数分布类似，但包含更多信息。在数据量不是很大时，茎叶图既显示了完全的原始数据，又显示了数据分布的形状。它像带有长短不一的叶子的茎。因此，茎叶图优于频数分布的一点是保留了每一个观测对象的真实值。但是，当数据量很大时，显然茎叶图就不方便了。在 R 软件中里作茎叶图很简单，只要用函数 stem() 就可以了。

例 2.3 继续。对工资数据作茎叶图如下：

> stem(salary)

　The decimal point is 3 digit(s) to the right of the |
　2 | 0124
　2 | 569
　3 | 123
　3 | 58
　4 | 012

可以看出，该部门工资主要集中在 2000～4000 之间。与直方图相比，茎叶图在反映数据整体分布趋势的同时还能准确反映出具体的数值大小，因此在小样本情况下优势非常明显。

> stem(salarym)

　The decimal point is 4 digit(s) to the right of the |
　0 | 222233333344444
　0 |
　1 |
　1 |
　2 | 0

从该图也可以发现，20 000 的确是一个异常数据，导致我们不能看清大部分数据的结构。

6. 箱线图

箱线图(boxplot graph)由一个箱子(box)和两条线段(whisker)组成。其绘制方法是：先根据上四分位数 Q_U、下四分位数 Q_L 和中位数 M_e 画出中间的箱子，箱子的长度为四分位数间距 $IQR = Q_U - Q_L$。箱线图上下两条线的长度可以有不同的选择。通常的选择为：如果没有数据值大于 $Q_U + 1.5 \times IQR$，那么该线以数据最大值为端点，否则，线的上端点为上四分位数加上 1.5 倍的箱子长度，比该端点大的数值则分别在其上方按照其实际值点出。如果数据处于 $Q_U + 1.5 \times IQR \sim Q_U + 3 \times IQR$ 的范围内则用圆圈标出，超出 $Q_U + 3 \times IQR$ 的数据用星号标出。下面的线也类似。由 $Q_L \sim Q_L - 1.5 \times IQR$ 区间内的最小值向箱子的底部连线；$Q_L - 1.5 \times IQR \sim Q_L - 3 \times IQR$ 的范围内用圆圈标出，小于 $Q_L - 3 \times IQR$ 的用星号标出。对于单组数据，可以绘制简单箱线图；对于多组数据，可以绘制一批比较的箱线图。通过箱线图，不仅可以反映出一组数据分布的特征，还可以进行多组数据分布特征的比较。

单组数据箱线图的一般形式如图 2-6 所示。

图 2-6　简单箱线图

通过箱线图的形状,就可以看出数据分布的特征。图 2-7 就是几种不同分布的箱线图。

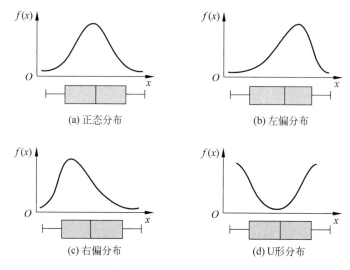

图 2-7 不同分布的箱线图

例 2.3 继续。画出工资数据的箱线图。在 R 软件中,箱线图的函数是 boxplot(),可以设置垂直型和水平型。若 horizontal=F 默认为垂直型,而 horizontal=T 则为水平型。① 结果如图 2-8 所示。

> par(mfrow = c(1,2))
> boxplot(salary) #垂直型
> boxplot(salary, horizontal = T) #水平型

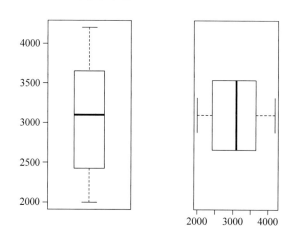

图 2-8 工资数据的箱线图

---

① 使用 boxplot.stats()可以返回箱线图的有关统计量。其用法为 boxplot.stats(x, coef=1.5, do.conf-TRUE, do.out=TRUE)。比如 boxplot.stats(salary),其结果中的 $ stats 由 5 个值组成,第一个数值是箱线图的下虚线,第二个数值是 Q1,第三个数值是中位数,第四个数值是 Q3,第五个数值是箱线图的上虚线;Sn 是样本量;$ conf 是置信区间,默认是 95% 置信区间;$ out 是离群值。

相对于直方图侧重于对一个连续型变量的分布情况进行考察,箱线图更注重于勾勒统计的主要信息,包括最小值、最大值、上下四分位数以及中位数,并且适用于对多个连续型变量同时考察,或者对一个变量分组进行考察。箱线图使用比较灵活,应用更广泛。

箱线图还可以检验离群值。离群值(outlier)就是明显远离其他大部分数据的某个或少数几个值。理论上讲,离群值可以出现在各种分布中。如果观测值距箱线图底线 Q1(第 25 百分位数)或顶线 Q3(第 75 百分位数)过远,如超出箱体高度(四分位数间距)的 1.5 倍以上,则可视该观测值为离群值。

例 2.3 继续。对前面加了经理工资后的月工资数据进行离群值探索,结果如图 2-9 所示。

> boxplot(salarym)

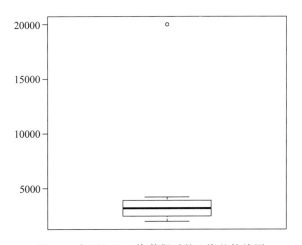

图 2-9　加了经理工资数据后的工资的箱线图

从图 2-9 可以看出,该数据有一个离群值,就是经理的工资,远远高于部门其他人的工资,因此被认为是离群值。

2.2　双变量数据的描述分析

我们经常面临着分析双变量数据之间关系的情形,如:分析人的身高和体重之间的关系;国家的财政收入和税收之间的关系;在药物临床实验中,新药是否比旧药好;当前的天气是否依赖昨天的天气等。下面从各个不同的数据类型来分析双变量数据。

2.2.1　分类型数据对分类型数据

1. 二维表

二维表(two-dimensional table)是两个变量进行交叉分类得到的频数表。R 软件中的 table()函数可以把双变量分类数据整理成二维表形式。table()处理双变量数据类似处理单变量数据,只是参数(变量)由原来的一个变成了两个。

例 2.4 一项关于学生是否抽烟与每天学习时间关系的调查数据如表 2-1 所示。

表 2-1 部分学生抽烟与每天的学习时间调查表

学 生 编 号	是 否 抽 烟	每天学习时间
1	是	少于 5 小时
2	否	5～10 小时
3	否	5～10 小时
4	是	超过 10 小时
5	否	超过 10 小时
6	是	少于 5 小时
7	是	5～10 小时
8	是	少于 5 小时
9	否	超过 10 小时
10	是	5～10 小时

首先对数据进行编码：将是否抽烟设为变量 smoke，其取值为 Y 和 N，分别表示抽烟和不抽烟；每天学习时间设为变量 study，其取值为<5h，5～10h 和>10h，分别表示少于 5 小时，5～10 小时和超过 10 小时。

在 R 软件中输入数据：

```
> smoke = c("Y","N","N","Y","N","Y","Y","Y","N","Y")
> study = c("<5h","5～10h","5～10h",">10h",">10h","<5h","5～10h","<5h",">10h","5～10h")
> table(smoke, study)
       study
smoke  <5h >10h 5～10h
    N    0    2    2
    Y    3    1    2
```

这就是是否抽烟与学习时间的二维表，列是学习时间的三个类型，行表示是否抽烟。第 6 章将用 χ^2 检验探讨二者是否存在关系。

对于二维表，经常要计算某个数据占行、列汇总数的比例或占总和的比例，也就是边缘概率。R 软件可以用函数 prop.table() 很简单地计算这些比例，其命令是 prop.table(x, margin)。margin=1 表示各个数据占行汇总数的比例；margin=2 表示各个数据占列汇总数的比例；margin 省略时表示占总和的比例。例如：

```
> tab = table(smoke,study)
> prop.table(tab,1)
       study
smoke    <5h      10h    5～10h
    N  0.0000   0.5000   0.5000
    Y  0.5000   0.16667  0.3333
```

这里可以首先定义一个概率函数，然后用 apply() 函数求边缘概率。例如，下面的例子是按列计算的边缘概率，即列的概率之和为 1。

```
> prop = function(x) x/sum(x)
> apply(tab,2,prop)
   study
    <5h   >10h   5~10h
  N  0  0.6667    0.5
  Y  1  0.3333    0.5
```

也可以计算行的边缘概率,但这里不能直接应用 apply(tab,1,prop),而是要进行转置。

```
> t(apply(tab,1,prop))
  smoke <5h   10h   5~10h
    N   0.0   0.5000   0.5000
    Y   0.5   0.1667   0.3333
```

2. 复式条形图

多变量分析中经常用到复式条形图。复式条形图是指由两个或两个以上小直条构成的条形图。与简单条形图相比,复式条形图多考察了一个分组因素,常用于考察比较两组研究对象的某观察指标。R 软件中作复式条形图的函数是 barplot()。但是,作复式条形图之前应先对数值数据进行分组,然后用 table()函数作频数表。

例 2.4 继续。以上面的分类数据为例作条形图,粗略分析变量的分布情况。

```
> par(mfrow = c(1,3))               ♯ 设置图形窗口以一行三列形式输出
> barplot(table(smoke, study))       ♯ 以 study 为分类变量作条形图
> barplot(table(study,smoke))        ♯ 以 smoke 为分类变量作条形图
> barplot(table(study,smoke),beside = T,legend.text = c("<5h","5~10h",">10h"))
                                     ♯ 设置图例
```

main 参数可用来为图像添加标题,此外,还可以用 sub 添加副标题。beside 参数设置为 F 或 FALSE 时,做出的是分段式复式条形图;beside 为 T 或 TRUE 时做出的是并列式复式条形图,R 软件默认的是 FALSE。参数 legend.text 为图添加图例说明。上面三个条形图的结果如图 2-10 所示。

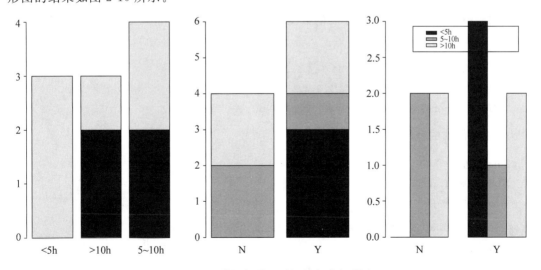

图 2-10 抽烟与学习时间的复式条形图

2.2.2 分类型数据对数值型数据

在实际生活中经常会碰到分成几种类型的数值型数据，例如，在药物临床实验中，测得使用前和使用后的两组血压值数据。这时如何分析药物使用前、后之间的关系？

例 2.5 有一个药物临床实验，得到实验组和对照组两组数据：

实验组：5,5,5,1,3,7,11,11,9,8

对照组：11,8,4,5,9,5,10,5,4,10

用箱线图粗略比较这两组数据之间的关系，结果如图 2-11 所示。可以看出，x 变量的均值要大于 y 的均值，且 x、y 变量都是偏态分布，x 变量左偏，y 变量右偏。

```
> x = c(5,5,5,1,3,7,11,11,9,8)
> y = c(11,8,4,5,9,5,10,5,4,10)
> boxplot(x,y)  # 把 x 和 y 的箱线图画在一起
```

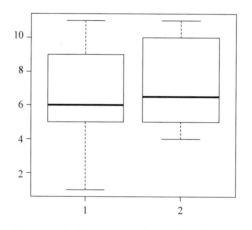

图 2-11 实验组和对照组数据比较的箱线图

当然，还可以把使用前和使用后的数据放在一组，另设一个虚拟变量，比如记实验组为 1，对照组为 2。例如：

```
> d = c(5,5,5,1,3,7,11,11,9,8, 11,8,4,5,9,5,10,5,4,10)
> g = c(1,1,1,1,1,1,1,1,1,1,2,2,2,2,2,2,2,2,2,2)
> boxplot(d~g)
```

或者使用更简洁的程序：

```
> d = c(x,y)
> g = c(rep(1,10),rep(2,10))
> boxplot(d~g)
```

得到和图 2-11 一样的结果。值得注意的是 d~g，分类变量要在~后面。

2.2.3 数值型数据对数值型数据

比较两个数值变量的方法有很多,可以从不同角度去比较。比如对两个独立的数值变量,既可以比较它们的分布是否相同,也可以分析是否存在某种相关关系、回归关系等。

1. 散点图

散点图(scatterplot)可以展现和分析两个数值变量的关系,在 R 软件中里使用 plot() 函数。

例 2.6 表 2-2 是从国家统计局网站收集的 1999—2018 年我国国内生产总值(x)和全社会固定资产投资(y)数据,绘制二者的散点图。

表 2-2 国内生产总值与全社会固定资产投资数据

年份	国内生产总值/亿元	全社会固定资产投资/亿元
1999	90 564.4	29 854.70
2000	100 280.1	32 917.70
2001	110 863.1	37 213.49
2002	121 717.4	43 499.91
2003	137 422.0	55 566.61
2004	161 840.2	70 477.43
2005	187 318.9	88 773.61
2006	219 438.5	109 998.16
2007	270 092.3	137 323.94
2008	319 244.6	172 828.40
2009	348 517.7	224 598.77
2010	412 119.3	251 683.77
2011	487 940.2	311 485.13
2012	538 580.0	374 694.74
2013	592 963.2	446 294.09
2014	641 280.6	512 020.65
2015	685 992.9	561 999.83
2016	740 060.8	606 465.66
2017	820 754.3	641 238.39
2018	900 309.5	645 675.00

在 R 中输入数据:

```
gdp = c(90564.4, 100280.1, 110863.1, 121717.4, 137422.0, 161840.2 , 187318.9, 219438.5,
        270092.3, 319244.6, 348517.7, 412119.3, 487940.2, 538580.0, 592963.2, 641280.6, 685992.9,
        740060.8, 820754.3, 900309.5)
```

```
invest = c(29854.70,32917.70,37213.49,43499.91,55566.61,70477.43,88773.61,109998.16,
137323.94,172828.40,224598.77,251683.77,311485.13,374694.74,446294.09,512020.65,
561999.83,606465.66,641238.39,645675.00)
```

绘出两个变量的散点图,结果如图2-12所示。从图2-12中可以看出,国民生产总值与全社会固定资产投资两者之间有比较强的线性关系,各个点大致分布在回归线的两边。

```
>plot(gdp,invest)          #做 gdp,invest 变量的散点图
>abline(lm(invest~gdp))    #添加趋势线
```

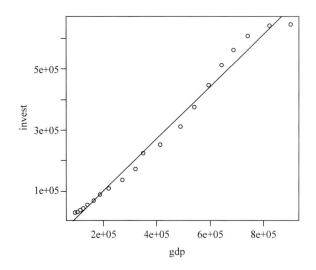

图 2-12　国民生产总值与全社会固定资产投资之间的散点图和趋势线

2. 相关系数

两个数值变量之间的关系大体可分为两类:①确定性关系,研究是确定现象与非随机变量之间的关系,例如,圆周长=2πr;②统计相关关系,研究非确定现象与随机变量之间的关系,例如,家庭消费=f(收入,财富,年龄,消费观念)。

对变量间统计依赖关系的考察主要是通过相关分析(correlation analysis)或回归分析(regression analysis)来完成的。这里主要介绍相关分析,在后面的章节会专门介绍回归分析。

大约在1900年,卡尔·皮尔逊(Karl Pearson)首次提出了相关系数这一概念,用于描述两组定量变量之间的关联程度。**Pearson 相关系数**(Pearson's correlation coefficient)又称相关系数或线性相关系数,一般用 r 表示,其公式为

$$r = \frac{\sum_{i=1}^{n}(x_i - \bar{x})(y_i - \bar{y})}{\sqrt{\sum_{i=1}^{n}(x_i - \bar{x})^2 \sum_{i=1}^{n}(y_i - \bar{y})^2}}$$

式中:$(x_1,x_2,\cdots,x_n)$ 和 $(y_1,y_2,\cdots,y_n)$ 分别为变量 X 和 Y 的观测值。

Pearson相关系数的取值范围为 $-1 \sim +1$。r 为正,表明两变量为正相关;r 为负,表明

两变量为负相关。相关关系的强弱不依赖相关的方向(一或+)。相关系数 r 的绝对值越接近 $1(-1$ 或 $+1)$,线性相关关系越强;越接近 0,线性相关关系越弱。特别地,当 $|r|=1$ 时,表示 X 和 Y 两变量完全线性相关,即 X 和 Y 之间存在函数关系;当 $r=0$ 时,表示 X 和 Y 之间不存在线性相关关系。

由于 Pearson 相关系数的检验需要假定总体为正态性,下面介绍两种非参数方法,即不依赖变量背后的总体分布。

一是 **Spearman 秩相关系数**(Spearman's rank correlation coefficient 或 Spearman's ρ),它和 Pearson 相关系数的定义有些类似,只不过在定义中把点的坐标换成各自样本的秩(即样本点大小的"座次")。Spearman 秩相关系数的计算公式为

$$r_s = 1 - \frac{6\sum_{i=1}^{n}d_i^2}{n(n^2-1)}$$

式中,$d_i = x_i - y_i$,x_i 和 y_i 分别是两个变量按大小排位的等级;n 是样本的容量。Spearman 秩相关系数也是取值在 $-1 \sim 1$ 之间,与相关系数 r 也有类似的解释。

二是 **Kendall τ 相关系数**(Kendall's τ),其原理是把所有的样本点配对(如果每一个点由 X 和 Y 组成的坐标 (x, y) 代表,一对点就是诸如 (x_1, y_1) 和 (x_2, y_2) 的点对),然后看每一对中的 X 和 Y 的观测值是否同时增加(或减少)。比如由点对 (x_1, y_1) 和 (x_2, y_2),可以算出乘积 $(x_2-x_1)(y_2-y_1)$ 是否大于 0。如果大于 0,则说明 X 和 Y 同时增长或同时下降,称这两点协同(concordant),否则就是不协同。如果样本中协同的点数目多,则两个变量就更加正相关一些;如果样本中**不协同**(discordant)的点数目多,则两个变量就更加负相关一些;如果既不正相关也不负相关,则为不相关。这里不用假设总体的分布,也可以检验。因此这是一个非参数的度量。Kendall τ 也是在 $-1 \sim 1$ 之间的数,也是越接近 1 或 -1 就越相关,而接近 0 就不相关。

R 软件中求相关系数的函数是 cor()。cor() 函数默认求的是 Pearson 相关系数。对 cor() 函数中的选项"method="进行设置可以求 Spearman 秩相关系数(method="spearman")和 Kendall τ 相关系数(method="kendall")。

例 2.6 继续。求国民生产总值与全社会固定资产投资的相关系数。

```
> cor(gdp, invest)
[1] 0.9931347
> cor(invest, gdp)
[1] 0.9931347
```

结果说明,这两个变量具有非常高的线性相关程度,并且相关分析是不分自变量和因变量的。国民生产总值与全社会固定资产投资的相关系数等于全社会固定资产投资与国民生产总值的相关系数。

Spearman 秩相关系数如下:

```
> cor(gdp, invest, method = "spearman")
[1] 1
```

Spearman 是一种秩相关,可先对数据求秩,然后再计算它们的 Pearson 相关。下面用 R 软件编程计算 Spearman 秩相关,R 软件中的 rank()函数提供了求秩功能。例如:

```
>cor(rank(gdp),rank(invest))
[1] 1
```

这就是 Spearman 秩相关系数。结果表明两个变量具有非常强的正等级相关。

图 2-13 是 4 组定量数据的散点图,每一组数据表示了两个变量 X 和 Y 的样本。这 4 个散点图很不一样。从图 2-13(a)看不出 X 和 Y 有任何关系,这些点完全是杂乱无章的,看上去不相关。图 2-13(b)显示当 X 增加时,Y 大体上也增加,而且增加得较均匀,有大体上斜着递增直线那样的趋势,有这种关系的变量称为(正)线性相关。图 2-13(c)和图 2-13(b)类似,只不过有递减趋势,称为(负)线性相关。图 2-13(d)也表现出两个变量的很强的关系,但不是线性的。

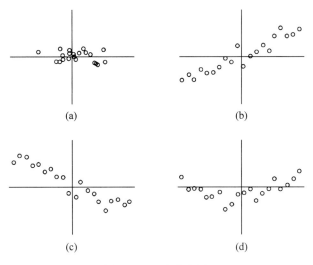

图 2-13　4 个散点图

进一步来看,图 2-13 中的 4 对变量的相关系数分别为 $-0.1395, 0.9472, -0.9393, 0.3147$。因此从相关系数上看,图 2-13(a)中的变量存在低度相关;图 2-13(b)和图 2-13(c)分别表现高度正线性相关和高度负线性相关;图 2-13(d)中的变量肯定相关,但不是线性相关,因此(线性)相关系数也很小。

2.3　多变量数据的描述分析

1. 多维列联表

除了前面看到的一维表、二维表,在实际中更多使用的是多维表,也就是多个变量交叉生成的表格。R 软件中的 table()函数也可以生成多维表。假设存在 x, y, z 三个变量,table(x, y)则生成 x, y 二维表,table(x, y, z)生成每个 z 值关于 x, y 的二维表(由于用计算机作三维及三维以上的表格不方便,所以就用这种方式显示)。

例 2.7 为了了解不同年龄的男性吸烟与呼吸系统疾病之间的关系,青原博士获得了表 2-3 的调查数据,这是一个 2×2×2 的三维列联表,因为每个变量的水平数均为 2。

表 2-3 不同年龄的男性吸烟与呼吸系统疾病的调查数据

年龄/岁	健康状况	吸烟状态	
		吸烟	不吸烟
<40	呼吸正常	874	567
	呼吸不正常	28	14
<40～59	呼吸正常	780	328
	呼吸不正常	68	2

首先在 R 软件中读取数据:

> age = c(rep("<40 岁",4),rep("40～59",4))
> smoke = rep(c("吸烟","不吸烟"),4)
> breath = rep(c("呼吸正常","呼吸正常","呼吸不正常","呼吸不正常"),2)
> freq = c(874,567,28,14,780,328,68,2)

接下来分析 breath 变量的频数分布情况,分析后再作 breath 与 smoke 的二维表,最后作 breath、smoke 与 age 的三维表。

> xtabs (freq~breath)
breath
呼吸不正常 呼吸正常
     112   2549
> xtabs(freq~breath + smoke)
            smoke
breath   不吸烟 吸烟
  呼吸不正常   16   96
  呼吸正常   895 1654
> xtabs(freq~breath + smoke + age)
, , age = <40 岁
            smoke
breath   不吸烟 吸烟
  呼吸不正常   14   28
  呼吸正常   567   874

, , age = 40～59
            smoke
breath   不吸烟 吸烟
  呼吸不正常   2   68
  呼吸正常   328   780

2. 复式条形图

例 2.7 继续。对 breath 按不同的 smoke 作复式条形图,结果如图 2-14 所示。从图 2-14 可以看出,首先按 smoke 分成"吸烟"和"不吸烟"两组,每组里又按 breath 分成"呼吸正常"和"呼吸不正常"两类。

```
> par(mfrow = c(1,2))
> barplot(xtabs(freq~breath + smoke))
> barplot(xtabs(freq~breath + smoke),beside = T)
```

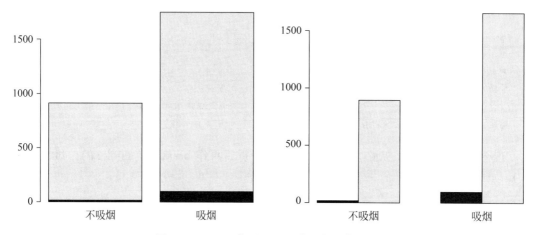

图 2-14　breath 按照 smoke 作的复式条形图

对 smoke 按照不同的 breath 作复式条形图,结果如图 2-15 所示。

```
> par(mfrow = c(1,2))
> barplot(xtabs(freq~smoke + breath))
> barplot(xtabs(freq~smoke + breath),beside = T)
```

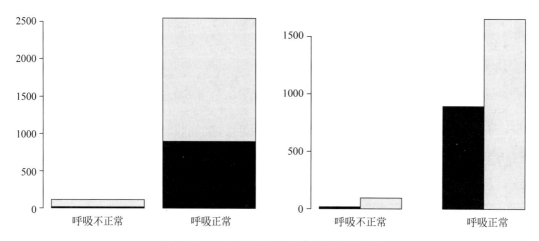

图 2-15　smoke 按照 breath 作的复式条形图

从图 2-15 中可以看出,首先按 breath 分成"呼吸正常"和"呼吸不正常"两组;然后,每组里又按 smoke 分成"吸烟"和"不吸烟"两类。

3. 并列箱线图

对于多变量数据则经常要用到箱线图来分析各个变量的分布情况。

例 2.7 继续。用并列箱线图考察年龄与吸烟、年龄与呼吸的关系。

注意,为了画出并列箱线图,此处需要没有分组的年龄变量。因为表 2-3 是汇总数据,因此不失一般性,假设两个年龄段"<40 岁""40~59"的男性的年龄均值分别为 20 岁和 49.5 岁,按照下面的程序产生年龄的连续观测值。

```
> set.seed(500)
> age.value = round(c(rnorm(1483,mean = 20,sd = 6.5),rnorm(1178,mean = 49.5,sd = 3)))
```

此外,还需要给出每一个男性的吸烟状态、呼吸状态,这由下面的程序实现:

```
> age1 = c(rep("<40 岁",1483),rep("40~59",1178))
> breath1 = c(rep("呼吸正常",1441),rep("呼吸不正常",42),rep("呼吸正常",1108),rep("呼吸不正常",70))
> smoke1 = c(rep("吸烟",874),rep("不吸烟",567),rep("吸烟",28),rep("不吸烟",14),rep("吸烟",780),rep("不吸烟",328),rep("吸烟",68),rep("不吸烟",2))
```

因此,基于 age.value,分别作出 age.value 按 smoke1 和 breath1 分类的箱线图,如图 2-16 所示。

```
> par(mfrow = c(1,2))
> boxplot(age.value ~ smoke1)
> boxplot(age.value ~ breath1)
```

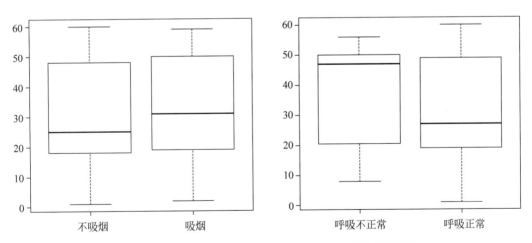

图 2-16 age.value 分别按 smoke1 和 breath1 分类的箱线图

从箱线图可以发现,吸烟的男性平均年龄高于不吸烟的男性,呼吸不正常的男性平均年龄高于呼吸正常的男性。对该结论的进一步验证可以使用第 6 章的知识,读者可以自己尝试。

例 2.8 为了比较乘坐公交车上班快还是自己开车快,青原博士对两种交通方式所用时间各进行了 10 次记录,具体数据见表 2-4。

表 2-4　两种交通方式所需时间

交通方式	所需时间									
公交车	48	47	44	45	46	47	43	47	42	48
开车	36	45	47	38	39	42	36	42	46	35

对于本例，目的是比较两种交通方式所需时间是否有差异，所以先画出并列箱线图。结果如图 2-17 所示，可以看出两种交通方式所需时间存在着较大的差异。

```
> x1 = c(48,47,44,45,46,47,43,47,42,48); x2 = c(36,45,47,38,39,42,36,42,46,35)
> time = c(x1,x2)
> transportation = c(rep(1,10),rep(2,10))
> traffic.time = cbind(time,transportation)
> boxplot(time ~transportation)
```

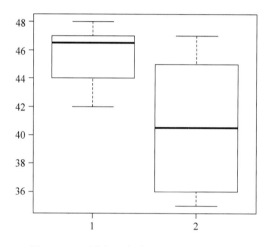

图 2-17　不同交通方式所需时间的箱线图

例 2.9　模拟 1000 个标准正态分布随机数，分成 10 组，作 10 个并列箱线图。

```
> r1 = rnorm(1000)
> f1 = factor(rep(1:10,100))
> boxplot(r1~f1)
```

结果如图 2-18 所示。注意，这里利用 rep()函数重复 100 次生成 1∶10 的 1000 个数，再利用 factor()函数生成 10 个因子。

4．点带图

点带图(stripchart)经常用来比较各变量的分布情况，尤其是当每个变量都有较多的观察值时。点带图主要用在当样本观察值较少时。R 软件中作点带图的函数是 stripchart()，对于双变量数据其用法是 stripchart(z~t)，表示 z 变量在 t 变量上的分布情况，不同的是这里 z 变量刻度在 x 轴上，而 t 变量在 y 轴上。

例 2.7 继续．对呼吸正常与否按吸烟与否分类作点带图。结果如图 2-19 所示，呼吸的各个类型都绘在图上了。值得注意的是，x 轴用 1,0 代表"吸烟"和"不吸烟"两组。

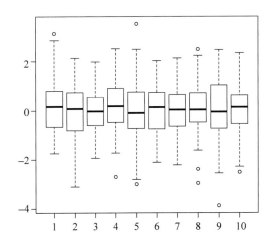

图 2-18　1000 个标准正态分布随机数分成 10 组时的箱线图

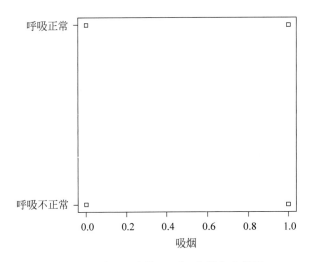

图 2-19　对 breath 按 smoke 分类作点带图

```
> smoke1[smoke1 == "吸烟"] = 1
> smoke1[smoke1 == "不吸烟"] = 0
> par(mfrow = c(1,1))
> stripchart(as.numeric(smoke1)~breath1,xlab = "吸烟")
```

该例中的两个变量都是二分类,关系比较简单。下面再看一个复杂一点儿的点带图例子。

例 2.10　青原博士模拟了 100 个标准正态分布的随机数,分成 5 组,作点带图。

```
> r2 = rnorm(100)
> f2 = factor(rep(1:5,20))
> stripchart(r2~f2)
```

结果如图 2-20 所示,反映了各随机数在各组上的分布情况,而且绝大部分集中在[−1,1]上。我们发现,当样本观察值较多时,点带图就显得有点儿凌乱,没有箱线图清晰直观。这是点带图的局限性,所以当样本观察值较多时,建议使用箱线图。

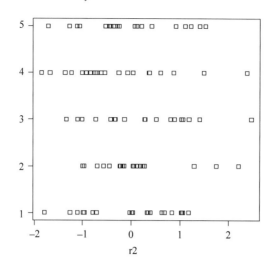

图 2-20　100 个标准正态分布随机数分成 5 组时的点带图

5. 多变量散点图

多变量散点图包括重叠散点图和矩阵式散点图。我们使用 R 自带的著名的鸢尾花(iris)数据集来介绍如何绘制多变量散点图。鸢尾花(iris)数据集是 Fisher 关于 150 个植物分类的数据,是判别分析的经典案例。

例 2.11　鸢尾花(iris)数据集内有五个变量：Sepal. Length(花萼长度),Sepal. Width(花萼宽度),Petal. Length(花瓣长度),Petal. Width(花瓣宽度),Species(品种)。品种有三个：setosa,versicolor 和 virginica。每种品种有 50 个样本。

首先读取 iris 数据,数据如下。

```
> iris
> levels(iris $ Species) #种类的水平
[1] "setosa"     "versicolor" "virginica"
```

共有三种植物,分别是 setosa、versicolor 和 virginica。为了在图中方便显示,重新标示它们为 1、2 和 3。

```
> iris.lab = rep(c("1","2","3"),rep(50,3))
```

1) 重叠散点图

有时出于研究的需要,需将两个或多组两个变量的散点图绘制在同一个图中,这样可以更好地比较它们之间的相关关系,这时就可以绘制重叠散点图,结果如图 2-21 所示。

```
> par(mfrow = c(1,2))
> plot(iris[,1],iris[,3],type = "n")     #绘制 iris 第 1 列和第 3 列的散点图,type = "n"不显示点
> text(iris[,1],iris[,3],cex = 0.6)      #显示样本序号,缩小字体 cex = 0.6
> plot(iris[,1],iris[,3],type = "n")
> text(iris[,1],iris[,3],iris.lab,cex = 0.6)
```

2) 矩阵式散点图

要想同时考察三个或三个以上的数值变量间的相关关系时,利用矩阵式散点图则比较合适,这样可以快速发现多个变量间的主要相关性。这一点在多元线性回归中显得尤为重

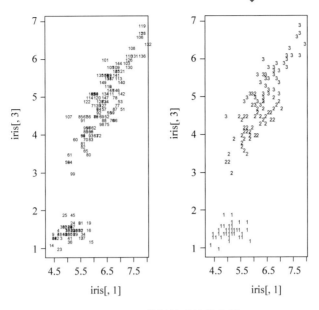

图 2-21　iris 数据的重叠散点图

要。R 软件中作矩阵式散点图的函数是 pairs()。对上面植物分类的数据绘制矩阵式散点图，结果如图 2-22 和图 2-23 所示。

```
> pairs(iris)
> pairs<iris[1:4],pch=21,bg=iris lab)    #按iris.lab分类
```

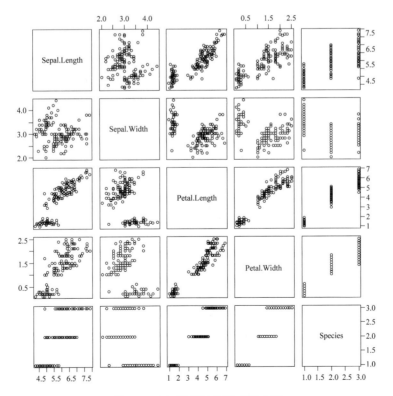

图 2-22　iris 数据的矩阵式散点图

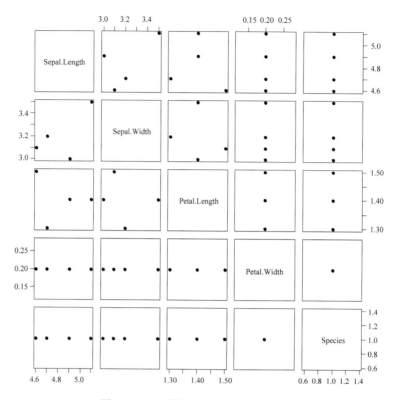

图 2-23　iris 数据的分类矩阵式散点图

练习题

1. 最近一年，工商局收到如下投诉：关于家装店的投诉有 7792 次；关于计算机售卖和服务店的投诉有 5733 次；关于汽车经销商的投诉有 14 668 次；关于汽车修理商的投诉有 9728 次；关于干洗店的投诉有 4649 次。使用合适的图展示这些数据，并指出哪方面投诉最多。

2. 表 2-5 的数据是对某一年全球航空行李延迟的原因调查结果，使用合适的图展示数据。

表 2-5　某一年全球航空行李延迟原因统计数据

延迟的原因	频率/%
转机行李处理不当	61
装载、卸载错误	4
在原机场没有装载	15
配载限制	5
到达站处理不当	3
其他	12

3. 表 2-6 的数据是 5 个城市近期正午时的紫外线指数,使用合适的图展示数据。

表 2-6 5 个城市近期正午时紫外线指数

城市	A	B	C	D	E
紫外线指数	9	7	8	7	10

4. 甲乙两班各有 40 名学生,期末统计学考试成绩的分布如表 2-7 所示。

表 2-7 甲乙两班期末统计学考试成绩

考试成绩	人 数	
	甲 班	乙 班
优	3	6
良	6	15
中	18	9
及格	9	8
不及格	4	2

(1) 根据表中的数据,画出两个班考试成绩的柱形图和饼图。
(2) 比较两个班考试成绩分布的特点,两个班考试成绩的分布是否相似?

5. 在由 30 辆汽车构成的一个随机样本中,测得每百千米的耗油量(单位:L)数据如下。

```
9.19   10.01   9.60    9.27    9.78    8.82
9.63   8.82    10.50   8.83    9.35    8.65
10.10  9.43    10.12   9.39    9.54    8.51
9.70   10.03   9.49    9.48    9.36    9.14
10.09  9.85    9.37    9.64    9.68    9.75
```

(1) 计算均值、方差、标准差、极差、变异系数、偏度和峰度。
(2) 绘制散点图、直方图。
(3) 绘制茎叶图、箱线图。

6. 从某大学统计系的学生中随机抽取 24 人,对他们的有关课程学习情况进行调查。结果如表 2-8 所示,试对这些学生的数学成绩和统计学成绩进行探索性分析。

表 2-8 课程成绩

序号	数学	统计学	序号	数学	统计学
1	81	72	7	88	89
2	90	90	8	78	82
3	91	96	9	95	96
4	74	68	10	63	75
5	70	82	11	85	86
6	73	8	12	60	71

续表

序号	数学	统计学	序号	数学	统计学
13	83	78	19	80	86
14	81	94	20	85	84
15	77	73	21	70	82
16	60	66	22	54	56
17	66	58	23	93	98
18	84	87	24	68	76

(1) 分别计算数学成绩和统计学成绩的均值、方差、标准差、极差、变异系数、偏度和峰度。

(2) 绘制数学成绩和统计学成绩的直方图、茎叶图、箱线图。

(3) 绘制数学成绩和统计学成绩的散点图,并计算相关系数。

7. 表2-9是1990—2001年我国财政收入(y,百亿元)和税收(x,百亿元)的数据。

表2-9 1990—2001年我国财政收入和税收数据

t	x	y
1990	2821.87	2937.10
1991	2990.17	3149.48
1992	3296.91	3483.37
1993	4255.30	434.95
1994	5126.88	5218.10
1995	6038.04	6242.20
1996	6909.82	7407.99
1997	8234.04	8651.14
1998	9262.80	9875.95
1999	10682.58	11444.08
2000	12581.51	13395.23
2001	15301.38	16386.04

(1) 分别计算 x 和 y 的均值、方差、标准差、极差、变异系数、偏度和峰度。

(2) 绘制 x 和 y 的直方图、茎叶图、箱线图。

(3) 绘制 x 和 y 的散点图,并计算相关系数。

8. 对下列数据进行探索性分析。

44 12 22 31 26 22 30 26 18 28 12
40 17 13 14 17 25 29 15 30 10 28
16 33 24 20 29 34 23 13

(1) 分别计算均值、方差、标准差、极差、变异系数、偏度和峰度。

(2) 绘制直方图、茎叶图、箱线图。

(3) 数据是否显示存在离群值？概述你的结论。

9. 表 2-10 是我国 1990—2014 年每年年末人口数，用一张合适的图描述人口增长并概述你的发现。

表 2-10 1990—2014 年每年年末人口数

年份	人口/万	年份	人口/万
1990	114 333	2003	129 227
1991	115 823	2004	129 988
1992	117 171	2005	130 756
1993	118 517	2006	131 448
1994	119 850	2007	132 129
1995	121 121	2008	132 802
1996	122 389	2009	133 450
1997	123 626	2010	134 091
1998	124 761	2011	134 735
1999	125 786	2012	135 404
2000	126 743	2013	136 072
2001	127 627	2014	136 782
2002	128 453		

10. R 软件的程序包 MASS 中的内置数据 Cars93 有 27 个变量 93 个样本。用 R 软件该数据，选择其中的三个变量 Price、Type 与 mpg 做以下分析。

(1) Price(价格)是数值型变量，请按照(0,12)、(12,20)、(20,max(Price))分成"经济型""普通型"和"奢侈型"，并将该变量定义为 price。

(2) 把 MPChighway(在高速公路上每加仑汽油走的英里数)按(0,20)、(20,30)、(30,max(MPGhighway))分成"费油型""普通型"和"省油型"，并将该变量定义为 mpg。

(3) 选择其中的三个变量 price、Type 与 mpg 生成三维列联表。

(4) 对 price 按不同的 Type 作复式条形图，对 Type 按照不同的 price 作复式条形图。

(5) 对 Price(注意此处应该是没有分组的价格变量)按 Type 分类作箱线图。

(6) 对 price 按 Type 分类作点带图，然后与(5)的箱线图做比较。

第3章

概率与分布

我们通常只能获得部分数据和信息,很少可以得到完全的信息。一个经验事实是大多数实验和观测不能完美地重现,无法复制的程度可能千差万别。然而,如果我们把数据视为来自于一个统计分布,那么这个观点将有助于我们对问题和统计方法的理解。这使得我们必须了解随机性和概率这两个统计学中的核心概念。

3.1 随机性和规律性

当不能预测一件事情的结果时,这件事就和随机性联系起来了。随机性和规律性是事物的正反面,是相对统一的。单个的事情可能具有随机性。例如,掷硬币时,我们不能确定硬币将正面朝上还是反面朝上。但是,当把大量的随机事件放在一起时,它们会表现出令人惊奇的规律性。

例 3.1 青原博士模拟扔硬币,了解随机性和规律性的相对统一性。

分别扔硬币 10 次、100 次、10 000 次可以发现,扔硬币的次数越多,正面和反面朝上的次数越接近,这个结果相当稳定。但是规律也表现出某种随机性。实际上如果重复扔 10 次硬币,我们会发现大部分时候并不能得到和上次观察一模一样的结果。这表明了统计的一个重要的本质特征。

```
> a = sample(c("H","T"),10,replace = T)
> table(a)
a
H T
7 3
> a = sample(c("H","T"),100,replace = T)
> table(a)
a
H  T
```

```
57 43
> a = sample(c("H","T"),10000,replace = T)
> table(a)
a
   H    T
5007 4993
```

通过对看起来随机的现象进行统计分析,统计知识能够帮助我们把随机性归纳到可能的规律性中。统计从如何观察事物和事物本身如何真正发生这两个方面帮助我们理解随机性和规律性的重要性。因此,统计可以看作一项对随机性中的规律性的研究。

3.2 概率

因为涉及随机性,所以我们需要了解概率。**概率**(probability)是一个 $0 \sim 1$ 之间的数,它告诉我们某一事件发生的机会有多大。概率为统计推断奠定了基础。在学习完第 4、5 章后会知道我们可能永远也不能确定两个数字的差异是否超出了随机性本身所能解释的范围,但是可以确定这种差异发生的概率是大还是小。因此,在很多情况下,仍然可以得出关于我们所处的这个世界的重要结论。

用 R 软件很容易计算概率。考虑无放回抽样的情形,如 sample(1:100,5),得到一个给定数字作为第一个样本的概率是 $1/100$,第二个则是 $1/99$,以此类推。那么给定一个样本的概率就是 $1/(100 \times 99 \times 98 \times 97 \times 96)$。在 R 软件中使用 prod 函数计算一串数字的乘积:

```
> 1/prod(100:96)
[1] 1.106868e-10
```

要注意,这是一个在给定顺序下获得给定数字的概率。然而,我们更感兴趣的是正确猜出 5 个给定的数字集合的概率。因此,需要包含那些有同样的数字但是顺序不同的情形。注意,所有 5 个数字的集合必须有相同的概率。所以,我们所要做的就是计算从 100 个数字中选取 5 个数字的所有可能数[①]。在 R 软件中,可以用 choose() 函数来计算这个数字,所以上述概率可以写成:

```
> 1/choose(100,5)
[1] 1.328241e-08
```

有其他方法得到同样的结果。很明显,由于每种情况的概率都是相同的,我们需要做的就是输出一共有多少种这样的情形。第一个数字有 5 种可能,对其中每一种情况的第二个数字又有 4 种可能,以此类推,从而可能的种数有 $5 \times 4 \times 3 \times 2 \times 1$,即 $5!$(5 的阶乘)。所以选取这 5 个数的概率为

---

① 组合数 $\binom{100}{5} = \frac{100!}{5!95!} = 75\,287\,520$。

```
> prod (5:1) /prod (100:96)
[1] 1.328241e-08
```

3.3 变量的分布

在扔硬币的活动中,结果总是随机出现的,因此把得到的结果称为**随机变量**(random variable)。在定义了一个感兴趣的随机变量之后,对实验结果的概率分析也就转化为对该随机变量各种可能取值的概率分析。随机变量取一切可能值或范围的概率或概率的规律称为**概率分布**(probability distribution),简称分布。一般表示为累积分布函数 $F(x) = P(X \leqslant x)$,该函数描述的是对一个给定分布小于或等于 x 的分布的概率。例如,一个班级学生成绩可以很好地用均值 85、标准差 10 的正态分布(下面即将介绍该分布)来表示,那么,如果一个学生的成绩为 90 分,则这个班级中只有 30.85% 的学生是这个分数或者比这个分数更高。R 软件的计算过程如下:

```
> 1 - pnorm(90, mean = 85, sd = 10)
[1] 0.3085375
```

在得不到真实的累积分布函数时,可以考虑经验累积分布函数,其定义为小于或等于 x 的数据占全部数据的比例。也就是说,如果 x 是第 k 小的观测值,那么小于或等于 x 的数据的比例为 k/n。我们可以作出一个经验累积分布函数图,结果如图 3-1 所示。[①]

```
> x = rnorm(100); n = length(x)
> plot(sort(x), (1:n)/n, type = "s", ylim = c(0,1))
```

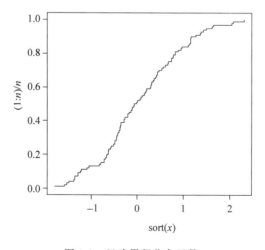

图 3-1 经验累积分布函数

---

① 或者使用下面的语句:
F100 <- ecdf(rnorm(100)); plot(F100); plot(F100, verticals = TRUE, do.points = FALSE)

3.3.1 离散型分布

离散随机变量的所有可能取值是有限个或可列个数值,比如离散随机变量 X 取值为 $x_1,x_2,\cdots,x_n$,那么事件 $X=x_i$ 发生概率 $p(x_i)$ 的全体就是离散型概率分布,也称为概率分布列。随机变量 X 具有概率分布,可以用点概率 $p(x)=P(X=x)$ 或累积分布函数 $F(x)=P(X\leqslant x)$ 描述,还可以采用表格的形式展示概率分布列。离散型概率分布必须满足

$$\sum_{i=1}^{n} p(x_i) = 1, \quad 0 \leqslant p(x_i) \leqslant 1; \quad i=1,2,\cdots,n$$

在现实中有许多广泛应用的离散型概率分布,它们可以使用一般公式来表达,只要给定随机变量的任意一个取值,就可以直接计算出概率。

当观察一个独立重复二项实验时,通常对每次实验的成功或失败并不感兴趣,更感兴趣的是成功(或失败)的总数,此时就是**二项分布**(binomial distribution)。在上述二项分布情形下,分布可以用点概率来得到:

$$f(k) = \binom{n}{x} p^x (1-p)^{n-x}$$

这就是已知的二项分布,$\binom{n}{x}$ 称为二项系数。参数 p 是一次独立实验中成功的概率。

在 R 软件中使用下面的命令可得到如图 3-2 所示的 $n=100, p=0.33$ 时的二项分布图形。

```
> x = 0:100
> plot(x,dbinom(x,size = 100,prob = .33),type = "h") # type = "h"画出针形图
```

注意,在画出二项分布的点概率图时,除了 x,还要指定实验次数 n 和概率 p。以上画出的分布可以理解为投掷一个公平的骰子 100 次,出现 1 点或 2 点的次数。

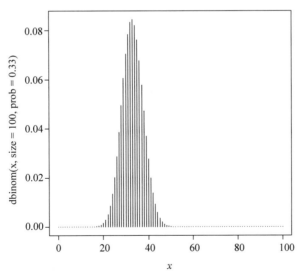

图 3-2 二项分布的点概率

几何分布(geometric distribution)类似二项分布,只是它记录的是第一次成功之前失败发生的次数。具体来说,几何分布的定义为:在 n 次独立重复二项实验中,实验 k 次才得到第一次成功的概率。即前 $k-1$ 次都失败,第 k 次成功的概率为

$$f(k) = p(1-p)^{k-1}$$

图 3-3 是 $p=0.33$ 的几何分布图形。

```
> x = 0:100
> plot(x,dgeom(x,prob = .33),type = "h")
```

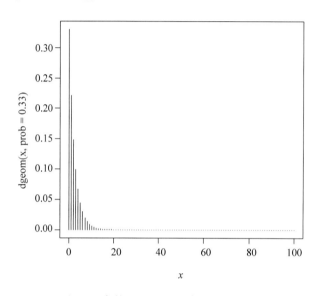

图 3-3　参数为 0.33 的几何分布点概率

泊松分布(poisson distribution)描述的是在特定区间内某种事件发生的次数,区间可以是时间、距离、面积或者体积。泊松分布的可能取值范围为所有非负整数。参数为 λ 的泊松分布变量的概率分布为($p(k)$ 表示泊松变量等于 k 的概率)

$$p(k) = e^{-\lambda} \frac{\lambda^k}{k!}, \quad k = 0,1,2,\cdots$$

式中,λ 为特定区间内事件发生(成功)的均值;e 为常数 2.718 28…。泊松分布的均值和方差都等于 λ。与二项分布一样,泊松分布也是一个分布族,族中不同成员的区别在于事件出现次数的均值 λ 不一样。当事件发生的概率很小或者 n 值很大时,泊松分布是一种有限的二项分布。图 3-4 是 $\lambda=10$ 时的泊松分布图形。

```
> x = 0:100
> plot(x,dpois(x,10),type = "h")
```

3.3.2　连续型分布

有些数据来自于对连续尺度的测量,比如温度、浓度等。连续随机变量是可以取某一个或若干区间内任意数值的随机变量,因此是不可数的,这使得任何特定值的概率是零,所以

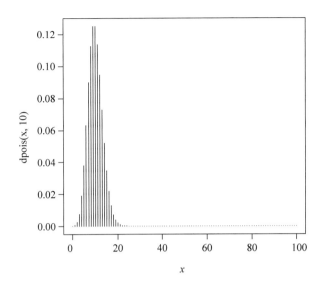

图 3-4　参数为 10 的泊松分布点概率

这里没有像离散型随机变量那样的点概率的说法,必须在某一区间内考虑相应的概率问题,因此取而代之的是密度的概念。它是指 x 的一个小邻域的无穷小概率除以区域的大小。此时,累积分布函数如下所示:

$$F(x) = \int_{-\infty}^{x} f(x) \mathrm{d}x \text{ ①}$$

常见的连续分布包括均匀分布和正态分布。**均匀分布**(uniform distribution)是最简单的连续型分布,记为 $U(a,b)$,表示定义在一个比如 (a,b) 这样特定的区间(通常为 $[0,1]$),均匀分布在该区间上有常数密度 $\dfrac{1}{b-a}$。均匀分布的密度函数为

$$f(x) = \begin{cases} \dfrac{1}{b-a}, & a \leqslant x \leqslant b \\ 0, & \text{其他} \end{cases}$$

在 R 软件中使用下面的命令可得到图 3-5 所示的是均匀分布的密度曲线图:

```
> x = runif(100)
> plot(x,dunif(x),type = "l")
```

在实际生活中,最常用的连续型变量的分布是**正态分布**(normal distribution),又称**高斯分布**(Gaussian distribution),它的密度函数为

$$f(x) = \frac{1}{\sqrt{2\pi}\sigma} \exp\left(-\frac{(x-\mu)^2}{2\sigma^2}\right)$$

其中:μ 为均值;σ 为标准差。一般把正态分布记为 $N(\mu,\sigma^2)$。改变 μ 和 σ,密度曲线会平移和放缩。特别地,当 $\mu=0$,$\sigma=1$ 时,正态分布为标准正态分布 $N(0,1)$。正态分布密度曲线为

---

① $\int_{-\infty}^{x} f(x) \mathrm{d}x$ 表示所有小于或等于 x 的值出现的概率之和。

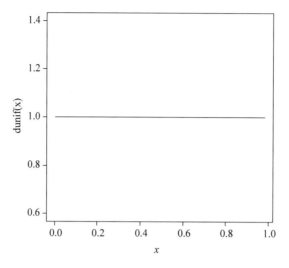

图 3-5　均匀分布 $U(0,1)$ 的密度曲线

钟型曲线。在 R 软件中使用下面的命令可得到如图 3-6 所示的标准正态分布密度曲线：①

```
> x = seq( - 4,4,0.1) #函数 seq 用于产生等距数值,这里是从 - 4 到 4,步长为 0.1
> plot(x,dnorm(x),type = "l") #type = "l"表示函数在点与点之间画线而不只是画出点本身来
  #dnorm 还有其他参数,即均值和标准差,通常默认为 0 和 1,即默认为标准正态分布
```

或者使用下面的作图方法，但它需要 y 值可以通过 x 的简单函数表达式表示出来。

```
> curve(dnorm(x),from = - 4,to = 4)
```

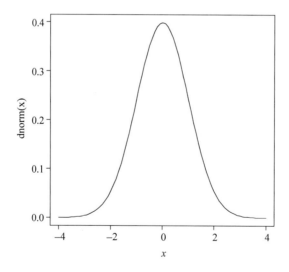

图 3-6　标准正态分布 $N(0,1)$ 的密度曲线

---

①　R 软件中的密度函数以 d(density) 开头。类似地，R 软件中的累积分布函数、分位数和随机数分别以 p(probability)、q(quantile) 和 r(random) 开头。

3.4 中心极限定理和抽样分布

3.4.1 中心极限定理

中心极限定理(central limit theorem,CLT)是概率论最重要的定理之一。中心极限定理的准确叙述如下:若给定样本量的所有样本来自任意总体,则样本均值的抽样分布近似服从正态分布,且样本量越大,近似性越强。

中心极限定理指出,对于大容量的随机样本,其样本均值的抽样分布形态近似于一个正态概率分布。这是统计学中非常有用的结论之一。可以在对样本来源分布形态一无所知的情况下,推断样本均值的分布。根据中心极限定理可知,样本均值作为随机变量有如下性质(注意,这里并没有假定 X 的分布)。

(1) 如果能够选择给定总体的特定容量的所有可能样本,那么,样本均值的抽样分布的均值将恰好等于总体均值,即 $\mu = \mu_{\bar{x}}$,即使不能得到所有样本,也可以预计样本均值分布的均值会接近于总体均值。

(2) 样本均值的抽样分布的离散程度小于总体分布。若总体标准差是 σ,则样本均值 $\bar{x}$ 的抽样分布的标准差为 $\sigma/\sqrt{n}$。当样本量增大时,$\sigma/\sqrt{n}$ 值将变小,即 $\bar{x}$ 的集中程度变大。

若把 σ 换成样本标准差 s,得到的 $s/\sqrt{n}$ 就是**均值的标准误**(standard error of mean),它是 $\sigma/\sqrt{n}$ 的一个近似。为什么样本均值的波动会比总体的波动小呢? 这是由于样本是把 N 个数据取均值,而这 N 个数据里总是更可能有大有小,因而平均起来就会相互抵消,造成的结果就是波动范围变小。而且,N 越大,这种相互之间的"拉平"作用越明显,从而波动(标准差)就减小得更多。

(3) 即使 X 不是正态分布变量,在很一般的条件下,当样本量增加时,$\bar{x}$ 的分布趋近于正态分布 $N(\mu, \sigma^2/n)$。

现在,从 $U(0,1)$ 分布对于三种样本量大小 $n=1, 3, 100$ 分别取 1000 个样本,对每个样本算出均值。这样对每一种样本量都有 1000 个均值。用这些均值画直方图,如图 3-7 所示。图中的曲线是对这 1000 个均值的密度估计。下面小的短线标出了这 1000 个均值的实际位置。可以看出,样本量越大,均值的直方图越像正态变量的直方图,而且数据的分散程度也越小,数据越集中。

```
> a = NULL;for(i in 1:1000)a = c(a,runif(1))
> b = NULL;for(i in 1:1000)b = c(b,mean(runif(3)))
> c = NULL;for(i in 1:1000)c = c(c,mean(runif(100)))
>> unif = cbind(a,b,c);par(mfrow = c(1,3))
> hist(unif[,1],freq = F,xlab = "",main = expression(paste(U(0,1),", n = 1")))
> lines(density(a));rug(a)
> hist(unif[,2],freq = F,xlab = "",main = expression(paste(U(0,1),", n = 3")))
> lines(density(b));rug(b)
> hist(unif[,3],freq = F,xlab = "",main = expression(paste(U(0,1),", n = 100")))
```

```
> lines(density(c));rug(c)
> par(mfrow = c(1,1))
```

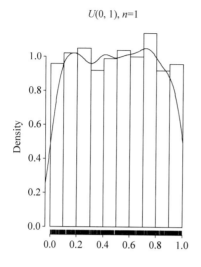
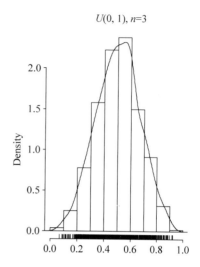
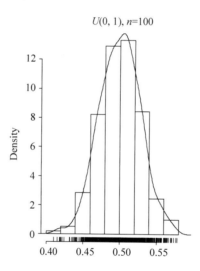

图 3-7 对 $U(0,1)$ 分布按照样本量 $n=1,3,100$ 分别取 1000 个样本计算出均值,得到的直方图

在实际的抽样问题中,我们常常希望对总体进行评价,但往往又缺少总体信息。此时,中心极限定理就能发挥效力。假定总体均值 μ 和总体标准差 σ 都是未知的,而通常主要对总体均值 μ 感兴趣。假定一个连续分布变量 X 的 n 个观测值组成一个样本,我们可以计算样本均值 $\bar{x}$ 和样本标准差 s。可以用样本均值来估计 μ 的值,这种估计的好坏取决于样本均值的抽样分布。我们知道,对任何形态的总体分布,如果抽取一个容量足够大的样本,那么样本均值的抽样分布将服从正态分布。统计理论证明,只要样本量大于 30,就有理由相信均值的抽样分布服从正态分布。

接下来将介绍几种常用的抽样分布。

3.4.2 抽样分布

我们希望利用样本,特别是作为样本函数的样本统计量来了解总体,对总体参数进行推断。这些样本统计量包括前面提到过的样本均值、样本中位数、样本标准差以及由它们组成的函数。利用样本结果估计总体参数会产生抽样误差,那么,如何基于样本信息对感兴趣的目标进行估计或预测呢?为回答该问题,我们来考察样本统计量的分布。相同样本量的样本统计量会随着样本的不同而不同,即样本统计量作为随机样本的函数,也是随机的,也有自己的分布,这些分布就称为**抽样分布**(sampling distribution)。

1. χ^2 分布

由正态变量导出的分布之一是 χ^2 **分布**(chi-square distribution,卡方分布)。如果 x_1, $x_2, \cdots, x_n$ 是独立的标准正态分布变量,则 $\sum_{i=1}^{n} x_i^2$ 服从自由度为 n 的 χ^2 分布,记为 $\chi^2(n)$。这里的自由度 n 指包含的独立变量个数。更一般地,若干独立的 χ^2 分布变量的和也服从 χ^2 分布,其自由度等于那些 χ^2 分布变量自由度之和。由于 χ^2 分布变量为正态变量的平方和,所以它不会取负值。χ^2 分布也是一族分布,由该族成员的自由度来区分。

图 3-8 为三个不同自由度的 χ^2 分布密度曲线图。从图中可以看出,随着自由度的增大,图像趋于对称。

```
> x = c(seq(0,20,length = 1000)); y2 = dchisq(x,2); y3 = dchisq(x,3); y9 = dchisq(x,9)
> plot(x,y2,type = "l",xlab = "",ylab = "",lty = 1,main = expression(paste(chi^2," 分布")))
> lines(x, y3, type = "l", xlab = "", ylab = "",lty = 2)
> lines(x,y9,type = "l",xlab = "",ylab = "",lty = 3)
> labels = c("df = 2","df = 3","df = 9"); atx = c(2,4,10) ; aty = c(0.45,0.2,0.12)
> text(atx, aty, labels = labels)
```

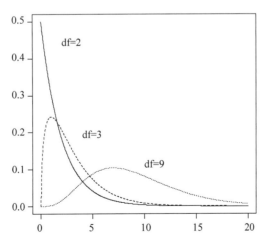

图 3-8 自由度为 2,3,9 的 χ^2 分布密度曲线

2. t 分布

在统计推断中往往希望利用样本均值减去总体均值再除以均值的总体标准差来得到标准正态变量 $z=\dfrac{\bar{x}-\mu}{\sigma/\sqrt{n}}$。但是在实际应用中，$\sigma$ 往往未知。因此在这个变换中，常常用样本标准差 s 来代替未知的总体标准差 σ，这时得到的变量 $t=\dfrac{\bar{x}-\mu}{s/\sqrt{n}}$ 就不再服从标准正态分布。它的密度曲线看上去有些像标准正态分布，但是中间瘦一些，而且尾巴厚一些。这种分布称为 **t 分布**（t-distribution，或学生 t 分布（Student's t）。严格地说，假定有一个正态分布 $N(\mu,\sigma^2)$ 的样本，样本标准差为 s，样本均值为 $\bar{x}$，样本量为 n，那么 $t=\dfrac{\bar{x}-\mu}{s/\sqrt{n}}$ 就服从自由度为 $(n-1)$ 的 t 分布，记为 $t(n-1)$。不同的样本量通过标准化所产生的 t 分布也不同，这样就形成了一族分布。t 分布族中的成员是以自由度来区分的。有 k 个自由度的 t 分布用 $t(k)$ 表示，也有用 $t_{(k)}$ 或 t_k 表示的。

t 分布还可以根据 χ^2 分布导出：如果 X 是 $N(0,1)$ 变量，Y 是 $\chi^2(n)$ 变量，且 X 和 Y 独立，那么 $t=\dfrac{X}{\sqrt{Y/n}}$ 为有 n 个自由度的 t 分布，记为 $t\sim t(n)$。

图 3-9 展示了标准正态分布 $N(0,1)$ 和自由度分别为 1 和 10 的 t 分布的密度函数曲线。可以看出，t 分布两边尾巴比较长。但是当自由度增加时，它的分布就逐渐接近标准正态分布了。在 t 分布中，如果自由度趋于无穷，那么 t 分布就是标准正态分布。因此，在大样本情况下，可以用标准正态分布来近似 t 分布。

```
> x = seq(-5,5,by = .1)
> plot(x,dnorm(x),type = 'l',xlab = "",ylab = "")
> lines(x,dt(x,df = 1),lty = 2)
> lines(x,dt(x,df = 10),lty = 3)
> labels = c("N(0,1)","t(1)","t(10)")
> atx = c(1.5, -0.6, -1.2) ; aty = c(0.35,0.16,0.3)
> text(atx, aty, labels = labels)
```

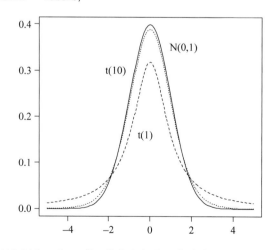

图 3-9　自由度分别为 1 和 10 的 t 分布和标准正态分布的密度曲线（虚线为 t 分布）

3. F 分布

两个独立 χ^2 分布变量在除以它们各自自由度之后的比为 F 分布变量。如果 X 是 $\chi^2(m)$ 变量，Y 是 $\chi^2(n)$ 变量，且 X 和 Y 独立，那么 $F=\dfrac{X/m}{Y/n}$ 服从自由度为 (m,n) 的 **F 分布**，记为 $F(m,n)$。F 分布有一个重要的性质：如果 F 变量服从 $F(m,n)$ 分布，那么 $\dfrac{1}{F}$ 服从 $F(n,m)$ 分布，因为 $\dfrac{1}{F}=\dfrac{Y/n}{X/m}$。

图 3-10 为不同自由度组合情况下的 F 分布密度曲线图。可以看出，当第二个自由度相同时，第一个自由度越小，波峰越靠近左边。F 分布不以正态分布为其极限，总为正偏分布。

```
> x = c(seq(0,5,length = 1000)); y2 = df(x,2,30);y3 = df(x,10,30);y4 = df(x,20,30);
> plot(x,y2,type = "l",xlab = "",ylab = "",lty = 1,main = "")
> lines(x,y3,type = "l",xlab = "",ylab = "",lty = 2)
> lines(x, y4, type = "l", xlab = "", ylab = "",lty = 3)
> labels = c("F(2,30)", "F(10,30)", "F(20,30)")
> atx = c(0.2, 1, 1.6) ; aty = c(0.8,0.7,0.95)
> text(atx, aty, labels = labels)
```

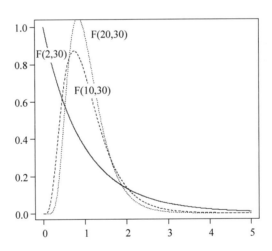

图 3-10　自由度分别为 $(2,30),(10,30),(20,30)$ 的 F 分布的密度曲线

3.5　分位数

分位数函数是累积分布函数的反函数。p-分位数是具有这样性质的一个值：得到小于或等于它的概率为 p。根据定义，中位数即 50% 分位数。分位数通常用于置信区间的计算，以及与设计实验有关的势函数的计算。下面给出一个置信区间计算的简单例子。如果 $\sigma=12$，测量了 $n=5$ 个观测值，得到均值，那么可以计算相关的分位数如下：

```
> xbar = 83
> sigma = 12
> n = 5
> sem = sigma/sqrt(n)  # 标准误
> sem
[1] 5.366563
> xbar + sem * qnorm(0.025)
[1] 72.48173
> xbar + sem * qnorm(0.975)
[1] 93.51827
```

因此,得到 μ 的一个置信度为 95% 的置信区间。由于正态分布的对称性,有 $z_{0.025} = -z_{0.975}$,所以,通常把置信区间写成 $\bar{x} \pm \sigma/\sqrt{n} \times z_{0.025}$。更多的置信区间知识见第 4 章。

练习题

1. 在例 3.1 中的模拟投币实验中用 rbinom 代替 sample,结果会如何变化?

2. 一条食品生产线每 8 小时一班中出现故障的次数服从平均值为 1.5 的泊松分布。求:
(1) 晚班期间恰好发生两次事故的概率。
(2) 下午班期间发生少于两次事故的概率。
(3) 连续三班无故障的概率。

3. 已知学生的统计考试成绩服从均值为 72、标准差为 8 的正态分布,求学生成绩不及格的概率和处于 65~80 的概率。

4. 对于一种疾病,已知有术后并发症发生的频率为 20%。10 位病人全部手术成功没有并发症的概率是多大?

5. 已知某地区人口的性别比例(男性人数:女性人数)为 106:100,而且有 5% 的男人和 0.4% 的女人是色盲。该地区任一人是色盲的概率有多大?

6. 消费者协会经过调查发现,某品牌空调有重要缺陷的产品数 X(单位:台)出现的概率分布如表 3-1 所示。

表 3-1　某品牌空调有重要缺陷的产品概率

X	0	1	2	3	4	5	6	7	8	9	10
p	0.041	0.130	0.209	0.223	0.178	0.114	0.061	0.028	0.011	0.004	0.001

根据这些数值,分别计算:
(1) 有 2~5 个(包括 2 个与 5 个在内)空调出现重要缺陷的可能性。
(2) 只有不到 2 个空调出现重要缺陷的可能性。
(3) 有超过 5 个空调出现重要缺陷的可能性。

7. 某厂生产的螺栓的长度服从均值为 10cm,标准差为 0.05cm 的正态分布。按质量标准规定,长度在 9.9~10.1cm 范围内的螺栓为合格品。该厂螺栓的不合格率是多少?

8. 某企业生产的某种电池寿命近似服从正态分布,且均值为 200 小时,标准差为 30 小时。若规定寿命低于 150 小时为不合格品。

① 该企业所生产电池的合格率是多少?

② 电池寿命在 200 小时左右多大范围内的概率不小于 0.9?

9. 一个药厂声称他们生产的某种药的疗效达到 80%,但是 100 个人使用该药后只有 40 个人说有效。那么,药厂的说法对吗?这是不是小概率事件?(提示:计算小于或等于 40 人有效的概率)

10. 我们得到 5 个学生的身高数据(单位:cm):177,180,165,166,170。现在要求对这 5 个数据进行重复抽样,每次取 3 个数据,重复 1000 次,写出样本均值的概率分布,画出直方图。

第4章

参 数 估 计

我们经常需要基于观测数据来做出有关结论。比如,青原博士想了解某个地区的居民(比如湖北省江夏区居民)对延迟退休的态度,那么需要调查的对象是所有江夏区居民,调查目的是希望知道江夏区居民对延迟退休的不同态度各自所占的比例。显然不可能也不需要去调查所有的江夏区居民,我们可以抽取一部分居民进行调查,并根据这部分居民的态度来了解江夏区所有居民的总体态度。

统计学把这个过程称为**统计推断**(statistical inference)。统计推断包括本章要介绍的对一些总体参数的估计,以及在第5章要介绍的对一些总体参数的检验。参数估计包括**点估计**(point estimation)和**区间估计**(interval estimation)。点估计给出一个数目,用起来比较方便。区间估计给出可能包含总体参数的一个区间,比点估计更灵活,而且留有余地。

4.1 点估计

4.1.1 总体、样本和统计量

在调查居民对延迟退休态度的例子中,每个湖北省江夏区居民的态度称为(这个调查问题中的)**个体**(element, individual, unit),而所有江夏区居民对这个问题的观点称为**总体**(population)。总体是包含所有要研究的个体的集合。由于包含的个体数有限,该总体也称为**有限总体**(finite population)。如果总体包含的个体数是无限或相对无限的,则称为**无限总体**(infinite population)。调查获得的那部分江夏区居民的观点(也就是部分个体)称为该总体的一个**样本**(sample),它是从总体中选出的一部分。

在大多数情况下,要么总体的规模很大,要么很难确定总体的所有成员,因此需要通过样本信息来推断总体特征。但是,样本虽然含有总体的信息,但是信息一般比较分散,不能直接用于统计推断。为了把分散在样本中的信息集中起来,我们用样本的某个不含总体未知参数的函数来表示,这个函数就称为**统计量**(statistics)。因此,统计量是对数据的压缩。

如果样本的函数包含未知参数,那这个函数就不是统计量,因为还未完成对数据的压缩。由于统计量是用样本构造的函数,它包含样本中的信息,因此可以用统计量的值来推断总体参数。一些常见的参数包括总体均值 μ、总体标准差 σ 和成功概率 p 等。用于估计参数的统计量称为**估计量**(estimator)。若得到一组观察值,则将其代入估计量得到的具体数值,称为参数的估计值。今后,将不再强调估计量和估计值的区别,在不至于引起混淆的场合统称为估计。

4.1.2 常用的点估计量

点估计是用于估计总体参数的一个简单统计量。为了估计未知参数,必须先构造合适的统计量。下面介绍两种常用的构造统计量的方法:矩估计和最大似然估计。

1. 矩估计法

矩估计(moment estimation)是一种古老的统计方法,由英国统计学家卡尔·皮尔逊(Karl Pearson)于 1894 年提出,这一方法既简单又直观。由于均值、方差反映了总体分布的特征,而样本来自总体,那么样本的特征也在一定程度上反映了总体的相应特征,因此很自然地想到用样本的特征作为总体特征的估计量。例如,最常用的估计量就是我们熟悉的样本均值 $\bar{x}$、样本标准差 S 和(Bernoulli 实验的)成功比例 x/n,人们用它们来分别估计总体均值 μ、总体标准差 σ 和成功概率(或总体中具有某种特征元素的比例)p。第 2 章中已经介绍过可以很简单地得到这些结果。在 R 软件中求均值、方差、标准差的命令分别是 mean()、var()和 sd()。

例 4.1 青原博士继续使用例 2.3 的数据。15 名员工的月工资数据如下,对员工的月工资均值和方差进行估计。

2000 2100 2200 2350 2500 2900 3500 3800
2600 3300 3200 4000 4100 3100 4200

假定 $x_1, x_2, x_3, \cdots, x_{15}$ 均为正态分布 $N(\mu, \sigma^2)$ 的独立观测值(在第 5 章中会介绍如何检验数据服从正态分布),那么,我们可以用样本均值 $\bar{x}$ 和样本方差 s^2 分别估计总体均值 μ 和总体方差 σ^2。

```
> salary = c(2000,2100,2200,2350,2500,2900,3500,3800,2600,3300,3200,4000,4100,3100,
4200)
> mean(salary) #求样本均值
[1] 3056.667
> var(salary) #求样本方差
[1] 566023.8
```

于是可得 μ 和 σ^2 的矩估计分别为 $\hat{\mu} = \bar{x} = 3056.667$ 和 $\hat{\sigma}^2 = s^2 = 566\,023.8$。

矩估计有时候不唯一。因为同一个参数可以根据不同的矩条件得到不同的矩估计。

2. 最大似然估计

最大似然估计(maximum likelihood estimation)最早由高斯(C. F. Gauss)在 1821 年提

出，后来由费歇尔(R. A. Fisher)于1922年重新提出，并证明了这一方法的性质。最大似然估计法利用总体的概率密度或概率分布以及样本信息求未知参数。它的基本思想是：在一个随机实验中有若干可能结果 A,B,C,… 的情况下，若在一次实验中结果 A 出现，则一般认为实验条件对 A 的出现有利，即使得 A 出现的概率最大。例如，设有一事件 A，已知其发生的概率只可能是0.8或者0.2。若在一次实验中，事件 A 发生了，那么认为事件 A 发生的概率是0.8而不是0.2。

一般地，若总体 X 具有概率密度 $p(x;\theta_1,\theta_2,\cdots,\theta_k)$，其中，$\theta_1,\theta_2,\cdots,\theta_k$ 为未知参数，又设 $(x_1,x_2,\cdots,x_n)$ 是样本的一组观测值，那么样本 $(X_1,X_2,\cdots,X_n)$ 落在点 $(x_1,x_2,\cdots,x_n)$ 邻域内的概率为 $\prod_{i=1}^{n}p(x_i;\theta_1,\theta_2,\cdots,\theta_k)$，它是 $\theta_1,\theta_2,\cdots,\theta_k$ 的函数。按照最大似然估计基本思想，既然在一次实验中得到了观测值 $(x_1,x_2,\cdots,x_n)$，那么我们认为"样本落入该观测值 $(x_1,x_2,\cdots,x_n)$ 邻域内"这一事件应具有最大的可能性，所以应选取使这一概率达到最大的参数值作为参数真值的估计。

记

$$L(x_1,x_2,\cdots,x_n;\theta_1,\theta_2,\cdots,\theta_k)=\hat{L}(x;\theta)=\prod_{i=1}^{n}p(x_i;\theta_1,\theta_2,\cdots,\theta_k)$$

称为**似然函数**(likelihood function)。对于固定的 $(x_1,x_2,\cdots,x_n)$，记 $\theta=(\theta_1,\theta_2,\cdots,\theta_n)$，选取 $\hat{\theta}=(\hat{\theta}_1,\hat{\theta}_2,\cdots,\hat{\theta}_k)$，使得 $L(x;\hat{\theta})=\max_{\theta}L(x;\theta)$，则称 $\hat{\theta}$ 为 θ 的一个最大似然估计值。

为了求出参数 μ,σ^2 的最大似然估计，首先写出对数似然函数表达式。因为似然函数为

$$L(\mu,\sigma^2)=\prod_{i=1}^{n}\frac{1}{\sqrt{2\pi}\sigma}e^{-\frac{1}{2\sigma^2}(x_i-\mu)^2}=(2\pi\sigma^2)^{-\frac{n}{2}}e^{-\frac{1}{2\sigma^2}\sum_{i=1}^{n}(x_i-\mu)^2}$$

因此，可得对数似然函数为

$$\ln L(\mu,\sigma^2)=-\frac{n}{2}\ln(2\pi)-\frac{n}{2}\ln(\sigma^2)-\frac{1}{2\sigma^2}\sum_{i=1}^{n}(x_i-\mu)^2$$

将 $\ln L(x;\theta)$ 分别对 μ,σ^2 求偏导，并令它们都为0，有

$$\frac{\partial \ln L}{\partial \mu}=-\frac{1}{\sigma^2}\sum_{i=1}^{n}(x_i-\mu)=0$$

$$\frac{\partial \ln L}{\partial \sigma^2}=-\frac{n}{2\sigma^2}+\frac{1}{2\sigma^4}\sum_{i=1}^{n}(x_i-\mu)^2=0$$

解之得

$$\hat{\mu}=\bar{x},\quad \hat{\sigma}^2=\frac{1}{n}\sum_{i=1}^{n}(x_i-\bar{x})^2$$

例 4.1 继续。试求 μ 和 σ^2 的最大似然估计。

```
> (mu = mean(salary))  #均值的最大似然估计与矩估计一致
[1] 3056.667
> mean((salary - mean(salary))^2) #方差的最大似然估计
[1] 528288.9
```

于是可得 μ 和 σ^2 的最大似然估计分别为 $\hat{\mu}=\bar{x}=3056.667$ 和 $\hat{\sigma}^2=528\,288.9$。

4.1.3 估计量的选择标准

用什么样的估计量来估计总体参数呢？实际上任何统计量，只要我们觉得合适就可以当成估计量。这就产生了一个问题，哪一个估计量用来估计总体参数是较好的呢？在经典估计理论中，用来评价一个估计量的好坏有三个标准：无偏性，有效性和相合性。

设 θ 为未知参数，$\hat{\theta}(x_1, x_2, \cdots, x_n)$ 是相应的估计量。直观上讲，θ 与 $\hat{\theta}$ 越接近越好，但由于 $\hat{\theta}$ 依赖于样本，它本身是随机变量，$\hat{\theta}$ 的观察值有时离近一点儿，有时远一点儿。因此为了度量 θ 与 $\hat{\theta}$ 的接近程度，不能根据一次估计的好坏，而应该根据多次反复使用这个统计量的"平均"效果来评价。这意味着，虽然从一个样本得到的估计量的实现并不一定等于总体参数的值，但无穷个估计量的平均观测值（期望值）等于相应的总体参数。满足这样条件的估计量称为**无偏估计量**（unbiased estimator）。很容易得到下面两个结论：①样本均值 $\bar{x}$ 是总体均值 μ 的无偏估计量；②样本方差 s^2 是总体方差 σ^2 的无偏估计量。

无偏性对估计量而言是很基本的要求，它的直观意义是没有系统误差。对于一个未知参数，它的无偏估计可以不止一个。那么，怎么来进一步比较它们的好坏呢？我们很自然地想到，一个好的估计量应当对参数的平均偏差比较小。因此，第二个标准就是在无偏估计量中取方差最小的估计量，也称为**最有效的估计量**（most efficient estimator）。方差小，说明由许多样本产生的各个估计量之间差别较小。换句话说，当样本变化时，该统计量变化最小。

衡量估计量好坏的第三个标准是**一致性**或**相合性**（consistency），它意味着样本量越大，估计量对总体参数的估计就越精确。这很容易理解，当样本容量越大时，信息越多，当然估计就应该越准确。

例 4.1 继续。假设该样本数据来自一个正态分布 $N(\mu, \sigma^2)$。现在给出三个关于 μ 的估计量（它们都是样本的某种线性组合）：

$$\hat{\mu}_1 = \bar{x} = \frac{1}{15}\sum_{i=1}^{15} x_i, \quad \hat{\mu}_2 = x_1, \quad \hat{\mu}_3 = \frac{1}{10}\sum_{i=1}^{10} x_i$$

计算 $\hat{\mu}_1, \hat{\mu}_2, \hat{\mu}_3$ 均值和标准差，看哪一个估计量比较好。[1]

我们已经知道数据的样本均值是 3056.667，样本标准差是 752.3455。因此，可以假设该样本来自于一个正态分布 $N(3056.667, 752.3455^2)$。首先从该分布产生 1000 个 $x_1, x_2, x_3, \cdots, x_{15}$，这样依次可以得到 1000 个 $\hat{\mu}_1, \hat{\mu}_2, \hat{\mu}_3$，然后计算 $\hat{\mu}_1, \hat{\mu}_2, \hat{\mu}_3$ 的均值和方差。

```
> set.seed(2)
> x = rnorm(15000,3056.667,752.3455)
> mean(x)
```

---

[1] 从理论上来说，根据随机变量线性组合的总体均值和方差的性质，$\hat{\mu}_1, \hat{\mu}_2, \hat{\mu}_3$ 这三个估计量的均值都是 μ，因此这三个统计量都是 μ 的无偏估计量，但是它们的方差分别为 $\sigma^2/15, \sigma^2, \sigma^2/10$。因此，在这三个估计量中，样本均值 $\bar{x} = \frac{1}{15}\sum_{i=1}^{15} x_i$ 的方差最小。

```
[1] 3060.074
> var(x)
[1] 571838.4
> x1 = matrix(x,15)
> u1 = apply(x1,2,mean)         # 对矩阵的每一列求均值
> (u1.mean = mean(u1))          # 对列均值再求均值
[1] 3060.074
> (u1.var = var(u1))            # 对列均值再求方差
[1] 38994.4
> x2 = matrix(x1[1,],1)
> u2 = apply(x2,2,mean)         # 对矩阵的每一列求均值
> (u2.mean = mean(u2))          # 对列均值再求均值
[1] 3098.763
> (u2.var = var(u2))            # 对列均值再求方差
[1] 594375
> x3 = x1[1:10,]
> u3 = apply(x3,2,mean)         # 对矩阵的每一列求均值
> (u3.mean = mean(u3))          # 对列均值再求均值
[1] 3059.371
> (u3.var = var(u3))            # 对列均值再求方差
[1] 57203.58
```

从输出结果可以看出 $\hat{\mu}_1, \hat{\mu}_2, \hat{\mu}_3$ 的均值分别为 $3060.074, 3098.763, 3059.371$，方差分别为 $38\,994.4, 594\,375, 57\,203.58$。可以看出，三个估计量的均值都非常接近总体均值，但是样本均值 $\hat{\mu}_1 = \bar{x}$ 的方差最小。

4.2 区间估计

一般来说，我们不知道总体参数（比如均值或比例）是多少，需要通过样本来估计这个总体参数。前面讲的点估计和这里要讲的区间估计都是从样本得到的，区间估计给出了估计者认为比较可能的一个范围。例如，在关于延迟退休的调查中，得到对延迟退休的支持率（支持者的总体比例）时，可能会说"支持率为 55% 加减 6% 的误差，其置信度为 95%"。这既给出了点估计 55%，即样本中的支持率，也给出了一个区间估计 55%±6% 或**置信区间**（confidence interval）(49%, 61%)。这里的**置信度**（confidence level）则是对产生这样一个区间估计的过程的一种信心，并不涉及从某一个样本数据得到的一个特定的区间。区间估计的两个端点都是统计量，因而也都是随机变量。

"某总体参数 μ 的置信度为 $100(1-\alpha)\%$ 的置信区间"意味着如果抽取（相同样本量）大量样本，那么，从这些样本中得到的以同样方法（或公式）计算的大量区间中会有大约 $1-\alpha$ 比例的区间包含未知的总体参数 μ，而有约 α 比例的区间不包含该总体参数。具体的从一个样本中计算出来的一个数值区间，比如前面的 (49%, 61%)，则要么包含真实比例，要么不包含真实比例。由于真实比例和这个区间 (49%, 61%) 都是确定的数，不包括随机性，也没

有概率可言。因此,"95%置信区间(49%,61%)以概率0.95包含真实比例"的说法是错误的。通常,我们希望区间越窄越好,同时希望置信度越大越好。对于一定的样本量,如果要增加置信度,通常要加宽区间,而如果要使区间变窄,就要牺牲置信度。但如果可以变化样本量,那么在固定了区间宽度时,置信度会随着样本量的增加而增加,而在固定置信度时,区间宽度会随着样本量的增加而变窄。这主要是因为样本量大,则意味着对总体的信息也大,区间估计就会更理想。

为了直观地显示不同的样本量和不同的置信水平对置信区间的影响,图4-1显示了$n=50$和$n=20$结合置信水平0.95和0.60的4种情况下各基于80个正态样本的置信区间。这里置信区间为两边有短线的竖直线段,线段中间的点为样本均值。图中水平虚线为真实总体均值。

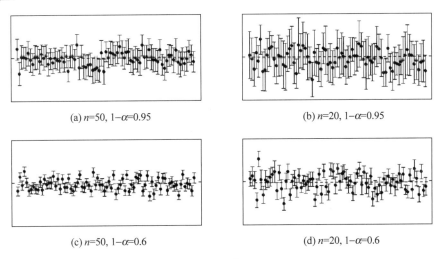

图 4-1 置信区间

从图4-1可以看出,对于固定的样本量,置信水平越大,包含总体均值的区间就越多(上下比较)。而对于同样的置信水平,样本量n大的,区间往往就短些(左右比较)。在每个图内部的各个置信区间的长短也不一样,这是因为样本标准差因样本而异,这也影响了置信区间的宽度。从图4-1也可以看出,每个根据样本得到的置信区间或者覆盖真实的总体均值,或者不覆盖,没有概率可言,但众多的置信区间中覆盖总体均值的区间数量的比例反映了置信水平的大小。这些区间都是随机区间的实现;而置信水平只是随机区间覆盖总体均值的概率。

4.2.1 正态分布总体均值 μ 的区间估计

假定$x_1, x_2, \cdots, x_n$为来自一个正态总体的样本,我们试图根据这个样本求出关于该正态总体均值的置信区间。总体均值的一个点估计量为样本均值$\bar{x}$,因此要建立的均值的区间估计就是以$\bar{x}$为中心的一个区间。而区间的上下界为根据样本事先选择的置信度以及正态分布的性质来确定的两个统计量。于是这样的置信度为$1-\alpha$的随机区间由下式表示。

（1）当总体方差 σ 已知或大样本时，总体均值的置信区间为

$$\bar{x} \pm z_{\alpha/2} \frac{\sigma}{\sqrt{n}} \quad \text{或} \quad \left(\bar{x} - z_{\alpha/2} \frac{\sigma}{\sqrt{n}}, \bar{x} + z_{\alpha/2} \frac{\sigma}{\sqrt{n}}\right)$$

该置信区间是由下式得到：

$$P\left(\bar{x} - z_{\alpha/2} \frac{\sigma}{\sqrt{n}} < \mu < \bar{x} + z_{\alpha/2} \frac{\sigma}{\sqrt{n}}\right) = 1 - \alpha$$

式中：n 为样本量；$z_{\alpha/2}$ 为标准正态分布的上侧 $\alpha/2$ 分位数，这个区间的宽度为 $2z_{\alpha/2}\sigma/\sqrt{n}$。

（2）当 σ 未知时，总体均值的置信区间为

$$\bar{x} \pm t_{\alpha/2} \frac{s}{\sqrt{n}} \quad \text{或} \quad \left(\bar{x} - t_{\alpha/2} \frac{s}{\sqrt{n}}, \bar{x} + t_{\alpha/2} \frac{s}{\sqrt{n}}\right)$$

该置信区间是由下式得到：

$$P\left(\bar{x} - t_{\alpha/2} \frac{s}{\sqrt{n}} < \mu < \bar{x} + t_{\alpha/2} \frac{s}{\sqrt{n}}\right) = 1 - \alpha$$

式中：s 为样本标准差，是 σ 的估计；n 为样本量；$t_{\alpha/2}$ 为自由度为 $n-1$ 的 t 分布的上侧 $\alpha/2$ 分位数，这个区间的宽度为 $2t_{\alpha/2}s/\sqrt{n}$。

从上面的推导可以看出，置信区间的上下界是统计量，因此该区间是随机区间。还可以发现，置信度是该随机区间覆盖真实均值的概率。要注意的是，如果根据一个样本的数据算出上下界的实现值，就不是随机区间了，而是一个固定的数值区间。

从上述置信区间的公式可以看出，当其他因素固定时，区间宽度和样本量的平方根成反比；在其他因素不变时，σ 或 s 的减少也导致置信区间变窄；此外，当置信度 $1-\alpha$ 增加时，$z_{\alpha/2}$ 或 $t_{\alpha/2}$ 也增加，因此，当其他因素固定时，置信度增加会导致区间变宽。

例 4.2 如下所示是 10 家企业 2015 年上半年缴税额数据（单位：元），根据这个样本对这类企业缴税额的总体均值 μ 做出区间估计，置信度取 95%。

283 192　232 600　51 000　191 927　16 281　449 066　673 669　315 000　293 515　331 624

由于该总体方差未知，因此根据上述的第二种情况逐步代公式求得缴税额的 95% 置信区间为 (149 005.9, 418 568.9)。

```
> tax = c(283192,232600,51000,191927,16281,449066,673669,315000,293515,331624)
> mean(tax)          #样本均值
[1] 283787.4
> sd(tax)            #样本标准差
[1] 188411.6
> qt(.025,9,low = F)   #9个自由度的 t 分布的上侧 0.025 分位点
[1] 2.262157
> mean(tax) - qt(.025,9,low = F) * sd(tax)/sqrt(10)      #置信区间下界
[1] 149005.9
> mean(tax) + qt(.025,9,low = F) * sd(tax)/sqrt(10)      #置信区间上界
[1] 418568.9
```

图 4-2 给出了所需的自由度 9 的 t 分布的相应的分位数。

还可以在 R 软件中采用下面的语句求出置信区间为 (149 005.9 418 568.9)。

```
> tax = c(283192,232600,51000,191927,16281,449066,673669,315000,293515,331624)
> t.test(tax,con = .95) $ conf
[1] 149005.9 418568.9
attr(,"conf.level")
[1] 0.95
```

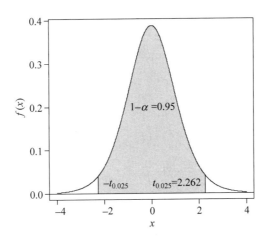

图 4-2 自由度为 9 的 t 分布密度函数图

4.2.2 独立正态分布总体均值差 $\mu_1-\mu_2$ 的区间估计

在许多实际问题中,往往要估计两个总体之间的平均水平的差异或比较两个总体之间的平均水平有无差异。例如,两个城市的社会发展程度是否有差异;两个班级大学生的统计学课程学习成绩是否有差异等。假定样本量为 m 和 n 的独立样本 $x_1,x_2,\cdots,x_m$ 和 $y_1,y_2,\cdots,y_n$ 分别来自两个独立正态总体 $N(\mu_1,\sigma_1^2)$ 和 $N(\mu_2,\sigma_2^2)$,上面提到的各种情况本质上就是讨论独立正态总体均值之差 $\mu_1-\mu_2$ 的区间估计或假设检验。

类似前面单个总体均值的区间估计,我们将以总体均值差的点估计量 $\bar{x}-\bar{y}$ 为中心构建一个区间,而区间的上下界为根据样本、选择的置信度以及正态分布的性质来确定的两个统计量。

设置如下记号:

$$\bar{x}=\frac{1}{m}\sum_{i=1}^{m}x_i,\quad \bar{y}=\frac{1}{n}\sum_{j=1}^{n}y_j,\quad s_{1m}^2=\frac{1}{m}\sum_{i=1}^{m}(x_i-\bar{x})^2,\quad s_{2n}^2=\frac{1}{n}\sum_{j=1}^{n}(y_j-\bar{y})^2$$

(1) 当 σ_1^2 和 σ_2^2 已知时,根据样本均值的抽样分布可知:$\bar{x}\sim N\left(\mu_1,\frac{\sigma_1^2}{m}\right),\bar{y}\sim N\left(\mu_2,\frac{\sigma_2^2}{n}\right)$。因为 $(x_1,x_2,\cdots,x_m)$ 和 $(y_1,y_2,\cdots,y_n)$ 相互独立,所以 $\bar{x}-\bar{y}\sim N\left(\mu_1-\mu_2,\frac{\sigma_1^2}{m}+\frac{\sigma_2^2}{n}\right)$,标准化后得到 $z=\dfrac{(\bar{x}-\bar{y})-(\mu_1-\mu_2)}{\sqrt{\dfrac{\sigma_1^2}{m}+\dfrac{\sigma_2^2}{n}}}\sim N(0,1)$。于是由 $P(|z|<z_{\alpha/2})=1-\alpha$ 可得到 $\mu_1-\mu_2$ 的置信度为 $1-\alpha$ 的置信区间为

$$(\bar{x}-\bar{y}) \pm z_{\alpha/2}\sqrt{\frac{\sigma_1^2}{m}+\frac{\sigma_2^2}{n}}$$

或

$$\left(\bar{x}-\bar{y}-z_{\alpha/2}\sqrt{\frac{\sigma_1^2}{m}+\frac{\sigma_2^2}{n}}, \bar{x}-\bar{y}+z_{\alpha/2}\sqrt{\frac{\sigma_1^2}{m}+\frac{\sigma_2^2}{n}}\right)$$

(2) 当 $\sigma_1^2=\sigma_2^2=\sigma^2$，但 σ^2 未知时，由抽样分布定理可知

$$t=\frac{\bar{x}-\bar{y}-(\mu_1-\mu_2)}{S_w/\sqrt{\frac{1}{m}+\frac{1}{n}}} \sim t(m+n-2)$$

式中：$S_w=\sqrt{\frac{(m-1)s_{1m}^2+(n-1)s_{2n}^2}{m+n-2}}$。

由 $P(|t|<t_{\alpha/2}(m+n-2))=1-\alpha$ 可得到 $\mu_1-\mu_2$ 的置信度为 $1-\alpha$ 的置信区间为

$$(\bar{x}-\bar{y}) \pm t_{\alpha/2} S_w \sqrt{\frac{1}{m}+\frac{1}{n}}$$

或

$$\left(\bar{x}-\bar{y}-t_{\alpha/2} S_w \sqrt{\frac{1}{m}+\frac{1}{n}}, \bar{x}-\bar{y}+t_{\alpha/2} S_w \sqrt{\frac{1}{m}+\frac{1}{n}}\right)$$

在两个方差不等时，需要对自由度进行修正：

$$\mathrm{df}=\frac{(s_{1m}^2/m+s_{2n}^2/n)^2}{(s_{1m}^2/m^2)/(m-1)+(s_{2n}^2/n^2)/(n-1)}$$

因此，在实施时首先要判断两个总体的方差是否一样。当两个总体的方差一样时用一种方法来计算置信区间，而在两个总体方差不同时用另一种方法来计算置信区间。如何判断两个总体的方差是否相等？这需要第 5 章关于检验的知识。

例 4.3 这里继续使用例 2.8 的数据。为了比较乘坐公交车上班快还是自己开车快，青原博士对两种方式所用时间各进行了 10 次记录，具体数据见表 4-1。假设乘车时间服从正态分布。这些数据能提供充分证明说明开车上班的平均时间更快吗？

表 4-1 两种交通方式上班所需时间

公交车	48	47	44	45	46	47	43	47	42	48
开车	36	45	47	38	39	42	36	42	46	35

为了回答开车上班的平均时间更快，我们希望得到两种方式所花的时间均值差别的 95% 置信区间。首先可以明确两种交通方式的总体方差未知，其次看看两种方式所花时间的箱线图，结果如图 4-3 所示。从箱线图可以发现，两种乘车方式有着明显的时间差异。

```
> boxplot(c(x1,x2)~transportation,data = w,horizontal = T)
> x1 = c(48,47,44,45,46,47,43,47,42,48)
> x2 = c(36,45,47,38,39,42,36,42,46,35)
> transportation = c(rep(1,10),rep(2,10))
> traffic.time = cbind(c(x1,x2),transportation)
> boxplot(c(x1,x2)~transportation,data = traffic.time,horizontal = T)
```

进一步看看两者的时间差别的置信区间。在计算置信区间之前，先要检验两个总体的

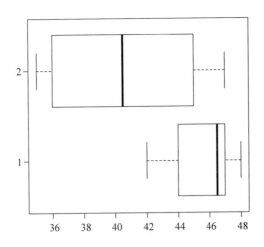

图 4-3 两种交通方式上班所花时间的箱线图

方差是否相等,因为两个正态总体方差相等或不相等时,均值差的置信区间计算有所不同。

```
> var.test(x1,x2)
        F test to compare two variances
data: x1 and x2
F = 0.2273, num df = 9, denom df = 9, p-value = 0.03793
alternative hypothesis: true ratio of variances is not equal to 1
95 percent confidence interval:
 0.05646413 0.91520616
sample estimates:
ratio of variances
         0.2273243
```

可以发现本例的两个总体的方差不一样,因为 p 值为 0.037 93。这意味着如果方差不相等,那么判断错的概率约为 0.037 93。因此可以认为方差不等。在总体方差不等时,我们用 R 语句 t.test(x1,x2,con=.95)\$conf 得到 95% 置信区间 (1.746 412,8.453 588)。[1]

```
> t.test(x1,x2,con=.95)$conf
[1] 1.746412 8.453588
attr(,"conf.level")
[1] 0.95
```

4.2.3 配对正态分布总体均值差 $\mu_D = \mu_1 - \mu_2$ 的区间估计

我们也经常遇到两个总体是**配对的**(paired)的情况,如减肥前后的重量比较,治疗前后的症状比较,同样情况下对两种材料某种性能的比较等。此时它们的样本称为配对样本,因为同一个个体观察前后的数据并不是独立的。这类问题不能用前面两个独立样本的方法来求估计。此时,可以把同一个个体观察前后的数据相减,那么所得到的差则可以用一个正态

---

[1] 方差相等时,增加参数"var=T",使用 t.test(x,y,con=.95,var=T)\$conf 得到 95%置信区间。

总体均值的估计来解决。用(x,y)代表配对样本,样本量为n,均值分别为μ_1和μ_2,并令$D=x-y$为这两个样本相应元素之间的差,假定D服从均值为$\mu_D=\mu_1-\mu_2$的正态分布。在这种情况下,问题就变为单样本的均值估计问题了。

例4.4 一个有20人参加的技术革新实验前后的产量列在表4-2中。这里,pre和post分别是实验前、后的产量(单位:个),而$D=\text{post}-\text{pre}$为相应的差值(单位:个)。这里假定产量服从正态分布。人们想知道实验前、后产量差的均值$\mu_D=\mu_1-\mu_2$的估计。

表4-2 技术革新实验前后的产量

pre	64	125	86	103	111	112	48	71	60	66	100	64	109	75	80
post	92	110	109	125	107	137	69	81	54	85	99	77	100	93	98
D	28	−14	23	22	−5	25	21	9	−6	18	−2	13	−9	18	18

首先看看实验前后的产量的线图,结果如图4-4所示。

```
> pre = c(64,125,86,103,111,112,48,71,60,66,100,64,109,75,80)
> post = c(92,110,109,125,107,137,69,81,54,85,99,77,100,93,98)
> production = cbind(pre,post)
> matplot(production,type = "o",col = 1,pch = c(1,16),ylab = "production")
> legend(8,130,c("技术革新前的产量","技术革新后的产量"),pch = c(1,16),lty = 1:2)
```

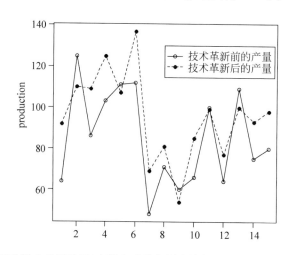

图4-4 配对样本的折线图(实线和虚线分别连接的是技术革新前后的产量)

从图4-4可以看出,技术革新前后的产量在大部分情况下的走势相似,这表明一个人在技术革新前后的产量并不是独立的。相比于技术革新前,大部分的工人都在技术革新后有更高的产量。因此,这个问题不能用前面对待两个独立样本的方法来求估计。需要把同一个个体观察前后的产量相减,对得到的差使用正态总体均值的区间估计来解决。

接下来,计算μ_D的95%置信区间。很容易算出作为μ_D点估计的样本均值为10.8,以及μ_D的一个95%置信区间为(3.038 022,18.561 978)。①

---

① 或者使用等价的语句 t.test(x,y,paired=T)$conf,可以得到同样的结果。

```
> mean(post - pre)
[1] 10.8
> t.test(post - pre) $ conf
[1] 3.038022 18.561978
attr(,"conf.level")
[1] 0.95
```

4.2.4 总体比例 p 的区间估计

在抽样调查中,计算某特征的总体比例 p 是最基本的目的之一。假定样本量为 n,样本中具有某种特征的元素数目(即 Bernoulli 实验成功次数)为 x,记样本比例为 $\hat{p}=x/n$。此时,用正态近似计算总体比例 p 的置信度为 $1-\alpha$ 的置信区间的公式为

$$\hat{p} \pm z_{\alpha/2}\sqrt{\frac{\hat{p}(1-\hat{p})}{n}} \quad \text{或} \quad \left[\hat{p} - z_{\alpha/2}\sqrt{\frac{\hat{p}(1-\hat{p})}{n}}, \hat{p} + z_{\alpha/2}\sqrt{\frac{\hat{p}(1-\hat{p})}{n}}\right]$$

式中:$z_{\alpha/2}$ 为标准正态分布的上侧 $\alpha/2$ 分位数;$\sigma_{\hat{p}}=\sqrt{\frac{\hat{p}(1-\hat{p})}{n}}$ 为样本比例的标准误,它刻画了样本比例抽样分布的变异程度。

但是,一般来说,很难确定需要多大样本才能使用正态近似。至少,如果用这个公式计算出来的区间包含 0 或者 1,则说明样本量不够大。这是因为总体比例不可能小于 0,也不可能大于 1。是否是大样本,不仅依赖于 n,而且依赖于 $\hat{p}$ 的大小。当 $\hat{p}$ 越接近于 0 或 1 时,为了正态近似所需要样本量就越大。

例 4.5 青原博士在某地 2000 人关于延迟退休的随机调查结果显示,有 1200 人支持延迟退休。我们希望根据这个调查数据找出总体中支持延迟退休的人的比例的点估计及其置信度为 95% 的置信区间。

在 R 软件中可以使用语句 library(Hmisc); binconf(x,n,alpha=α,method="all") 来计算置信度为 $1-\alpha$ 的三种置信区间:

```
> x = 1200;n = 2000;α = 0.05
> library(Hmisc)
> binconf(x,n,alpha = α,method = "all")
            PointEst    Lower        Upper
Exact       0.6         0.578 145 9  0.621 560 4
Wilson      0.6         0.578 3577   0.621 2589
Asymptotic  0.6         0.578 5297   0.621 4703
```

该输出结果既包括点估计,也包括三种置信区间:①精确置信区间;②一种 Wilson 近似区间;③正态近似区间。这三种置信区间非常接近。

当然,也可以用计算机很容易算出精确的置信区间。对于样本量表示为 n,成功次数表示为 x 的 Bernoulli 实验,在 R 软件中可以用语句 binom.test(x,n,con=$1-\alpha$) $ conf 来计算置信度为 $1-\alpha$ 的成功概率(比例)的精确置信区间。

```
> x = 1200;n = 2000;α = 0.05
> (p = x/n)
[1] 0.6
> binom.test(x,n,con = 1 − α) $ conf
[1] 0.5781459 0.6215604
attr(,"conf.level")
[1] 0.95
```

因此，很容易得到本例调查中支持延迟退休的人的比例的点估计为 0.6，95% 的置信区间为 (0.578 145 9, 0.621 560 4)。精确的区间宽度约为 0.043 4。按照抽样调查通常的说法是"误差为加减 2.17%"。因此，该地公众中有约 60% 的人支持延迟退休，误差为加减 2.17%。

还需要注意的是，在调查中只给出比例是不行的，必须给出样本量或者具有某置信度的置信区间，还应该告知抽样的对象和范围。

4.2.5 总体比例之差 $p_1 - p_2$ 的区间估计

在实际研究中，常常需要对两个总体比例之差有一个了解。例如，对两个企业、两个地区某个经济指标的比率进行比较或者对两个班级的优秀率进行比较等。

设两个总体的比例分别为 p_1 和 p_2，为了估计 $p_1 - p_2$，可以分别从两个总体中随机抽取容量为 n_1 和 n_2 的两个随机样本，计算两个样本中的比例 $\hat{p}_1$ 和 $\hat{p}_2$。$p_1 - p_2$ 的点估计很简单，就用 $\hat{p}_1 - \hat{p}_2$ 即可。然而，很难计算 $p_1 - p_2$ 精确的置信区间，一般都用正态分布近似或者 χ^2 分布近似区间。常用的正态近似公式有几种，其中常用的一种置信区间公式为[1]

$$\left[(\hat{p}_1 - \hat{p}_2) - z_{\alpha/2}\sqrt{\frac{\hat{p}_1(1-\hat{p}_1)}{n_1} + \frac{\hat{p}_2(1-\hat{p}_2)}{n_2}}, (\hat{p}_1 - \hat{p}_2) + z_{\alpha/2}\sqrt{\frac{\hat{p}_1(1-\hat{p}_1)}{n_1} + \frac{\hat{p}_2(1-\hat{p}_2)}{n_2}}\right]$$

例 4.6 在延迟退休的调查中，甲地 2000 人的调查中有 1200 人支持延迟退休，而乙地 1000 人中有 500 人支持延迟退休。求这两个地区中支持延迟退休的人的比例之差的区间估计。

这里有两个总体比例，分别是甲、乙两地支持延迟退休的比例。假定两个总体比例分别是 p_1 和 p_2，我们希望求这两个总体比例之差 $p_1 - p_2$ 的点估计和区间估计。现在的数据表明 $n_1 = 2000, x_1 = 1200$；$n_2 = 1000, x_2 = 500$。令 $\hat{p}_1 = x_1/n_1, \hat{p}_2 = x_2/n_2$。那么，$\hat{p}_1 - \hat{p}_2$ 就是 $p_1 - p_2$ 的点估计。

---

[1] 可以证明，当 n_1 和 n_2 两者都很大，而且总体比例不太接近 0 或者 1 时，$\hat{p}_1 - \hat{p}_2$ 的抽样分布近似服从正态分布，且 $\mu = p_1 - p_2$，$\sigma_{p_1-p_2} = \sqrt{\frac{p_1(1-p_1)}{n_1} + \frac{p_2(1-p_2)}{n_2}}$。因为 p_1 和 p_2 皆未知，所以标准差由 $s_{\hat{p}_1-\hat{p}_2} = \sqrt{\frac{\hat{p}_1(1-\hat{p}_1)}{n_1} + \frac{\hat{p}_2(1-\hat{p}_2)}{n_2}}$ 来估计，从而 $p_1 - p_2$ 的置信度为 $1 - \alpha$ 的置信区间为 $(\hat{p}_1 - \hat{p}_2) \mp z_{\alpha/2}\sqrt{\frac{\hat{p}_1(1-\hat{p}_1)}{n_1} + \frac{\hat{p}_2(1-\hat{p}_2)}{n_2}}$。

对于 p_1-p_2 的区间估计,在 R 中使用 prop.test()函数很容易得到 p_1-p_2 的 95% 置信区间为(0.018 923 44,0.045 318 84)。该函数用 χ^2 近似,可以自动判断是否进行连续性修正。

```
> n1 = 2000;x1 = 1200;n2 = 1000;x2 = 500
> p1 = x1/n1;p2 = x2/n2;
> p1 - p2
[1] 0.1
> prop.test(c(x1,x2),c(n1,n2),con = .95) $ conf
[1] 0.06154934 0.13845066
attr(,"conf.level")
[1] 0.95
```

因此,这两个地区中支持延迟退休的人的比例之差的点估计为 0.1,95% 的置信区间为 (0.061 549 34,0.138 450 66)。

4.3 确定合适的样本量

调查研究中经常关心的一个问题是:样本量要多大才行? 样本量过大不经济,样本量过小又不能保证估计的精度。

如果要确定估计总体均值时的样本量,可以根据前面的总体均值置信区间公式得到

$$E = z_{\alpha/2} \frac{s}{\sqrt{n}}$$

式中:E 为进行研究时所能承受的最大误差,是相应的置信区间长度的 $1/2$;n 为样本量;$z_{\alpha/2}$ 为对应于某置信度的标准正态分布值;s 为总体标准差的估计。

进而得到所需样本量:

$$n = \left(\frac{z_{\alpha/2} \times s}{E}\right)^2$$

也就是说,确定合适的样本量需要综合考虑以下三方面的因素:①希望达到的置信度,置信度越高,要求样本量越大;②研究者可以承受的误差范围,**最大可容许误差**(maximum allowable error)越小,要求样本量越大;反之,样本量越小;③所研究总体的标准差,如果总体的离散程度较高,要求样本量较大;如果总体比较集中或一致,则要求的样本量较小。然而,在通常的情况下我们并不知道总体标准差,因此必须对其进行估计。

例 4.7 青原博士希望对毕业生的起薪进行调查。假设最大可容许误差 E 为 100 元,90% 的置信度所对应的 z 值为 1.644 85,即 $z_{0.05}=1.644\ 85$,总体标准差的估计为 2000 元。那么需要调查的样本量是多少?

因为最大容许误差、总体标准差的估计以及 z 值都已知,将数据代入估计总体均值所需样本量的公式,可得到样本量为:

```
> z = qnorm(0.05,low = F)        #计算 z 值
> z
```

```
[1]1.64485
> s = 2000                    #总体标准差
> E = 100                     #要求的最大可容许误差
> n = (z * s/E)^2             #计算所需样本量
> n
[1] 1082.217
```

解出 $n=1082.217$。样本量计算的结果通常并不是整数。当出现这种情况时,我们取不小于该数的最小整数。对于此例,结果为 1082.217,则取样本量为 1083。也这就是说样本量至少为 1083 个。

如果提高置信度到 95%,在 95% 的置信度下对应的 z 值为 1.959 96。

```
> z1 = qnorm(0.025, low = F)  #计算 z 值
> n1 = (z1 * s/E)^2           #计算所需样本量
> n1
[1] 1536.584
```

此时的样本量取 1537。这表明置信度提高,则样本量应相应增大。具体来看,当置信度由 95% 提高到 99% 时,样本量增加 280。这会大大增加调查的时间和成本,因此置信度的选择应该慎重。

关于比例估计问题中的样本量的确定,与上面的过程基本一致,也有以下三个因素需要确定。

（1）希望达到的置信度。
（2）研究者可以承受的误差范围。
（3）总体比例的估计。

总体比例的样本量由下面的公式确定：

$$n = p(1-p)\left(\frac{z_{\alpha/2}}{E}\right)^2$$

我们可以从预调查或者其他途径得到总体比例 p 的估计,否则就用 0.5 作为估计值。为什么取 0.5 呢? 这是因为在抽样前并不知道 p 是多少,因为 $p(1-p)$ 当且仅当 $p=0.5$ 时取最大值。例如,当 $p=0.30, p(1-p)=0.3\times(1-0.3)=0.21$;而当 $p=0.5, p(1-p)=0.5\times(1-0.5)=0.25$。因此最保险的做法是,在计算样本量时取 $\hat{p}=0.5$。

例 4.8 在延迟退休支持比例的调查中,假设最大可容许误差 E 为 0.1,90% 的置信度所对应的 z 值为 1.644 85,即 $z_{0.05}=1.644\ 85$,那么需要调查的样本量是多少?

因为已知最大可容许误差为 0.1,比例估计值为 0.5,显著性水平为 10%,将数据代入估计总体比例所需样本量的公式,可得到样本量为

```
> z = qnorm(0.025, low = F)         #计算 z 值
> hat.p = 0.5                       #总体比例 p 的估计
> E = 0.1                           #要求的最大可容许误差
> n = hat.p * (1 - hat.p) * (z/E)^2 #计算所需样本量
> n
[1] 96.03647
```

解出 $n=96.036\,47$。取大于它的最小整数,得到 $n=97$。

练习题

1. 一条广告声称某药品的有效率为 90%,误差为正负 3%,那么这条广告给出了什么信息? 你相信这条广告吗? 这条广告的发布者隐瞒了什么信息?

2. 如果在置信度不变的情况下,你要使目前所得到的置信区间的长度减少一半,样本量应增加到目前样本量的多少倍? 如果保持置信区间长度不变,样本量增加会使什么发生变化?

3. 如果得到均值的一个 95% 置信区间为 $(3.5,4.3)$,是否可以说区间 $(3.5,4.3)$ 以 95% 的概率覆盖总体均值? 是不是也可以说总体均值以 95% 的概率落入区间 $(3.5,4.3)$ 之中? 为什么? 怎样才是合适的说法?

4. 一个容量为 49 的样本来自正态总体,样本均值为 55,样本标准差为 10,试确定总体均值的 99% 的置信区间。

5. 一个研究机构做了一项调查,以确定吸烟者每周在香烟上的消费额。该机构抽取了 49 个吸烟者,发现 $\bar{x}=20$ 元,$s=5$ 元。
   (1) 总体均值的点估计是多少? 解释其含义。
   (2) 求总体均值 μ 的 95% 的置信区间,解释其含义。

6. 一个加油站的老板想了解每次出售给顾客的平均汽油量,于是他从交易记录中随机选取了 60 笔交易。计算得到这 60 笔交易的平均汽油量为 80.60L,标准差为 2.30L。
   (1) 总体均值的点估计是多少?
   (2) 计算总体均值的 99% 的置信区间。
   (3) 解释(2)中结果的意义。

7. 一项家电市场调查中随机抽取了 200 户居民,调查他们是否拥有某一品牌的电视机。调查发现其中拥有该品牌电视机的家庭占 23%,求总体比例的置信区间。置信水平分别为 90% 和 95%。

8. 现对观众每周看电视的时间进行调查。预调查结果显示平均每周看电视的时间为 12 小时,标准差为 3 小时。我们希望估计精度控制在 1/4 小时以内,置信水平为 95%,那么应该调查多少位观众呢?

9. 某超市想要估计每个顾客平均每次购物花费的金额。根据过去的经验,标准差大约为 120 元,现要求以 95% 的置信水平估计每个购物金额的置信区间,并要求边际误差不超过 20 元,应抽取多少个顾客作为样本?

10. 在一个大都市中对 1341 人的随机调查结果显示,有 934 个人支持限制小轿车的政策。假定该样本为简单随机样本,希望找出总体中支持限制小轿车的人的比例的点估计及其置信度为 95% 的置信区间。

11. R 软件的程序包 ISwR 的内置数据 energy 是关于 22 位女性的能量消耗数据,有两个变量分别为能量消耗(expend)和身材(stature)。身材有两个水平,分别为瘦小(lean)和肥胖(obese)。比较不同身材的女性的能量消耗,并计算能量消耗之差的 99% 置信区间。

12. R 软件的程序包 ISwR 的内置数据 vitcap 是关于三个组 24 个镉行业工人的肺活量

数据,有三个变量,分别为组别(group)、年龄(age)和肺活量(vital.capacity)。

(1) 两两比较两组肺活量,并计算肺活量之差的99%置信区间。

(2) 当得到所有可能的肺活量之差的置信区间后,可以得到什么结论?

13. 一个统计测验的得分样本如表4-3所示,计算男女成绩差异的95%置信区间。

表4-3 统计测验得分样本

男性	72	69	98	66	85	76	79	80	77
女性	81	67	90	78	81	80	76		

14. 对一些大学新生进行调查以测量环境变化的影响。将学生刚到校时的体重与一年后的体重进行对比,随机样本数据如表4-4所示。计算入学一年前后体重差异的95%置信区间。

表4-4 随机样本数据

学生	到校时体重	一年后体重	学生	到校时体重	一年后体重
1	124	142	7	149	150
2	157	157	8	176	184
3	98	96	9	200	209
4	190	212	10	180	180
5	103	116	11	256	269
6	135	134			

15. 两个商场某天对某品牌空气净化器的销售表明,在商场A的1000名顾客中,购买这种空气净化器的有128名,而在商场B的1800个顾客中,购买的人有200人。求这两个商场中购买该品牌空气净化器的比例之差的区间估计。

第5章

均值的假设检验

本章的主题是**假设检验**(hypothesis testing)。与参数估计一样，假设检验也是对总体参数感兴趣，如比例、比例间的差异，均值、均值间的差异等。只不过，估计的主要任务是找出参数值等于多少，而假设检验的兴趣主要是看参数的值是否等于某个特定值，或者比较两组数据。在数学推导上，参数的假设检验和区间估计有很大的联系。对于假设检验，人们是做出一个关于未知参数的假设，然后根据观察到的样本判断该假设是否正确，而区间估计主要是通过数据推断未知参数的取值范围。在 R 软件中，区间估计和假设检验使用的是同一个函数。

5.1 假设检验的基本思想

下面通过例 5.1 来说明假设检验的过程和思维方式。

例 5.1(例 4.1 继续) 一家公司声称它的员工月工资平均为 3500 元。下面是青原博士随机挑选的该公司的 15 名员工的月工资，该样本的均值为 3056.667 元。因此，想检验厂家所声称的平均工资是否属实，即根据这个样本来检验总体均值是等于 3500 元还是小于 3500 元。

2000 2100 2200 2350 2500 2900 3500 3800
2600 3300 3200 4000 4100 3100 4200

在假设检验中，一般要设立一个零假设或原假设(null hypothesis，通常用 H_0 表示)，比如本例 $H_0: \mu = \mu_0 = 3500$，也有与之相对应的**对立假设**或**备择假设**(alternative hypothesis，通常用 H_1 或 H_a 表示)，本例为 $H_1: \mu \neq \mu_0 = 3500$。因此，对例 5.1 来说，要做的假设检验为 $H_0: \mu = \mu_0 = 3500 \Leftrightarrow H_1: \mu \neq \mu_0 = 3500$。

我们设立这些假设的动机主要是希望利用人们掌握的反映现实世界的样本数据(通常更接近于备择假设)来找出零假设与现实之间的矛盾，从而否定这个假设，并称该检验显著(significant)，因此假设检验也称为**显著性假设检验**(significant hypothesis testing)。这里所谓的矛盾，就是按照零假设，现实世界数据的出现仅仅属于小概率事件，是不大可能出现的。也就是假设的现实世界和观测的现实世界不符。著名的统计学家费歇尔把 1/20 作为标准,也就是 0.05,从此 0.05 或者比 0.05 小的概率都被认为是小概率。在假设检验中,拒绝零假设时所允许的犯第一类错误的最大的概率称为**显著性水平**(level of significance 或 significance level)。显著性水平通常是由进行检验的人根据实际目标确定的。最常用的显著性水平为 0.05、0.01 等。

在假设检验中,通常用样本的一个统计量作为证据来衡量零假设的真伪,该统计量称为**检验统计量**(test statistic)。对于例 5.1 来说,检验统计量是 $t = \frac{\bar{x} - \mu_0}{\sqrt{s/n}}$(这里 $\mu_0 = 3500$),在零假设 $\mu = \mu_0 = 3500$ 时服从自由度为 14(=15-1)的 t 分布,因此这个检验称为 t 检验(t-test)。在 R 软件中使用 t.test() 进行假设检验。输出结果里有 t 统计量,相应的自由度以及 p 值。p 值(p-value)是在零假设下,出现检验统计量的实现值及(向备选假设方向)更极端的值的概率。p 值度量从样本数据得到的信息对零假设的支持程度。因此,p 值越小,就越有理由说明样本数据不支持零假设。但 p 值怎么才算小呢?通常,如果 p 值小于显著性水平 α,那么能够拒绝零假设,否则就不能拒绝。因此 p 值常常被称为该检验的**观测显著性水平**(observed level of significance)。

例 5.1 继续。对该数据做单样本 t 检验。

```
> salary = c(2000, 2100, 2200, 2350, 2500, 2900, 3500, 3800, 2600, 3300, 3200, 4000, 4100, 3100, 4200)
> t.test(salary, m = 3500) #双边检验①
        One Sample t - test
data: salary
t = -2.2822, df = 14, p - value = 0.03863
alternative hypothesis: true mean is not equal to 3500
95 percent confidence interval:
 2640.032 3473.302
sample estimates:
mean of x
 3056.667
```

t 检验统计量为 -2.2822。显然当 t 较大时,说明 $\bar{x}$ 相对于 μ_0 很小,对零假设不利。与 t 统计量相应的 p 值等于 $0.03863 < 0.05$,这表示因为拒绝零假设而犯错误的实际概率只有不足 0.03863。这样,对于任何大于 p 值的显著性水平,我们都可以拒绝零假设。② 于是在 5% 显著性水平下,我们认为数据显著地偏离了零假设中的均值 3500 元。

假设检验给出结论时可能产生一些风险。如果在假设检验过程中拒绝了一个正确的零假设,则意味着犯了**第一类错误**(type Ⅰ error),犯第一类错误的概率记为 α。当零假设错误时,接受零假设就是犯了**第二类错误**(type Ⅱ error),犯第二类错误的概率通常记为 β。表 5-1 总结了依靠样本可能做出的决策及其产生的结果。

---

① 除了采用函数 t.test(salary, m=3500, alt="less"),也可以采用函数 t.test(salary-3500)进行 t 检验。这与函数 t.test(salary, m=3500)的结果相同,但略有差别。

② 在统计软件输出的 p 值有的用"p-value",有的用 significance 的缩写"Sig"来标明,也有的用概率等符号来表示。

表 5-1　依靠样本可能做出的决策和风险

	接受 H_0	拒绝 H_0
H_0 为真	正确决策	第一类错误
H_0 为假	第二类错误	正确决策

在样本量固定的情况下,减少 α 将增大 β,减少 β 将增大 α,即不能同时减少犯两类错误的概率。由于通常将希望出现的结论作为备择假设 H_1,为使拒绝 H_0、接受 H_1 具有较高的可信度,我们总是控制犯第一类错误的概率 α。若要使犯两类错误的概率同时变小,则必须增大样本量。

与犯第二类错误的概率相联系的一个概念是**势**(power)。势是在备择假设正确时,检验拒绝零假设的概率。从势的定义可以看出,检验的势越强越好,势越强,犯第二类错误的概率就越小。

在多数统计实践中(除了理论探讨之外)的假设检验都是以否定零假设为目标。如果否定不了,那就说明证据不足,无法否定零假设,但这不能说明零假设正确。一般来说,不能拒绝零假设就"接受零假设"的说法是不正确的,而且没有给出犯第二类错误的概率。这是不适当的。首先,如果说"接受零假设",那么就应该提供接受零假设时可能犯第二类错误的概率,这就要算出在备择假设正确的情况下错误地接受零假设的概率。但是,这只有在备择假设仅仅是一个与零假设不同的确定值时才有可能。如果备择假设是一个范围,例如在例 5.1 的 $H_1:\mu\neq3500$ 的情况下,这时根本无法确定犯第二类错误的概率。因此,在不能拒绝零假设时,仅说明按照目前的证据和检验方法,不足以拒绝零假设而已。

假设检验应该遵循特定的程序,一般来说有 5 个步骤:①提出零假设和备择假设;②选择一个显著性水平 α,一般为 5%;③建立检验统计量;④构造决策规则,根据显著性水平 α 确定临界值;⑤选取样本,做出结论,要么拒绝 H_0、接受 H_1,要么不能拒绝 H_0。

5.2　单个总体均值的假设检验

对单个总体均值常用的假设检验方法是 z 检验或 t 检验,二者的区别在于总体标准差是否已知。因此,本节主要介绍 t 检验。它有与之相对的非参数检验方法 Wilcoxon 检验。[①]

5.2.1　单样本 t 检验

t 检验假设数据来自于一个正态分布。在单样本的情况下,假设数据 $x_1,x_2,\cdots,x_n$ 来自于均值为 μ,方差为 σ^2 的正态分布 $N(\mu,\sigma^2)$ 的总体。假定我们希望对零假设 $H_0:\mu=\mu_0$ 进行检验。对于服从正态分布的数据,我们有一条一般性的准则:有 95% 的数据会落在

---

① 在 R 软件中有专门的函数:用来进行 t 检验的 t.test 和进行 Wilcoxon 检验的 wilcox.test。它们都能够对单样本、双样本与配对样本进行检验。注意,双样本 Wilcoxon 检验在许多教科书中被称为 Mann-Whitney 检验。

$\mu \pm 2\sigma$ 这个区间里。所以如果 μ_0 是真实的平均数,那么 $\bar{x}$ 就应该落在 $\mu_0 \pm 2s/\sqrt{n}$ 中。也就是说,可以通过计算

$$t = \frac{\bar{x} - \mu_0}{s/\sqrt{n}}$$

来判断 t 是否落在了一个接受域中。t 应该以一定的概率落在这个接受域之外,这个概率就是前面提到的显著性水平。如果显著性水平设为 5%,此时接受域应该是 $-2 \sim 2$ 的区间。如果 t 落在接受域之外,那么我们就在预设的显著性水平上拒绝零假设。还有一种(等价的)方法是计算 p 值,此时它指的是得到一个绝对值上大于或等于当前 t 值的概率。我们能在 p 值小于显著性水平的情况下拒绝零假设。

有时候我们可能知道这样一个事实,比如所有可能会让 μ 不等于 μ_0 的原因实际上都会让 μ 偏大。在这种情况下,可以选择只在 t 落入右尾的情况下拒绝零假设。这种情况被称为**在单边备择假设下的假设检验**。因为将左尾移出拒绝域实际上是把显著性水平减半,所以对于某个给定的水平,单边检验会有更小的临界值。相似地,这里的 p 值指的是得到一个大于或等于当前 t 值的概率,而不是在绝对值上大于当前 t 值了。所以观察到的效应如果发生在约定的方向上,那么 p 值也就变成了上一种情况的一半。我们要小心地进行单边检验,最好在研究说明中对这个用法做出清晰的陈述。通过使用单边检验的方法使得原本不显著的结果变得显著的行为是不诚实的。

例 5.1 继续。由于样本均值的实现值为 $\bar{x} = 3056.667$ 小于 3500,因此更可能的备选假设是 $H_1: \mu < 3500$。因此,例 5.1 可以继续考虑做单边检验:

$$H_0: \mu = 3500 \Leftrightarrow H_1: \mu < 3500$$

函数 t.test 还有一些可选的参数,比如可以通过 alternative = "greater" 来检验均值是否大于 μ_0,或者是 alternative = "less" 来检验均值是否小于 μ_0。① 第三个可控参数 conf.level 能让我们控制置信区间的置信水平,如可以通过 conf.level = 0.95 来得到一个 95% 置信区间。

此时的检验统计量与双边检验的统计量一样,但是 p 值只有双边检验的一半。

```
> t.test(salary,m = 3500,alt = "less") #左尾检验
        One Sample t-test
data: salary
t = -2.2822, df = 14, p-value = 0.01931
alternative hypothesis: true mean is less than 3500
95 percent confidence interval:
    -Inf 3398.81
sample estimates:
mean of x
3056.667
```

我们注意到此时备择假设和样本的倾向是一致的,因此,检验是显著的。如果样本均值大于 3500,也就是说,备选假设的方向和样本不一致,那么这个检验一定不显著。

---

① 也可以简写为 alt = "greater" 表示右尾检验,alt = "less" 表示左尾检验。

图 5-1 给出了自由度为 14 的 t 分布的密度,t 检验统计量的实现值($t=-2.2822$)及 p 值($p=0.01931$ 为阴影部分的面积)。①

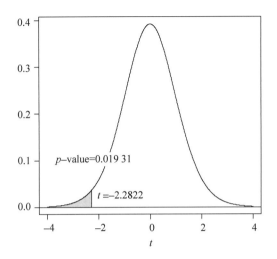

图 5-1 自由度为 14 的 t 分布的密度曲线,t 检验统计量的实现值及 p 值

5.2.2 单样本 Wilcoxon 符号秩和检验

前面的 t 检验假定了数据正态分布,但是这些假定不一定有道理。虽然 t 检验在数据并不来自于正态分布时也比较稳定,尤其是在大样本情况下。不过我们希望避免去做出这个假设,这时最好能使用不依赖于分布的方法。非参数检验一般不对或少对总体分布的具体形式做出假定,它们大多根据数据观测值的相对大小来建立检验统计量,然后找到在零假设下这些统计量的分布,并且看这些统计量基于样本的实现是否在零假设下属于小概率事件。这种和数据本身的总体分布无关的统计方法就属于**非参数统计**(nonparametric statistics)。非参数检验方法通常都把数据替换成了相应的顺序统计量。因此,**秩**(rank)是非参数检验中最常使用的概念。一般来说,秩就是该数据按照升幂排列之后,每个观测值的位置。比如对例 5.1 的数据计算秩,命令如下:

```
> matrix(c(salary,rank(salary)),nrow = 2,byrow = T) # rank(salary)求数据的秩
     [,1] [,2] [,3] [,4] [,5] [,6] [,7] [,8] [,9] [,10] [,11] [,12] [,13] [,14] [,15]
[1,] 2000 2100 2200 2350 2500 2900 3500 3800 2600 3300  3200  4000  4100  3100  4200
[2,]    1    2    3    4    5    7   11   12    6   10     9    13    14     8    15
```

---

① 图 5-1 程序:
x = c(seq(- 4,4,length = 1000));y = dt(x,14);plot(x,y,type = "l");abline(0,0);r1 = - 4;r2 = - 2.2822;
x2 = c(r1,r1,x[x < r2&x > r1],r2,r2);y2 = c(0,dt(c(r1,x[x < r2&x > r1],r2),14),0);plot(x,y,type = "l",ylab = "",xlab = "t");abline(0,0);polygon(x2,y2,col = "red");text(locator(1),expression (p - value == 0.01931));text(locator(1),expression(t == - 2.2822))

其中，第一行为数据本身，第二行就是它们的秩。可以看出，2000 最小，秩为 1，其次 2100，秩为 2，4200 最大，秩为 15。

单样本的对称总体中位数（总体均值）的 Wilcoxon 符号秩检验（Wilcoxon signed-rank test）的步骤如下：假定 $x_1, x_2, \cdots, x_n$ 为来自连续对称总体的一个样本，此时中位数和均值相等。如果零假设为中位数（均值）$M = M_0$，对于 Wilcoxon 符号秩检验[①]，则要把 $|x_i - M_0|$ 排序，得到 $|x_i - M_0|$ 的秩。然后把 $x_i - M_0$ 的符号加到相应的秩上面。于是，可以得到既有带正号的秩，又有带负号的秩。对带负号的秩的绝对值求和，即把满足 $x_i - M_0 < 0$ 的 $|x_i - M_0|$ 的秩求和，并用 W^- 表示。类似地，对带正号的秩的绝对值也求和，即把满足 $x_i - M_0 > 0$ 的 $|x_i - M_0|$ 的秩求和，并用 W^+ 表示。如果 M_0 的确是中位数，那么，W^- 和 W^+ 应该大体上差不多。如果 W^- 或者 W^+ 过大或过小，则应该怀疑中位数 $M = M_0$ 的零假设。令 $W = \min(W^-, W^+)$，则当 W 太小时，应该拒绝零假设。这个 W 就是 Wilcoxon 符号秩检验统计量。

例 5.2 对例 5.1 的数据进行单样本 Wilcoxon 符号秩检验。

由于总体中位数为 3100，而零假设的总体均值为 3500，因此可以怀疑厂家所声称的 3500 元平均工资不属实。相应的关于中位数的检验应该是

$$H_0: M = 3500 \Leftrightarrow H_1: M < 3500$$

首先对数据作茎叶图。

```
> stem(salary)
  The decimal point is 3 digit(s) to the right of the |
  2 | 0124
  2 | 569
  3 | 123
  3 | 58
  4 | 012
```

由茎叶图可以看出分布非常对称，因此可以应用 Wilcoxon 符号秩检验。

```
> salary = c(2000,2100,2200,2350,2500,2900,3500,3800,2600, 3300, 3200, 4000, 4100, 3100, 4200)
> wilcox.test(salary,m = 3500,alt = "less")
        Wilcoxon signed rank test with continuity correction
data: salary
V = 22, p - value = 0.02977
alternative hypothesis: true location is less than 3500
```

得到 $W = 22$（软件输出的符号为 V）检验的 p 值等于 0.029 77。因此，可以对大于 p 值的任意显著性水平拒绝零假设，认为厂家所声称的 3500 元平均工资不属实是有道理的。

不依赖于分布的方法（非参数方法）与如 t 检验之类的参数方法之间孰优孰劣是一个有

---

① 那么，对于非参数检验中的最简单的检验方法：符号检验（sign test）只需计算 $x_i - M_0 (i = 1, 2, \cdots, n)$ 中有多少正负符号，即可利用二项分布的概率来计算 p 值。例如，对于例 5.1，符号检验程序如下：
pbinom(length(salary[salary > = 3500]),15,0.5)

争议的话题。非参数检验在总体分布未知时有很大的优越性,但是在总体分布形式已知时,非参数检验就不如传统方法效率高,这是因为非参数方法利用的信息要少些。往往在传统方法可以拒绝零假设的情况下,非参数检验无法拒绝。用统计的术语来说,在总体分布已知时,传统方法有较大的势(power),效率要高,但非参数统计在总体分布未知时效率往往要比假定了错误总体分布时的传统方法要高,有时要高很多。

Wilcoxon 检验对于相等的观测很敏感,即几个不同的观测有着同样的数值。这时可以使用它们的秩的平均。例如,现在有 4 个相等的观测,排在第 6～9 位,那么它们的秩就统一设为 7.5。这在大样本情况下使用正态近似时不是什么问题,但是小样本下的精确计算就比较困难,wilcox.test 就无法做到这一点。

5.3 两个总体均值的假设检验

5.3.1 两样本 t 检验

两样本 t 检验主要用来检验两个样本是否来自于均值相等的分布。两样本检验与单样本检验的理论基础相差不大。从两个总体中抽出数据 $x_1, x_2, \cdots, x_m$ 和 $y_1, y_2, \cdots, y_n$,假设它们是 $N(\mu_1, \sigma_1^2)$ 和 $N(\mu_2, \sigma_2^2)$ 两个分布中抽取的样本,并希望检验零假设 $\mu_1 = \mu_2$。假定两个独立样本的样本均值分别为 $\bar{x}$ 和 $\bar{y}$,它们的差为 $\bar{x} - \bar{y}$。根据 $\bar{x} - \bar{y}$ 和零假设中待检验的 $\mu_1 - \mu_2 = D_0$(数值 D_0 为预先确定的数,经常为 0)的大小比较,备择假设可为下面三种形式之一(见表 5-2)。

表 5-2 两独立正态总体均值之差的 t 检验总结

零假设	备择假设	确定备择假设不等式方向
$H_0: \mu_1 - \mu_2 = D_0$	$H_1: \mu_1 - \mu_2 > D_0$	$\bar{x} - \bar{y} > D_0$
	$H_1: \mu_1 - \mu_2 < D_0$	$\bar{x} - \bar{y} < D_0$
	$H_1: \mu_1 - \mu_2 \neq D_0$	$\bar{x} - \bar{y} \neq D_0$

当 $D_0 = 0$ 时,上面的三种检验为:$H_0: \mu_1 = \mu_2 \Leftrightarrow H_1: \mu_1 > \mu_2$ 或者 $H_0: \mu_1 = \mu_2 \Leftrightarrow H_1: \mu_1 < \mu_2$ 或者 $H_0: \mu_1 = \mu_2 \Leftrightarrow H_1: \mu_1 \neq \mu_2$。

检验统计量也服从 t 分布。这里检验统计量在两个总体方差相等时均为在零假设下具有 $m+n-2$ 个自由度的 t 分布统计量:

$$t = [(\bar{x} - \bar{y}) - D_0] / \sqrt{s_P^2(1/m + 1/n)}$$

式中,$\bar{x}$ 和 $\bar{y}$ 分别为两个样本的样本均值;$s_P^2 = [(m-1)s_x^2 + (n-1)s_y^2]/(m+n-2)$;而 s_x 和 s_y 分别为两个样本的标准差;m 和 n 分别为两个样本的样本量。

在两个总体方差不等时,需要对自由度进行修正(Welch 修正):

$$df = \frac{(s_x^2/m + s_y^2/n)^2}{(s_x^2/m^2)/(m-1) + (s_y^2/n^2)/(n-1)}$$

例 5.3(例 4.3 继续) 为了比较乘坐公交车上班快还是自己开车快,青原博士对两种方式所用时间各进行了 10 次记录，具体数据见表 5-3。假设乘车时间服从正态分布。这些数据能提供充分证明开车上班的平均时间更快吗？

表 5-3　两种交通方式上班所需时间

| 公交车 | 48 | 47 | 44 | 45 | 46 | 47 | 43 | 47 | 42 | 48 |
| 开车 | 36 | 45 | 47 | 38 | 39 | 42 | 36 | 42 | 46 | 35 |

对于本例，我们的目的是两种交通方式所需时间是否有差异，所以如下所示使用一个 t 检验。首先输入数据：

> x1 = c(48,47,44,45,46,47,43,47,42,48)
> x2 = c(36,45,47,38,39,42,36,42,46,35)
> time = c(x1,x2)
> transportation = c(rep(1,10),rep(2,10))
> traffic.time = cbind(time,transportation)

为了直观感受两个交通方式所需时间是否存在差异，先画出不同交通方式所需时间的并列箱线图。

> boxplot(time ~ transportation)

结果如图 5-2 所示，可以看出两个交通方式上班所需时间确实存在着较大的差异。

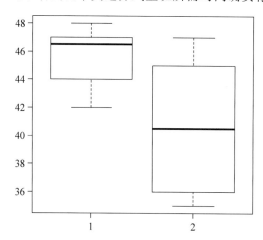

图 5-2　不同交通方式所需时间的箱线图

在进行 t 检验之前，需要判断两个总体的方差是否相等。虽然在 R 中不需要假设方差相等也能进行两样本 t 检验，但我们仍然可能对这个假设本身是否正确感兴趣。R 中的 var.test()函数的主要功能是对两样本的方差进行 F 检验。它的使用方法和 t.test()一样，对于本例：

> var.test(time ~ transportation) $ p.value
[1] 0.03792704

这个检验结果显著，所以拒绝方差相等这个假设。注意，这个检验有着两组数据独立的假设，所以不能在配对数据上使用它。

由于认为方差不等，用 R 语句 t.test(time ~ transportation, alt="greater")进行检验[①]，得到 p 值为 0.032 39。如果方差相等，则在 R 中用语句 t.test(time ~ transportation, alt="greater", var=T)进行检验。此时这里的自由度是一个整数了，即通过 $m+n-2$ 得到。

```
> t.test (time ~ transportation, alt = "greater")
        Welch Two Sample t - test
data: time by transportation
t = 3.2882, df = 12.891, p- value = 0.00297
alternative hypothesis: true difference in means is greater than 0
95 percent confidence interval:
 2.351527         Inf
sample estimates:
mean in group 1 mean in group 2
       45.7              40.6
```

这里波浪号(~)运算符的作用是指明 time 是通过 transportation 来描述的。输出结果表明两个总体均值检验结果显著，所以拒绝两个总体均值相等这个假设。我们注意到其中均值之差的置信区间不包含 0，与 p 值的结果相统一，意味着在 5% 的置信水平下差异是显著的。

5.3.2 两样本 Wilcoxon 符号秩和检验

如果对正态分布假设有所怀疑，那么还可以使用非参数检验。这里，考虑比较两总体的中位数。我们不假定特定的总体分布，所需要的唯一假定就是两个总体的分布有类似的形状，但不要求对称。

两样本 Wilcoxon 检验用数据的秩(不考虑分组)代替数据本身，然后计算某一组中的秩和，这样便简化成了从 $1 \sim n_1+n_2$ 中不重复地抽出 n_1 个数字的问题。该检验的基本步骤如下：假定第一个样本有 m 个观测值 $x_1, x_2, \cdots, x_m$，第二个样本有 n 个观测值 $y_1, y_2, \cdots, y_n$。把两个样本混合之后将这 $m+n$ 个观测值按照大小次序排序，然后记下每个观测值在混合排序下面的秩，之后分别把两个样本所得到的秩相加。记第一个样本观测值的秩的和为 W_X，第二个样本秩的和为 W_Y。这两个值称为 Wilcoxon 统计量。该统计量的分布和两个总体分布无关。由此分布可以得到 p 值。在 R 中，用命令 pwilcox(q, m, n)可以得到两样本量分别为 m 和 n 时在 q 点的累积分布。直观上看，如果 W_X 与 W_Y 之中有一个显著的大(或显著的小)，则可以选择拒绝零假设。这个检验就称为 Wilcoxon 秩和检验(Wilcoxon rank-sum test)，也称 Mann-Whitney 检验或 Mann-Whitney-Wilcoxon 检验。之所以有两个名称，是因为 Wilcoxon 统计量和由 Mann-Whitney 导出的检验统计量等价。Mann-Whitney 统计量也是一对：W_{XY} 和 W_{YX}。W_{YX} 定义为两样本中满足 $x_i > y_j$ 的数目，而 W_{XY} 定义为两样本中满足 $x_i < y_j$ 的数目。在检验时，一般使用 $W = \min(W_{XY}, W_{YX})$ 作为检验统计量。

对 Wilcoxon 秩和检验的实际应用基本上与 t 检验是一样的。与 $t.$test 一样，wilcox.

[①] 这里"greater"和备择假设中的大于号相当，而"less"则和备择假设中的小于号相当。默认选项为双边检验。

tets 函数有 mu 和 alternative 这两个参数。此外,它还有 correct 这个参数,用来指示是否需要进行连续性修正(从输出结果中可以看出默认是进行修正的;可以通过 correct=F 来取消它);还有参数 exact,用来指示是否需要进行精确的计算。在 R 中类似于 correct 与 exact 等表示"开/关"的选项都能够用 TRUE 或 FALSE 这两个逻辑值来控制。

例 5.3 继续。对例 5.3 我们能用 wilcox.test 来做检验,$H_0:M_1=M_2 \Leftrightarrow H_1:M_1>M_2$。

```
> wilcox.test (x1,x2, alt = "greater")
        Wilcoxon rank sum test with continuity correction
data:   x1 and x2
W = 84.5, p-value = 0.004831
alternative hypothesis: true location shift is greater than 0
```

容易得到 p 值等于 0.004 831,因此,对于大于 p 值的显著性水平都可拒绝零假设。也就是说,两种交通方式所需时间的中位数存在差异,乘坐公交车所需时间多于自己开车。

5.4 配对总体均值的假设检验

我们在同一个实验单位有着两个度量值时使用配对检验。该检验主要通过作差来将问题简化为单样本检验。不过,这种方法意味着我们要假设这个差值与不同水平的度量值是独立的。我们可以将每一对数构成的点与直线 $y=x$ 画在同一幅图上,或是将每一对数的差与它们的均值线画在同一幅图上(有时称其为 Bland-Altman 图),这是有效的图形检查方法。如果能看出差值随着度量水平出现变化的趋势,那么我们最好对数据做变换。如果标准差常常与度量的水平成比例,在这种情况下,一个对数变换就显得很有必要了。

5.4.1 配对 t 检验

例 5.4(例 4.4 继续) 一个有 20 人参加的技术革新实验前后的产量列在表 5-4 中。这里,pre 和 post 分别是实验前后的产量(单位:个)。这里假定产量区别为正态分布。人们想知道实验前后产量差的均值 $\mu_D=\mu_1-\mu_2$ 的估计。

表 5-4 技术革新实验前后的产量

pre	64	125	86	103	111	112	48	71	60	66	100	64	109	75	80
post	92	110	109	125	107	137	69	81	54	85	99	77	100	93	98

首先在 R 中输入数据:

```
> pre = c(64,125,86,103,111,112,48,71,60,66,100,64,109,75,80)
> post = c(92,110,109,125,107,137,69,81,54,85,99,77,100,93,98)
> production = cbind(pre, post)
```

这里的关键在于 20 位工人的产量都被测量了两次,所以查看个人数据的差值是合理的:

```
> pre = c(64,125,86,103,111,112,48,71,60,66,100,64,109,75,80)
> post = c(92,110,109,125,107,137,69,81,54,85,99,77,100,93,98)
> post - pre
 [1]  28 -15  23  22  -4  25  21  10  -6  19  -1  13  -9  18  18
```

可以看出它们大部分都是正数。相比于技术革新前,大部分的工人都在技术革新后有更高的产量。

```
> t.test(post - pre)
    One Sample t-test
data:  post - pre
t = 2.9843, df = 14, p-value = 0.009854
alternative hypothesis: true mean is not equal to 0
95 percent confidence interval:
  3.038022 18.561978
sample estimates:
mean of x
    10.8
```

配对 t 检验通过下面的语句获得。注意,在函数调用时要明确地指明 paired=T,表示希望进行一个配对检验。

```
> t.test (pre, post, paired = T)
       Paired t-test
data: pre and post
t = -2.9843, df = 14, p-value = 0.009854
alternative hypothesis: true difference in means is not equal to 0
95 percent confidence interval:
 -18.561978  -3.038022
sample estimates:
mean of the differences
           -10.8
```

这个输出结果没有什么新内容,看起来和对差值做的单样本 t 检验一样。

如果没有明确地指明 paired=T,那我们进行一个非配对 t 检验的结果,也就是独立样本的 t 检验,来看看同一个数据集误用非配对 t 检验的结果有何变化。

```
> t.test (pre, post) # WRONG!
       Welch Two Sample t-test
data: pre and post
t = -1.3251, df = 27.71, p-value = 0.196
alternative hypothesis: true difference in means is not equal to 0
95 percent confidence interval:
 -27.503087   5.903087
sample estimates:
mean of x mean of y
 84.93333  95.73333
```

从结果来看,与配对 t 检验的 t 值-2.9843 相比,看起来 t 统计量的绝对值明显变得更小了,而且在 5%的水平下不显著。置信区间是配对检验中的两倍宽。通过这两点可以看出,在同一个人上进行两次测量比对两组分别处于技术革新前后的工人进行测量效率更高。如果没有对比同一个人测量的"前""后"信息,那么准确性就会降低。

5.4.2 配对 Wilcoxon 符号秩和检验

配对 Wilcoxon 检验其实等同于在两组差值上进行单样本 Wilcoxon 符号秩检验。这个函数调用和 t.test 完全相同。

例 5.4 继续。对例 5.4 做配对 Wilcoxon 检验。

```
> wilcox.test (pre, post, paired = T)
    Wilcoxon signed rank test with continuity correction
data:   pre and post
V = 17, p - value = 0.01576
alternative hypothesis: true location shift is not equal to 0
```

这个结果与 t 检验没有很大差别。p 值没有那么极端,这点也是在意料之中。因为 Wilcoxon 秩和的最大值就是所有的差值符号都相等的时候,而 t 统计量则可以任意大。

5.5 正态性检验

很多时候我们的检验需要数据服从正态分布,也就是假设检验为

$$H_0:数据服从正态分布;H_1:数据不服从正态分布$$

例 5.5 我们以例 5.1 的数据为例,简要说明如何对数据进行正态性检验。

我们可以使用 Q-Q(Quantile versus Quantile)图观察数据是否服从正态分布。Q-Q 图以标准正态分布的分位数为横坐标,以处在相同百分位数的样本分位数为纵坐标,把样本表现为坐标系中的散点。如果数据服从正态分布,则散点应该呈现为围绕第一象限对角线的直线(图 5-3)。

```
> salary = c(2000,2100,2200,2350,2500,2900,3500,3800,2600, 3300, 3200, 4000, 4100, 3100, 4200)
> qqnorm(salary)
> qqline(salary)
```

从图 5-3 看出散点大致都在一条直线上,大致可以认为该数据服从正态分布。该方法直观易懂,但不便量化,若需要精确的结果,还可以使用 Shapiro-Wilk 检验方法和 Jarque-Bera 检验进行检验。

Shapiro-Wilk 检验方法也称为 W 检验。这个检验在 $8 \leqslant n \leqslant 50$ 时可以使用。当样本量 $n<8$ 时,对偏离正态分布的检验不太有效。Shapiro-Wilk 检验方法可以使用 R 中的函数 shapiro.test()。

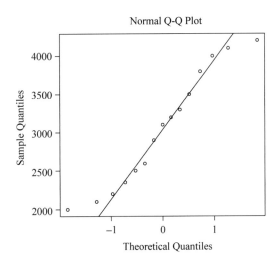

图 5-3 工资数据的 Q-Q 图

```
> shapiro.test(salary)
        Shapiro – Wilk normality test
data: salary
W = 0.9375, p – value = 0.3515
```

由于 p-value = 0.3515＞0.05，则没有足够证据能拒绝正态分布的零假设。

Jarque-Bera 检验是偏度和峰度的联合分布检验法。检验统计量为

$$J-B = \frac{n-k}{6}\left(S_k^2 + \frac{1}{4}K_u^2\right) \sim \chi^2(2)$$

其中，S_k，K_u 分别是数据的偏度和峰度。当 $J-B$ 过大或过小时，拒绝零假设。相对来说，J-B 检验比较实用，可以使用 R 中的 tseries 包中的函数 jarque.bera.test()。用下面的程序得到和 Shapiro-Wilk 检验一样的结论。

```
> library(tseries)
> jarque.bera.test(salary)
        Jarque Bera Test
data:   salary
X – squared = 1.1185, df = 2, p – value = 0.5717
```

5.6 功效与样本量的计算

由于样本是随机的，所以我们难以避免地会得到错误的结论。犯第一类错误的可能性由显著性水平决定，而犯第二类错误的可能性则由样本量以及要检验的差异的性质决定。当两总体之间的差异相当小时，我们检验出差异的可能性也微乎其微。正是基于这个原因，一些统计学家反对使用"接受域"这种说法，因为我们只能说没能证实两个总体之间差异的存在，但是永远无法证明差异不存在。功效是指拒绝错误零假设的可能性大小。接下来从

几个具体实例入手介绍一下功效以及样本量的计算。

5.6.1 单样本 t 检验与配对 t 检验的功效与样本量

首先考虑样本均值与给定值进行比较的情况。因为配对 t 检验可以转化为单样本 t 检验,所以这里一起介绍这两种检验的功效和样本量的计算。例如,在一个对比实验中,我们想用配对样本 t 检验来验证治疗方案 A 与治疗方案 B 的效果差异是否为 0。令真实差异为 δ。在其他模型设定不变的情形下,即使零假设不成立,我们也能推导出检验统计量服从非中心 t 分布。该分布除了依赖普通 t 分布具有的自由度之外,还依赖于一个非中心参数。对于配对 t 检验,非中心参数 v 是 δ、样本标准差 σ 和样本量 n 的函数,具体如下:

$$v = \frac{\delta}{\sigma/\sqrt{n}}$$

也就是真实差异除以样本均值的标准差。

图 5-4 展示了 ncp=3, df=25 的非中心 t 分布的累积分布图。图中的垂线表示显著性水平为 0.05 时双边检验的接受域的上界。[①] 从图中可以发现,分布曲线的大部分落入了拒绝域。其中,曲线和垂线围成的区域的面积就是检验统计量落入接受域的概率,其值约为 0.18。[②] 功效等于 1 减去该值。即对于功效而言,其值越接近 1 越好。

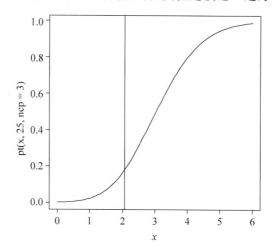

图 5-4 $v=3$ 与自由度为 25 的累积非中心 t 分布概率密度函数图像

注意,功效 $(1-\beta)$ 的取值依赖于 $\delta, \sigma, n, \alpha$ 这 4 个变量。确定其中任意三个变量,就可以调整第 4 个变量的大小来获得给定的功效。

也可以通过类似的方式确定某次实验所必需的样本量。首先确定想要得到的功效(比

[①] 在 R 中,通过向 pt 函数添加 ncp 参数即可得到非中心 t 分布的累积分布图。图 5-4 的程序:
curve(pt(x,25,ncp = 3),from = 0,to = 6); abline(v = qt(0.975,25))

[②] pt(qt(0.975,25),25,ncp = 3)
[1] 0.1779891

如 $(1-\beta)=0.9$），显著性水平（通常为 $\alpha=0.05$），标准差 σ 的估计以及最小相关差异或最小有意义的差异 δ，这样就得到一个可用以求解样本量 n 的方程。样本量计算的结果通常并不是整数。当出现这种情况时，我们取不小于该数的最小整数。

为了便于计算，通常假设标准差已知以化简相应的计算公式。此时，可以用对应于标准正态分布情况下的检验代替 t 检验。该做法的实际优势在于，根据这种计算功效的公式，我们能够方便地反解出 n 的大小。具体公式如下：

$$n = \left(\frac{\Phi_{\alpha/2}+\Phi_{\beta}}{\delta/\sigma}\right)^2 \quad \text{（单样本情况下的样本量）}$$

$$n = 2\times\left(\frac{\Phi_{\alpha/2}+\Phi_{\beta}}{\delta/\sigma}\right)^2 \quad \text{（两样本情况下的每组样本量）}$$

其中，Φ_x 代表正态分布的 x 分位数。上式是针对双边检验的，对于单边检验问题，用 α 代替 $\alpha/2$ 即可。但是，当对应的自由度小于 2 时，依据该公式计算出来的结果就差强人意了。

在 power.t.test()函数中设定参数 type="one.sample"可以用来对单样本进行检验，设定 type="paired"可以用来进行配对检验。虽然配对检验可以退化为单样本检验，但是两者的输出还是略有差异。当我们指定函数 power.t.test()的 sd 参数时，需要将前面得到的标准差乘以 $\sqrt{2}$。

例 5.6 已知标准差为 5，显著性水平为 5%，功效为 85%，那么配对检验检测差异为 5 时所需的样本量是多少？

可以计算出配对检验检测差异为 5 时所需的样本量为 19.968 92，也就是最小样本量为 20。

```
> power.t.test(delta = 5,sd = 5 * sqrt(2),power = 0.85,type = "paired")
     Paired t test power calculation
              n = 19.96892
          delta = 5
             sd = 7.071068
      sig.level = 0.05
          power = 0.85
    alternative = two.sided
NOTE: n is number of *pairs*, sd is std.dev. of *differences* within pairs
```

相应地，可以计算出每组样本量为 20 时，实验对应的检验功效的大小。

```
> power.t.test(n = 20, delta = 5,sd = 5 * sqrt(2),type = "paired")
     Paired t test power calculation
              n = 20
          delta = 5
             sd = 7.071068
      sig.level = 0.05
          power = 0.8506046
    alternative = two.sided
NOTE: n is number of *pairs*, sd is std.dev. of *differences* within pairs
```

上述计算过程其实是给定 power、sig.level、delta、sd 和 n 这 5 个变量中的任意 4 个值，则函数自动计算出未知的那个。除此之外，该函数还有两个可选参数：alternative 和 type，前者用来指定单边检验,后者用来指定单样本检验。下面是增加参数 alt＝"one.sided"的例子,此时所需样本量为 16。

```
> power.t.test(delta = 5, sd = 5 * sqrt(2), power = 0.85, type = "paired", alt = "one.sided")
     Paired t test power calculation
              n = 15.82763
          delta = 5
             sd = 7.071068
      sig.level = 0.05
          power = 0.85
    alternative = one.sided
NOTE: n is number of *pairs*, sd is std.dev. of *differences* within pairs
```

我们也可以考虑相反的问题:给出可能的样本量,我们检验出的比较有把握的偏差是多大?也就是说,当知道样本量、标准差、功效和显著性水平时,可以计算得到偏差。对于例 5.6,可以得到偏差为 4.995 637。

```
> power.t.test(n = 20, sd = 5 * sqrt(2), power = 0.85, type = "paired")
     Paired t test power calculation
              n = 20
          delta = 4.995637
             sd = 7.071068
      sig.level = 0.05
          power = 0.85
    alternative = two.sided
NOTE: n is number of *pairs*, sd is std.dev. of *differences* within pairs
```

5.6.2　两独立样本 t 检验的功效与样本量

计算两样本 t 检验的功效的过程与计算单样本 t 检验的功效的过程类似,只是计算参数的方法略有不同:

$$v = \frac{\delta}{\sigma/\sqrt{1/n_1 + 1/n_2}}$$

通常,假设两个总体具有相同的方差,即不考虑使用 Welch 过程的情形。计算样本量的时候,通常会假定:若观测值总数一定,给定最优的检验功效,则实验对应的每组样本量是一样的。

下面以例 5.3 为例进行说明。假设两种交通方式所需时间具有相同方差,此时标准差为 4.27。我们想知道,当功效为 95%,双边检验的显著性水平为 1%,多大的样本量才能保证当样本对应的分布的标准差为 4.27 时,检验到的两个总体的差异为 5? 可以使用下面的程序对此进行计算。

```
> power.t.test(delta = 5, sd = 4.27, sig.level = 0.01, power = 0.95)
     Two-sample t test power calculation
              n = 27.69892
          delta = 5
```

```
            sd = 4.27
    sig.level = 0.01
        power = 0.95
  alternative = two.sided
NOTE: n is number in * each * group
```

其中,delta 表示真实差异,sd 表示真实标准差。可以看到得到的样本量为 27.698 92。我们取整数为 28。相应地,可以计算出每组样本量为 28 时,实验对应的检验功效的大小。

```
> power.t.test(n = 28, delta = 5, sd = 4.27, sig.level = 0.01)
     Two - sample t test power calculation
            n = 28
        delta = 5
           sd = 4.27
    sig.level = 0.01
        power = 0.9524669
  alternative = two.sided
NOTE: n is number in * each * group
```

和配对样本一样,给定 power,sig.level,delta,sd 和 n 中的任意 4 个值,则函数自动计算出未知的那个。下面是增加参数 alt="one.sided"的例子,此时所需样本量为 25。

```
> power.t.test(delta = 5, sd = 4.27, sig.level = 0.01, power = 0.95, alt = "one.sided")
     Two - sample t test power calculation
            n = 24.41251
        delta = 5
           sd = 4.27
    sig.level = 0.01
        power = 0.95
  alternative = one.sided
NOTE: n is number in * each * group
```

练习题

1. R 的程序包 ISwR 的内置数据 vitcap 是关于三个组 24 个镉行业工人的肺活量数据,有三个变量,分别为组别(group)、年龄(age)和肺活量(vital.capacity)。使用 t 检验比较两组肺活量,并计算 99% 置信区间。这个结果可能会产生误导,为什么?

2. 对第 1 题用非参数方法对该数据进行检验。

3. 在 10 个含有 25 个观测值的模拟正态分布数据上分别做单样本 t 检验。用不同的分布再重复这个实验:尝试自由度为 2 的 t 分布,以及指数分布(在后一种情况下对均值为 1 的分布做检验)。你能自动化这个实验从而重复更多次吗?

4. 某减肥广告称参加减肥计划的人在前两周平均能减掉 5kg。从参加减肥计划的人中抽取 50 个人进行调查,发现他们的体重平均减轻了 4.3kg,标准差是 1.8kg。在显著性水平 0.05 下,能否说参加减肥计划的人平均减重不到 5kg? 确定 p 值。

5. 现在很流行网上购物。某购物网站每天收到的在线购物退货数平均为 6.5 件。随机抽取 12 天,每天退货数量如下所示。是否可以说每天的平均退货数小于 6.5? 显著性水平为 0.01。

0　4　3　4　9　4　5　9　1　6　7　10

6. 从一个总体随机抽出的包含 10 个观测值的样本,样本均值为 23,样本标准差为 4。从另一个总体中抽出的包含 8 个观测值的样本,样本均值为 26,样本标准差为 5。在 0.05 的显著性水平下,两个总体的均值是否存在差异?

7. 一个统计测验的得分样本如表 5-5 所示,在 0.01 的显著性水平下,女性的平均得分是否高于男性的平均得分?

表 5-5　统计测验得分样本

男性	72	69	98	66	85	76	79	80	77
女性	81	67	90	78	81	80	76		

8. 对一些大学新生进行调查以测量环境变化的影响。将学生刚到校时的体重与一年后的体重进行对比,随机样本数据如表 5-6 所示。你的结论是什么?使用 0.01 的显著性水平。

表 5-6　随机样本数据

学生	到校时体重	一年后体重	学生	到校时体重	一年后体重
1	124	142	7	149	150
2	157	157	8	176	184
3	98	96	9	200	209
4	190	212	10	180	180
5	103	116	11	256	269
6	135	134			

9. 某公司设计了一种激励计划用以激励销售人员。为了评估这个激励计划,随机选出 12 名销售人员,得到执行计划前后他们每周的收入如表 5-7 所示(单位:元)。销售人员的周收入是否因为执行激励计划而有显著增加?使用 0.05 的显著性水平估计 p 值并进行解释。

表 5-7　每周收入

销售人员	之前	之后	销售人员	之前	之后
1	320	340	7	625	631
2	290	285	8	560	560
3	421	475	9	360	365
4	510	510	10	431	431
5	210	210	11	506	525
6	402	500	12	505	619

10. 某单位对 100 名女生测定血清总蛋白含量(g/L),数据如下所示。试判断血清总蛋白含量是否近似服从正态分布。

74.3	78.8	68.8	78.0	70.4	80.5	80.5	69.7	71.2	73.5
79.5	75.6	75.0	78.8	72.0	72.0	72.0	74.3	71.2	72.0
75.0	73.5	78.8	74.3	75.8	65.0	74.3	71.2	69.7	68.0
73.5	75.0	72.0	64.3	75.8	80.3	69.7	74.3	73.5	73.5
75.8	71.8	68.8	76.5	70.4	71.2	81.2	75.0	70.4	68.0
70.4	72.0	76.5	74.3	76.5	77.6	67.3	72.0	75.0	74.3
73.1	79.5	73.5	74.7	65.0	76.5	81.6	75.4	72.7	72.7
67.2	76.5	72.7	70.4	77.2	68.8	67.3	67.3	67.3	72.7
75.8	73.5	75.0	73.5	73.5	73.5	72.7	81.6	70.3	74.3
73.5	79.5	70.4	76.5	72.7	77.2	84.3	75.0	76.5	70.4

11. 检测得到了某种类型 30 辆汽车的每百千米的耗油量数据(单位:L)如下。试判断该种汽车的耗油量是否近似服从正态分布?

9.19	10.01	9.60	9.27	9.78	8.82
9.63	8.82	10.50	8.83	9.35	8.65
10.10	9.43	10.12	9.39	9.54	8.51
9.70	10.03	9.49	9.48	9.36	9.14
10.09	9.85	9.37	9.64	9.68	9.75

12. 在一个具有 0-1 输出结果的对比实验中,当功效为 90% 时,求出能有效证明患者治愈率从 60% 提高到 75% 所需要的患者人数。当检验功效为 80% 时,又是多少呢?

第6章

比例与列联表的假设检验

比例与列联表这类表格数据是一类常见的数据形式。在第4章中已经介绍了 p 的置信区间的求法,现在考虑对它的检验问题。本章将介绍一系列用于分析表格数据的函数,如 prop.test,binom.test,chisq.test 以及 fisher.test 函数。

6.1 单个总体的比例

在 n 次 Bernoulli 实验中,如果每次成功的概率为 p,那么有 X 次成功的概率服从二项分布 $B(n,p)$。类似地,在大总体的抽样调查中,有比例 p 的元素有某种特征,那么在样本量为 n 的样本中,有该特征的元素个数 X 也应该服从二项分布 $B(n,p)$。假定此时具有某种感兴趣的特征的观测值个数为 x,那么样本比例为 $\hat{p}=x/n$。因此,对单个总体的比例的检验基于二项分布(样本量 n 与概率 p)。在大样本情况下,可以用一个均值为 np,方差为 $np(1-p)$ 的正态分布来很好地近似。一个经验上的结论是,我们在"成功"与"失败"的期望次数都大于 5 的时候能得到较好的近似。

令 x 表示"成功"的次数,则对假设 $p=p_0$ 的检验可以基于下式:

$$z = \frac{x - np_0}{\sqrt{np_0(1-p_0)}}$$

这个统计量近似服从一个均值为 0、标准差为 1 的正态分布,或者说 z^2 近似服从一个自由度为 1 的 χ^2 分布。

根据 $\hat{p}$ 与零假设的待检验总体比例 p_0 的大小关系(这里,p_0 是一个根据问题事先确定的数目),一般也有三种检验,如表 6-1 所示。

表 6-1 总体比例 p 的检验

零假设	备择假设	确定备择假设不等式方向
$H_1:p=p_0$	$H_1:p>p_0$ $H_1:p<p_0$ $H_1:p\neq p_0$	$\hat{p}>p_0$ $\hat{p}<p_0$ $\hat{p}\neq p_0$

例 6.1 215 名病人中的 39 名被观测到患有哮喘,青原博士希望对"随机病人"患有哮喘的概率是 0.15 这个假设做检验。

在 R 里可用函数 prop.test()来做检验:

```
> prop.test(39,215,.15)  #三个参数分别是成功观测数,总数以及相对其检验的概率参数
        1-sample proportions test with continuity correction
data:  39 out of 215, null probability 0.15
X-squared = 1.425, df = 1, p-value = 0.2326
alternative hypothesis: true p is not equal to 0.15
95 percent confidence interval:
    0.1335937 0.2408799
sample estimates:
        p
0.1813953
```

上面的结果给出了单个总体比例的检验结果,即 p-value = 0.2326>0.05,不能拒绝零假设。输出结果还给出了比例的点估计(0.181 395 3)和区间估计([0.133 593 7,0.240 879 9])。

在 R 中也可以使用函数 binom.test()在二项分布下进行检验,这时可以得到精确的检验概率。注意,在 0.05 水平下的"精确"置信区间实际上是从 0.025 水平的双边检验中得到的。

```
> binom.test(39,215,0.15)
        Exact binomial test
data:  39 and 215
number of successes = 39, number of trials = 215, p-value = 0.2135
alternative hypothesis: true probability of success is not equal to 0.15
95 percent confidence interval:
    0.1322842 0.2395223
sample estimates:
probability of success
            0.1813953
```

6.2 两个独立总体的比例

两个独立总体比例的比较所需理论方法与单个总体的比例相似。如果两个样本量分别为 n_1 和 n_2,其中成功的次数分别为 x_1 和 x_2。假定成功次数应分别服从总体分布 $B(n_1,$

p_1)和 $B(n_2, p_2)$,我们希望根据实验结果来比较 p_1 和 p_2。根据相应样本比例 $\hat{p}_1 = x_1/n_1$ 和 $\hat{p}_2 = x_2/n_2$ 的大小,对这两个总体比例之差 $p_1 - p_2$ 的检验有三种,如表 6-2 所示。① 进行这个检验一般都用正态分布或者 χ^2 分布近似。常用的正态近似检验统计量也有三种,而且都可以有为了适应连续分布而做连续性修正的选择。

表 6-2 对两个总体比例之差 $p_1 - p_2$ 的检验

零假设	备择假设	确定备择假设不等式方向
$H_0: p_1 = p_2$	$H_1: p_1 > p_2$ $H_1: p_1 < p_2$ $H_1: p_1 \neq p_2$	$\hat{p}_1 > \hat{p}_2$ $\hat{p}_1 < \hat{p}_2$ $\hat{p}_1 \neq \hat{p}_2$

这里介绍其中常用的一种近似正态的检验统计量。考虑两个总体比例之差为 $d = \frac{x_1}{n_1} - \frac{x_2}{n_2}$。假定成功次数 x_1 和 x_2 服从同一个参数 p 的二项分布,那么 d 值近似地服从正态分布,其均值为 0,方差为 $V_p(d) = p(1-p)\left(\frac{1}{n_1} + \frac{1}{n_2}\right)$。

为了检验 $H_0: p_1 = p_2$,首先基于该假设得到 $p = \frac{x_1 + x_2}{n_1 + n_2}$,从而可以计算方差,进而得到 $z = d/V_p(d)$,或者

$$z = \frac{\hat{p}_1 - \hat{p}_2}{\sqrt{\frac{\hat{p}_1(1-\hat{p}_1)}{n_1} + \frac{\hat{p}_2(1-\hat{p}_2)}{n_2}}}$$

z 统计量近似服从标准正态分布,或者说 z^2 近似服从自由度为 1 的 χ^2 分布。

例 6.2 青原博士在两个班级对同一教学方法的教学效果进行了调查,第一个班级 45 人,有 23 人认为有效果,第二个班级 40 人,有 22 人认为有效果。检验这两个班级认为有教学效果的人的比例之差是否显著?

这里的检验问题是

$$H_0: p_1 = p_2 \Leftrightarrow H_1: p_1 > p_2$$

这里仍然使用函数 prop.test(),它也能够应用于比较两个或多个比例。此时,参数应该是两个向量,其中一个表示成功观测数,第二个表示每组的总数。

```
> success = c(23,22)
> total = c(45,40)
> prop.test(success,total,alt = "greater")
        2 - sample test for equality of proportions with continuity
        correction
data:   success out of total
X - squared = 0.0198, df = 1, p - value = 0.556
```

---

① 也可以有诸如 $H_0: p_1 - p_2 = D_0 \Leftrightarrow H_1: p_1 - p_2 > D_0$ 之类的更一般的检验。

```
alternative hypothesis: greater
95 percent confidence interval:
 -0.2407244  1.0000000
sample estimates:
   prop 1    prop 2
0.5111111 0.5500000
```

可以发现该检验的 p 值为 0.556。这个 p 值太大，无法拒绝零假设，也就是说，没有理由认为两个班级认为有教学效果的人的比例有显著差异。这里还给出了比例之差的 95% 置信区间 $(-0.2407244, 1.0000000)$，该区间包含 0，这也说明两个班级的教学效果无差异。这个背后的理论与对比例之差的假设检验是相似的。我们也可以加入参数 correct=F，不使用 Yates 连续性修正来计算这个检验，因为连续性修正在一定程度上让所得置信区间变得更宽。

如果希望至少 p 值是正确的，可以使用 Fisher 精确检验。相关的检验函数是 fisher.test()，它要求输入的数据是矩阵形式的。这个检验与 prop.test 的结果是完全一致的。

```
> x = matrix(c(23,22,22,18),2,2)
> x
     [,1] [,2]
[1,]   23   22
[2,]   22   18
> fisher.test(x, alte = "greater")
        Fisher's Exact Test for Count Data
data:  x
p-value = 0.7176
alternative hypothesis: true odds ratio is greater than 1
95 percent confidence interval:
 0.3831815       Inf
sample estimates:
odds ratio
 0.8569494
```

注意，表格的第二列应该是失败结果的次数，不是观测值的总数。还需注意的是，这里给出了比值比（odds ratio）的置信区间，即 $(p_1/(1-p_1))/(p_2/(1-p_2))$。可以发现，如果 $p_1 \neq p_2$，那么表格的条件分布依赖于比值比，所以这是一个用于衡量 Fisher 检验中相关程度的自然指标。这个检验的精确分布在比值比不为 1 的时候可以被精确地求出。

和 fisher.test 一样，在 chisq.test 中的标准 χ^2 检验需要矩阵类型的数据。对于一个 2×2 表格来说，这个检验与 prop.test 的结果是完全一致的。

```
> chisq.test(x)
        Pearson's Chi-squared test with Yates' continuity correction
data:  x
X-squared = 0.0198, df = 1, p-value = 0.888
```

6.3 多个总体比例和趋势检验

有时候想要比较多个总体比例,还有时候数据的分类可能是有序的,比如收入等级由低到高,此时可能希望找到一个随分组序号递增或递减的趋势。

例 6.3 某调查机构调查某市低收入、中收入和高收入的居民对一项税收政策的支持率是否一致,分别调查了 52 名低收入居民、40 名中等收入居民和 31 名高收入居民,其结果见表 6-3。请判断这三种收入的居民对这种税收政策的支持率是否一致。

表 6-3 调查人群中各收入纳税人对税收政策支持或反对的实际人数

态度	收入等级		
	低收入	中等收入	高收入
支持	45	25	12
不支持	7	15	19

首先在 R 中读取数据:

```
> tax.policy = matrix(c(45,7,25,15,12,9),2)
> colnames(tax.policy) = c("低收入","中等收入","高收入")
> rownames(tax.policy) = c("支持","不支持")
```

这个检验计算每组的观测比例和所有组的比例之间的加权平方和的偏差。检验统计量近似服从自由度为 $k-1$ 的 χ^2 分布。

为了在这样的数据集上使用 prop.test() 函数,需要提取每个收入等级的们支持政策或"成功"的数据,以及每个收入等级的被调查人总数。这两个数据分别为:

```
> tax.policy.yes = tax.policy["支持",] #每个收入等级的支持数量
> tax.policy.total = margin.table(tax.policy,2) #每个收入等级的被调查人总数
```

然后就很容易进行检验了:

```
> prop.test(tax.policy.yes,tax.policy.total)
        3 - sample test for equality of proportions without continuity
        correction
data:   tax.policy.yes out of tax.policy.total
X - squared = 9.6447, df = 2, p - value = 0.008048
alternative hypothesis: two.sided
sample estimates:
   prop 1      prop 2      prop 3
0.865 384 6  0.625 000 0  0.571 428 6
```

可以看出,这个检验的结果是显著的。也就是说,不同收入等级的人们对税收政策的支持情况是不一致的。从支持率的点估计可以发现,收入等级越高,对税收政策的支持率降低。

也可以使用 prop.trend.test() 来检验不同部分的趋势。该函数有三个参数 x,n 和 score。前两个参数与 prop.test() 中的一致,最后一个参数是赋予每组的分数,默认是简单的 $1,2,\cdots,k$。这个检验的本质是一个用每组的分数对不同部分进行的加权线性回归,其中我们对零斜率进行检验,就成为一个自由度为 1 的 χ^2 检验。

```
> prop.trend.test(tax.policy.yes,tax.policy.total)
        Chi-squared Test for Trend in Proportions
data:   tax.policy.yes out of tax.policy.total ,
using scores: 1 2 3
X-squared = 8.594, df = 1, p-value = 0.003 373
```

可以再次发现不同收入等级的人对税收政策支持程度不一样。一个趋势性检验可以被视为是把一个对比例相等(prop.test() 检验得到的 $\chi^2=9.6447$)的检验分解为自由度为 1 的线性效应(prop.trend.test() 检验得到的 $\chi^2=8.594$)与自由度为 1 的线性趋势的偏差($\chi^2=1.0607$)这两者的贡献。

6.4 $r\times c$ 表格

还有一类表格数据是两边都多于两个类的,这样的表就是 $r\times c$ 表格,也称为列联表。一个 $r\times c$ 表格如下所示。

n_{11}	n_{12}	$\cdots$	n_{1c}	$n_{1.}$
n_{21}	n_{22}	$\cdots$	n_{2c}	$n_{2.}$
$\vdots$	$\vdots$	$\cdots$	$\vdots$	$\vdots$
n_{r1}	n_{r2}	$\cdots$	n_{rc}	$n_{r.}$
$n_{.1}$	$n_{.2}$	$\cdots$	$n_{.c}$	$n_{..}$

如果行和列之间没有关系,那么每格的期望值应该是

$$E_{ij}=\frac{n_{i.}n_{.j}}{n_{..}}$$

这可以理解为把每一行的总数按照每一列总数的比例(或者反过来)进行分布,或者是将整个表格的总数按照行和列的比例进行分布。检验统计量为

$$\chi^2=\sum_{i=1}^{r}\sum_{j=1}^{c}\frac{(O_{ij}-E_{ij})^2}{E_{ij}}$$

服从一个自由度为 $(r-1)\times(c-1)$ 近似的 χ^2 分布。这里是对整个表格求和。这里 O_{ij} 表示每一格的观测值,而 E_{ij} 表示前文所述的期望值。

对于 $r\times c$ 表格,在 R 中可以使用 chisq.test() 和 fisher.test() 函数。[①]

---

① 相对于 chisq.test(),fisher.test() 在每一格数字比较大而且超过两行或两列时的计算量非常大。

例 6.4 青原博士想检验性别与电影爱好之间是否有关联。他询问了 160 名进入电影院的人(95 名女性和 65 名男性)是喜欢动作电影还是喜欢喜剧电影(假设他们只能在这两种类型中选择),得到的数据如表 6-4 所示。

表 6-4 不同性别的人喜欢动作电影或喜剧电影的人数

性别	电影类型		总计
	动作片	喜剧片	
女性	15	80	95
男性	35	30	65
总计	50	110	160

在 R 中输入数据:

```
> Gender.film = matrix(c(15,80,35,30),nrow = 2,byrow = T)
> colnames(Gender.film) = c("动作片","喜剧片")
> rownames(Gender.film) = c("女性","男性")
> Gender.film
     动作片 喜剧片
女性     15     80
男性     35     30
```

对该数据进行 χ^2 检验:

```
> chisq.test(Gender.film)
        Pearson's Chi-squared test with Yates' continuity correction
data:  Gender.film
X-squared = 24.2757, df = 1, p-value = 8.348e-07
```

检验结果高度显著,所以我们可以放心地拒绝独立性的假设。也就是说,性别与电影爱好之间有显著性关系。

一般来说,我们也想知道偏差的程度。为了达到这个目的,可以仔细查看函数 chisq.test 的一些额外的返回值。注意,函数 chisq.test()(就像函数 lm()一样)的返回值实际上比显示出来的信息更丰富:

```
> chisq.test(Gender.film) $ expected
       动作片   喜剧片
女性  29.6875  65.3125
男性  20.3125  44.6875
> chisq.test(Gender.film) $ observed
     动作片 喜剧片
女性     15     80
男性     35     30
```

接下来,可以对这两个表格进行彻底检验,看看差别到底在哪里。检验每个格子对整体 χ^2 的贡献是很有用的。

```
> E = chisq.test(Gender.film) $ expected
> O = chisq.test(Gender.film) $ observed
> (O - E)^2/E
        动作片      喜剧片
女性    7.266447  3.302931
男性   10.620192  4.827360
```

这里有一些格子有很大的贡献,特别是喜欢动作片的男性人数。不过,要在这些数据里找到一个偏离独立性的简单描述仍然是不容易的。

注意,也可以对没有整理为列表的原始数据直接使用 chisq.test()。

例 6.5 对例 2.4 关于学生是否抽烟与每天学习时间关系的原始数据进行检验。结果如下。

```
> smoke = c("Y","N","N","Y","N","Y","Y","Y","N","Y")
> study = c("<5h","5~10h","5~10h",">10h",">10h","<5h","5~10h","<5h",">10h","5~10h")
> chisq.test(smoke,study)
        Pearson's Chi - squared test
data:   smoke and study
X - squared = 3.0556, df = 2, p - value = 0.217
```

从输出结果可以看出,学生是否抽烟与每天学习时间没有关系。这也可能是因为数据量比较少的原因,因为当对应表格中的频数小于 5 时,结果可能不太可靠。因为该数据总共只有 10 个样本,因此导致该数据的列联表里有好几个单元格的频数小于 5。

6.5 比例的功效与样本量

与均值的假设检验一样,由于样本是随机的,所以,我们难以避免地会得到错误的结论。本节主要介绍比例的假设检验的功效的计算以及达到指定功效所需的样本量。

假设要比较两类人群的学习效果、对某项政策的支持率或者发病率差异,此时,需要先确定从两个群体中进行抽样的样本量。也就是要使用 prop.test() 和 chisq.test() 对两个二项分布进行比较。精确计算二项分布功效的过程非常烦琐,所以,一般采用正态分布对二项分布进行近似简化计算。此时,功效的大小不仅取决于两个总体的差异,也会受到它们各自对应的概率的影响。

我们假设两个总体的大小是相等的,接下来计算检验功效的过程如下:先计算 $p_1 \neq p_2$ 时的 $p_1 - p_2$ 的分布,再计算该值落到零假设 $p_1 = p_2$ 成立时的拒绝域的概率。

如果假设两个总体的数量相等,则所需样本量计算公式如下:

$$n = \left[\frac{\Phi_{\alpha/2} \sqrt{2p(1-p)} + \Phi_{\beta} \sqrt{p_1(1-p_1) + p_2(1-p_2)}}{|p_1 - p_2|} \right]^2$$

其中,$p = (p_1 + p_2)/2$。由于这只是近似计算,因而在 2×2 表格中,4 个单元格的频数都不大于 5 时,结果可能不太可靠。

在 R 中可以使用函数 power.prop.test() 计算比较实验所需要的样本量和相关指标。

该函数的计算过程使用了正态性近似,因而,当对应表格中的频数小于 5 时,结果可能不太可靠。函数 power.prop.test()的用法与 power.t.test()类似。只是前者用两个假定的概率 p_1 和 p_2 来代替后者的 delta 和 sd 参数。但是,目前还没办法使用该函数解决单样本检验的问题。

例 6.6 对于女性学生和男性学生两个总体喜欢喜剧片的比例差,计算达到指定功效所需的样本量。此时给定 $p_1=0.3, p_2=0.2$。

当显著性水平为 5% 时,用下面的程序可以得到功效为 90% 时对应的样本量为:

```
> power.prop.test(power = 0.9,p1 = 0.3,p2 = 0.2)
      Two-sample comparison of proportions power calculation
              n = 391.9471
             p1 = 0.3
             p2 = 0.2
     sig.level = 0.05
         power = 0.9
   alternative = two.sided
NOTE: n is number in *each* group
```

练习题

1. 某快餐公司承诺 90% 的订餐可在 10 分钟内送到。对随机抽取的 100 份订餐的调查显示,82 份在承诺时间内送达。显著性水平为 0.01,我们是否可以说订餐在 10 分钟内送到的比例小于 90%?

2. 过去的经验表明,一家电视机制造商的产品在使用的前两年需要某项维修的比例不超过 10%。对两年前生产的 50 台电视机的使用状况进行调查发现,9 台经过维修。在显著性水平 0.05 下,需要维修的比例是否增加了?确定 p 值。

3. 对于一种疾病,已知有术后并发症的发生频率为 20%。其中有连续 10 个病人进行了手术都没有并发症。通过二项分布计算相关的单边检验。需要多大的样本量(仍然完全没有并发症)来使得检验结果变成统计上显著的?

4. 在一个流行病事件中,A 地区 656 例病人中完全康复了 474 人,B 地区 568 例病人中完全康复了 463 人。这个差异在统计上是显著的吗?

5. 对于 15 次实验中有 3 次成功的现象,在成功概率是 x 的时候进行双边检验,让 x 从 0 到 1 以 0.001 为间隔进行变化,并且对检验的 p 值作图。可以发现什么现象?能够解释为什么对双边置信区间的定义比较困难吗?

6. 一位研究员要调查一个婴儿吸收的营养种类(按照是否为母乳喂养分)与他一年级时的体重(按照是否超重分)是否有关,确定了 300 名一年级学生的喂养方式的育儿报告和身体质量指数(BMI)。基于 BMI 取值,一年级学生被按照是否超重分类,数据如表 6-5 所示。

表 6-5 调查数据

母乳喂养	是否超重		总计
	是	不是	
是	16	84	100
不是	56	144	200
总计	72	228	300

（1）陈述零假设和备择假设。
（2）一个婴儿吸收的营养种类与他在一年级时的体重有显著性关系吗？$\alpha=0.05$。

7. 一项研究对两种治疗胃溃疡的药物进行了比较，数据如表 6-6 所示。

表 6-6 药物治疗效果比较

药物	疗效		总计
	治愈	未治愈	
哌仑西平	23	7	30
三甲硫吗啉	18	13	31
总计	41	20	61

（1）计算检验和 Fisher 精确检验，并讨论它们的不同点。
（2）给出愈合率之差的 95％置信区间。

第7章

方差分析

　　t 检验用于检验两个独立正态总体均值是否相等,例如,检验对照组和处理组之间是否存在差异。当要同时检验多个总体的均值是否存在差异时,此时就不能用 t 检验了,而需要使用方差分析(Analysis of Variance,ANOVA)。

　　方差分析是英国统计学家费歇尔(R. A. Fisher)在 20 世纪 20 年代提出并逐渐发展起来的一种在实践中广泛应用的统计方法。方差分析用于比较三个或多个总体的均值是否相等,也可以视为研究分类型自变量和数量型因变量之间关联的方法。这使得它与后面介绍的回归分析关系密切,但又不完全相同。方差分析通过对方差来源进行分解,即对全部样本观察值的差异(用样本方差来衡量)进行分解,将某种因素下各样本观察值之间可能存在的系统性误差与随机误差加以比较,推断各总体之间是否存在显著性差异,从而判别哪些因素对因变量有显著影响。

　　例 7.1　青原博士调查某省民营企业职工商业保险投保状态时,取得如表 7-1 所示的数据。现在需要分析不同年龄段的保险消费支出额是否一致？或者说年龄对保险消费是否有显著影响？

表 7-1　某年全年商业保险消费支出额　　　　　　　　　　（单位：元）

按年龄分组	1	2	3	4	5	6	7	8	9	10	11	12
30 岁以下	350	1500	820	280	389	1588	652	150	1020	350	147	58
30～50 岁	458	2350	1522	890	868	2897	1872	280	2100	751	860	821
50 岁以上	140	50	100	150	102	450	284	452	350	120	45	120

　　为了便于分析,我们需要做一些假定把所研究的问题归结为一个统计问题,然后用方差分析方法进行分析。一般情况下,把年龄分组这样的离散型变量称为**因素**或**因子**(factor),记为 A。因素的取值称为**水平**(level)或**处理**(treatment)。这里,因素就是变量,水平就是该变量的取值,这些名词是分类或属性变量所特有的。对于本例,三个年龄段称为因素 A 的水平,分别记为 A_1, A_2, A_3。x_{ij} 表示第 i 组的第 j 个职工的保险消费额,其中,$i=1,2,3$; $j=1,2,\cdots,12$。

方差分析按照因素多少来分，可以分为单因素、双因素及多因素。还可以按照是否有交互作用来划分，分为无交互作用和有交互作用。

7.1 单因素方差分析

7.1.1 基本思想

我们首先介绍仅涉及一个因素的方差分析，即**单因素方差分析**（One-Way ANOVA）。为了介绍单因素方差分析的基本思想，需要一些记号：令 x_{ij} 表示第 i 组的第 j 个观测，$\bar{x}_i$ 是第 i 组的均值，而 $\bar{x}$ 是所有观测值的均值。其中，$i=1,2,\cdots,r;j=1,2,\cdots,n_i$。很容易地，我们能将一个观测值分解成以下形式：

$$x_{ij} = \bar{x} + \underbrace{(\bar{x}_i - \bar{x})}_{\text{组内均值与总体均值之差}} + \underbrace{(x_{ij} - \bar{x}_i)}_{\text{观测值与组内均值之差}}$$

我们可以不严格地认为这个公式与下面的模型联系了起来：

$$x_{ij} = \mu + \alpha_i + \varepsilon_{ij}, \quad \varepsilon_{ij} \sim N(0, \sigma^2)$$

假设所有组别的均值都是一样的，那么所有的 α_i 都应该是 0。注意，我们假设这里的误差项 ε_{ij} 是独立且方差相等的。按照假设检验的话来说，就是检验多个总体均值是否相等的问题，也就是要求检验假设：

$H_0: \mu_1 = \mu_2 = \cdots = \mu_r$

$H_1: \mu_1, \mu_2, \cdots, \mu_r$ 不全相等

那么怎么检验该假设呢？现在考虑观测值分解式中的两个括号项的平方和，它们被称为组内方差：

$$\text{SSW} = \sum_{i=1}^{r} \sum_{j=1}^{n_i} (x_{ij} - \bar{x}_i)^2$$

与组间方差：

$$\text{SSB} = \sum_{i=1}^{r} n_i \cdot (\bar{x}_i - \bar{x})^2$$

可以证明下面的总离差平方和分解公式：

$$\text{SST} = \sum_{i=1}^{r} \sum_{j=1}^{n_i} (x_{ij} - \bar{x})^2 = \text{SSB} + \text{SSW}$$

这意味着所有数据的方差能够被分解为描述组间均值的部分与描述组内数值的部分。可以理解分组解释了一部分的总体方差，显然一个有信息量的分组能够解释大部分方差。不过，即使是一个完全没意义的分组，也总能"解释"一部分方差。因此，问题在于这个解释量要多小才可被认为是由随机性引起的。

通过总离差平方和分解公式，我们发现若 SSB 明显大于 SSW，说明各总体（或各水平）之间的差异显著大于抽样误差，那么零假设可能并不成立。根据总离差的分解，那么，SSB/SSW 的比值大到什么程度，可以否定零假设呢？由于 SSB 的自由度为 $r-1$，而 SSW 的自

由度为 $N-r$，其中，r 是组数，N 是所有的观测数，即 $N=\sum_{i=1}^{r}n_i$。可以通过计算平均平方来正则化平方和：

$$MSB = SSB/(r-1)$$
$$MSW = SSW/(N-r)$$

MSW 是将独立的组内方差集成起来的方差，也就是对 σ^2 的估计。在没有真正的组间差异时，MSB 也是一个对 σ^2 的估计。但是如果出现了组间差异，那么组间均值的差异和 MSB 都会变得更大。所以，这可以成为一个通过对两个估计方差的比较来检查组间均值是否有显著差异的检验。这就是我们的目标是比较各组均值而名字叫作方差分析的原因。

进一步的，根据数理统计中关于正态总体样本均值和方差分布定理（柯赫伦分解定理）的推论可知，在 H_0 成立的情况下，检验统计量：

$$F = \frac{SSB/(r-1)}{SSW/(N-r)} \sim F(r-1, N-r)$$

其中，r 是组数，N 是所有的观测数，即 $N=\sum_{i=1}^{r}n_i$。因此，方差分析是一个 F 检验，我们可以通过检验统计量 F 的大小来检验零假设。

一般来说，应用方差分析需要的假设条件有：①各总体是正态分布；②各总体有相同的标准差，即方差齐性；③样本互相独立。当满足上述条件时，可以用 F 分布作为检验统计量的分布。根据前面的描述，我们可以总结方差分析的步骤。第一步就是建立检验多个总体均值是否相等的假设；第二步是需要对这个假设给出检验统计量；第三步是计算检验统计量的临界值并做出判断。

在实际求解方差分析问题时，我们往往利用 R 等统计软件得到的方差分析表中的尾概率 p 值，将它与给定的显著性水平 α 比较以决定接受还是拒绝零假设。

按照方差分析的过程，将有关步骤的计算数据逐一列出到统计分析表，可以得到如表 7-2 所示的分析表，即方差分析表，在统计软件的输出结果中我们主要看的就是这张表。

表 7-2 方差分析表

方差来源	平方和	自由度	F 统计量	p 值	临界值
组间	SSA	$r-1$	$F=\dfrac{SSB/(r-1)}{SSW/(n-r)}$		$F_\alpha(r-1, n-r)$
误差	SSE	$n-r$			
总计	SST	$n-1$			

我们可以从方差分析表中得到几个结论。F 检验及其 p 值告诉我们因变量在各类中的均值是否有显著差异。如果 F 值大而因此 p 值小，就拒绝无区别的零假设，并认为在实际中两个变量之间是有关系的。通常当 p 值小于 0.05 时就可以拒绝零假设了。只有当所有均值相等的零假设被拒绝时，才进行均值的多重比较。

方差分析表能被用在很多的统计模型上，而且它的格式并不与比较各组数据这个特定问题有着紧密联系，用起来也很方便。

简单的方差分析能在 R 中通过函数 lm 来做到，这实际上也是后面回归分析主要用到的函数。为了更详细地分析,R 也提供了函数 aov 和 lme(linear mixed effects models,线性混合效应模型,来自于 nlme 包)。要得到方差分析的输出结果还需要对 aov()的结果使用 summary 命令来展示。当方差齐性没有满足时采用的 Welch 方法可以通过函数 oneway.test 实现,这个方法去掉了方差齐性的假设以及一般化了 t 检验的不等方差。anova()也可以给出方差分析的详细信息。

例 7.1 继续。对表 7-1 的数据,检验年龄因素对保险消费是否有显著影响。

首先读入数据:

```
> insurance = c(350,1500,820,280,389,1588,652,150,1020,350,147,58,458,2350,1522,890,868,
2897,1872,280,2100,751,860,821,140,50,100,150,102,450,284,452,350,120,45,120)
> age = factor(c(rep("30 岁以下",12),rep("30~50 岁",12), rep("50 岁以上",12)))
> insurance.age = data.frame(insurance,group) #把年龄因素和保险消费额放到一个数据框
```

首先,我们画出箱线图对数据有一个大概的了解,如图 7-1 所示。

```
> attach(insurance.age)
> boxplot(insurance~age,varwidth = T,xlab = "age",ylab = "insurance")
```

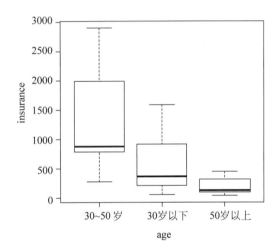

图 7-1 不同年龄段的保险消费支出额的箱线图

从图中我们直观地看到三个年龄段的职工的保险消费支出有明显的差异,于是我们猜测不同年龄段的保险消费支出额也许有本质的差异。为了验证这一猜测,我们对数据提出以下假设,即

$$H_0: \mu_1 = \mu_2 = \mu_3 \Leftrightarrow H_1: \mu_1, \mu_2, \mu_3 \text{ 不全相等}$$

```
> insurance.age.aov = aov(insurance~age,data = insurance.age)
> summary(insurance.age.aov)
            Df  Sum Sq Mean Sq F value   Pr(>F)
age          2 7539898 3769949    11.6 0.000153 ***
Residuals   33 10724126  324974
---
Signif. codes:  0 '***' 0.001 '**' 0.01 '*' 0.05 '.' 0.1 ' ' 1
```

我们能在第一行找到 SSB 和 MSB,在第二行找到 SSW 和 MSw。在统计教科书中,平方和一般都被称为"组间"和"组内"。与大多数其他的统计软件一样,R 用了稍许不同的称呼。组间方差用分组属性变量的名字(age)来称呼,而组内方差被称为 residual。

从方差分析结果来看,p 值为 $0.000\,153 < 0.05$,所以我们有充分的证据拒绝零假设。

7.1.2 成对比较和多重检验

例 7.1 继续。例 7.1 中的检验告诉我们不同年龄段职工的保险消费支出额明显不同,那么问题马上上升为找出差异在哪里,这时候就有必要对单个的组进行比较。

我们可以通过 R 中的函数 lm 进行分析,在此基础上通过 summary 提取出相关信息。

```
> summary(lm(insurance ~age))
Call:
lm(formula = insurance ~ age)
Residuals:
     Min      1Q   Median      3Q      Max
-1025.75  -421.25  -85.92   225.46  1591.25

Coefficients:
             Estimate  Std. Error  t value  Pr(>|t|)
(Intercept)    1305.7      164.6    7.935   3.76e-09 ***
age30 岁以下    -697.1      232.7   -2.995   0.00517  **
age50 岁以上   -1108.8      232.7   -4.765   3.69e-05 ***
---
Signif. codes:  0 '***' 0.001 '**' 0.01 '*' 0.05 '.' 0.1 ' ' 1

Residual standard error: 570.1 on 33 degrees of freedom
Multiple R-squared:  0.4128,    Adjusted R-squared:  0.3772
F-statistic:  11.6 on 2 and 33 DF,  p-value: 0.000153
```

该命令得到一个类似回归分析(第 8 章中将介绍该方法,但是此处不影响我们对分析结果的理解)的结果,包括回归系数以及它们的标准误和 t 检验统计量。但是,这些系数的意义并不是通常的回归线斜率,而应该这样理解:截距这一项是 30~50 岁年龄段保险消费的均值,而另外两个是相应组均值与 30~50 岁这一组均值的差异。①

在上面的 t 检验部分里,可以发现 30~50 岁与 30 岁以下的保险消费存在显著差异($p=0.005\,17$),而 30~50 岁与 50 岁以上的保险消费也存在显著差异($p=3.69\text{e-}05$)。但是 30 岁以下与 50 岁以上的保险消费差异的检验并没有直接的结论。我们可以通过修改年龄属性的定义来改变这一点。但是年龄分组数在很多时候结果会变得十分冗长。

---

① 在线性模型中,我们有多种方法表示一个属性变量的影响(而单因素方差分析正是最简单的含有属性变量的线性模型)。我们通过对比来展现,对比项可以通过全局设置或者是模型方程的一部分来实现。对比默认用的是实验对照的方法,第一组被视为准线,然后其他组便相对于此表示。具体地,我们可以通过引入两个哑变量来进行多元回归分析,哑变量用 1 表示观测值在相应的组别中,否则为 0。

如果我们比较所有的组别,应该进行多重检验的修正。进行多次检验可能使得 p 值会变得夸张,因为其中出现一个显著结果的概率也许变大。一个常用的调整方法是 Bonferroni 修正方法。[①] 函数 pairwise.t.test 能够计算所有的两组比较,也能够针对多重检验做调整。

```
> pairwise.t.test(insurance,age,p.adj = "bonferroni")
        Pairwise comparisons using t tests with pooled SD
data:   insurance and age
            30～50 岁   30 岁以下
30 岁以下   0.01551    -
50 岁以上   0.00011    0.25829

P value adjustment method: bonferroni
```

输出结果是一个成对比较的 p 值表。这里的 p 值已经通过 Bonferroni 修正过了,即通过未修正的 p 值乘上检验的次数 3 而得到。如果得到一个大于 1 的结果,那么调整过程会将调整过的 p 值设为 1。[②]

7.1.3 Bartlett 检验

我们可以用 Bartlett 检验来看看某个变量的分布是否在所有组中都有一样的方差。虽然与 F 检验一样都能比较两个方差,但它假设了来自不同组的数据是独立的。

例 7.1 继续。Bartlett 检验过程可以如下进行:

```
> bartlett.test(insurance～age)
        Bartlett test of homogeneity of variances
data:   insurance by age
Bartlett's K-squared = 22.6072, df = 2, p-value = 1.233e-05
```

因为 p 值为 $1.233\mathrm{e}{-}05<0.05$,所以我们有充分的证据拒绝商业保险消费支出额在三个年龄组方差相等的假设。

---

① 它基于这个事实:在 n 个事件里至少观测到一个事件的概率小于每个事件的概率之和。所以,让显著性水平去除或是等价地用 p 值去乘检验次数,就能够得到一个保守的检验,其中显著的结果会少于或等于之前的显著性水平。

② 函数 pairwise.t.test 的默认设置不是 Bonferroni 调整法,而是 Holm 提出的一个变形。在这个方法中,只有最小的 p 值需要乘以所有检验的次数,而第二小的则乘以 $n-1$,以此类推,除非这一步骤让它比前一个数更小了,因为 p 值的顺序不应该被调整而改变。

```
pairwise.t.test(insurance,age)
        Pairwise comparisons using t tests with pooled SD
data:   insurance and age
            30～50 岁   30 岁以下
30 岁以下   0.01034    -
50 岁以上   0.00011    0.08610
P value adjustment method: holm
```

7.1.4 放宽对方差的假设

传统的单因素方差分析需要假设所有的组方差相等。不过,我们有另一个不需要这个假设的方法,这是由 Welch 提出来的,和不等方差 t 检验很像。函数 oneway.test 实现了这个方法。在 R 语言中使用 oneway.test()做单因素方差分析时,该函数需要有一变量观测值,比如本例为 insurance,还需要一个因子来描述分类情况,本例为 age。

例 7.1 继续。oneway.test()得到的显示和前面的结论一致。

```
> oneway.test(insurance~age, var.equal = T)
        One-way analysis of means
data:   insurance and age
F = 11.6008, num df = 2, denom df = 33, p-value = 0.000153
```

我们也可以进行成对 t 检验,使得它们不需要用一个综合的标准差。这可以通过参数 pool.sd 来控制。

```
> pairwise.t.test(insurance,age,pool.sd = F)
        Pairwise comparisons using t tests with non-pooled SD
data:   insurance and age
          30~50 岁   30 岁以下
30 岁以下  0.042      -
50 岁以上  0.002      0.042

P value adjustment method: holm
```

我们可以发现在去掉对方差的限制后 p 值变大了。p 值增大了可能是因为看起来与另外两组不等的年龄段也有着最大的方差。

7.1.5 Kruskal-Wallis 检验

Kruskal-Wallis 检验是方差分析的非参数版本。就像 Wilcoxon 两样本检验一样,数据被替换成了不考虑分组的秩,基于各组与平均秩的离差平方和来计算检验统计量。在 R 中使用 kruskal.test()进行 Kruskal-Wallis 检验。

例 7.1 继续。对例 7.1 进行 Kruskal-Wallis 检验。

```
> kruskal.test(insurance~age)
        Kruskal-Wallis rank sum test
data:   insurance by age
Kruskal-Wallis chi-squared = 18.0196, df = 2, p-value = 0.0001222
```

可以看出,这个检验表现出显著的差异。另外,Kruskal-Wallis 检验在假设成立的情况下没有参数方法那么高效,虽然它并不总是会给出较大的 p 值。

7.2 双因素方差分析

在前面的例子中,将总效应分为两类:年龄变量的效应和残差变量的效应。换句话说,我们只考虑了效应的两个来源,即来自年龄变量和随机误差。但是影响职工保险消费支出的因素除了年龄,可能还有收入等因素。考虑其他因素的好处是降低残差的效应,即降低 F 统计量的分母值,F 值会变大,使我们拒绝均值相等的零假设或者说可以解释更多的效应,从而减少误差。本节讨论**双因素方差分析**(Two-Way ANOVA),包括不考虑交互作用的双因素方差分析和考虑交互作用的双因素方差分析。其分析方法可以很容易地推广到**多因素方差分析**(Multi-Way ANOVA)。

7.2.1 基本思想

单因素方差分析处理的是依据单因素分类的数据。我们也能够分析依据不同的准则交叉分类的数据。对于一个平衡的交叉分类设计,可以从一个方差分析表中看到整个统计分析的内容。平衡性是一个不太好定义的概念。对于一个双因素分类问题,充分条件之一就是各格计数是相等的。不过也有其他的平衡设计。

我们首先只考虑每格只有一个观测的情况。这通常出现在一个实验单位对应多种测量方法的情况下,这样看来其实就是配对 t 检验的推广。

如果把 $m \times n$ 表的行和列假设为两个因素 A,B,分别有 m 个水平和 n 个水平。由于不考虑 A,B 间的交互作用,对每种水平组合 (A_i, B_j) 只进行一次独立观察,故又称无重复观察的双因素方差分析。这种情况就是检验两个因素各自的变异对观察结果有无显著影响。也就是说,分别对因素 A 和因素 B 提出以下零假设:

H_{0A}:因素 A 各水平之间的总体均值完全相等

H_{0B}:因素 B 各水平之间的总体均值完全相等

令 x_{ij} 表示 $m \times n$ 表第 i 行的第 j 列的观测值。这与单因素方差分析的记号一样,不过现在同一个 j 对应的观测之间都有联系,所以我们自然会同时查看每行的均值 $\bar{x}_{i\cdot} = \frac{1}{n}\sum_{j=1}^{n} x_{ij}$ 与每列的均值 $\bar{x}_{\cdot j} = \frac{1}{m}\sum_{i=1}^{m} x_{ij}$,以及所有观测值的均值 $\bar{x}_{\cdot\cdot} = \frac{1}{mn}\sum_{i=1}^{m}\sum_{j=1}^{n} x_{ij}$。

可以得到因素 A 的效应或行间方差为

$$\text{SSA} = \text{SS}_R = n\sum_{i}(\bar{x}_{i\cdot} - \bar{x}_{\cdot\cdot})^2$$

因素 B 的效应或列间方差为

$$\text{SSB} = \text{SS}_C = m\sum_{j}(\bar{x}_{\cdot j} - \bar{x}_{\cdot\cdot})^2$$

总的方差为

$$\text{SST} = \sum_{i}\sum_{j}(x_{ij} - \bar{x}_{\cdot\cdot})^2$$

从总的方差中减去行间方差和列间方差，就得到了残差方差：

$$\text{SSE} = \text{SS}_{\text{res}} = \sum_i \sum_i (x_{ij} - \bar{x}_{i.} - \bar{x}_{.j} + \bar{x}_{..})^2$$

类似于单因素模型，我们可以把以上信息用下面的统计模型来表达：

$$x_{ij} = \mu + \alpha_i + \beta_j + \varepsilon_{ij}, \quad \varepsilon_{ij} \sim N(0, \sigma^2)$$

为了得到一些有意义的结论，我们需要对参数进行一些限制，否则这个模型中的参数并不是唯一定义的。如果我们引入 $\sum_i \alpha_i = \sum_j \beta_j = 0$，那么对 μ, α_i 和 β_j 的估计就变成了 $\bar{x}_{..}$，$\bar{x}_{i.} - \bar{x}_{..}$ 和 $\bar{x}_{.j} - \bar{x}_{..}$。

和单因素方差分析的 F 检验类似，我们可以将上述平方和项除以各自的自由度得到均方。因为 SSA 的是 $m-1$，SSB 的是 $n-1$，SSE 的是 $(m-1)(n-1)$，于是就得到了一系列均方。行影响和列影响的 F 检验可以通过用对应的均方除以残差均方来得到。所有的结果可以用方差分析表来展示。

接下来，我们考虑每格有两个或更多观测的情况。也就是说，对于 A, B 两个因素的每种水平的组合 (A_i, B_j) 进行若干次独立观察。此时，由于每种组合有重复观测，因此，可以分析 A, B 两个因素是否存在交互影响。这种方差分析也称为重复观察的双因素方差分析。于是分别对因素 A、因素 B 以及因素 A, B 交互影响作用提出以下零假设：

H_{0A}：因素 A 各水平之间的总体均值完全相等

H_{0B}：因素 B 各水平之间的总体均值完全相等

H_{0AB}：不存在 A、B 交互影响的作用

此时假定因素 A 和 B，分别有 m 个水平和 n 个水平，而两个因素的水平的每种组合有 T 个观测值。为了分析的需要，令 x_{ijk} 表示 A, B 两个因素的每种水平的组合 (A_i, B_j) 的第 k 个观测值，则每种水平的组合 (A_i, B_j) 的均值为 $\bar{x}_{ij.} = \frac{1}{T} \sum_{k=1}^{T} x_{ijk}$，因素 A 的均值 $\bar{x}_{i..} = \frac{1}{nT} \sum_{j=1}^{n} \sum_{k=1}^{T} x_{ijk}$ 与因素 B 的均值 $\bar{x}_{.j.} = \frac{1}{mT} \sum_{i=1}^{m} \sum_{k=1}^{T} x_{ijk}$，所有观测值的均值记为 $\bar{x}_{...} = \frac{1}{mnT} \sum_{i=1}^{m} \sum_{j=1}^{n} \sum_{k=1}^{T} x_{ijk}$。

此时，总的平方和为

$$\text{SST} = \sum_{i=1}^{m} \sum_{j=1}^{n} \sum_{k=1}^{T} (x_{ijk} - \bar{x}_{...})^2$$

因素 A 的效应或行间方差为

$$\text{SSA} = nT \sum_{i=1}^{m} (\bar{x}_{i..} - \bar{x}_{...})^2$$

因素 B 的效应或列间方差为

$$\text{SSB} = mT \sum_{j=1}^{n} (\bar{x}_{.j.} - \bar{x}_{...})^2$$

因素 A、B 的交互效应为

$$\text{SSAB} = T \sum_{i=1}^{m} \sum_{j=1}^{n} (\bar{x}_{ij.} - \bar{x}_{i..} - \bar{x}_{.j.} + \bar{x}_{...})^2$$

残差平方和为

$$\text{SSE} = \sum_{i=1}^{m}\sum_{j=1}^{n}\sum_{k=1}^{T}(x_{ijk} - \bar{x}_{ij.})^2$$

可得到平方和分解公式为

$$\text{SST} = \text{SSA} + \text{SSB} + \text{SSAB} + \text{SSE}$$

7.2.2 无交互作用的双因素方差分析

例 7.2 4 个品牌的彩电在 5 个地区销售,青原博士为了分析彩电的品牌(因素 A)和销售地区(因素 B)对销售量是否有影响,对每个品牌在各地区的销售量取得以下样本数据,见表 7-3。假定品牌和地区两个因素对销售量的影响是相互独立的,分析品牌和销售地区对彩电的销售量是否有显著影响。

表 7-3 不同品牌的彩电在不同地区的销售量

品牌 (因素 A)	销售地区(因素 B)				
	B1	B2	B3	B4	B5
A1	365	350	343	340	323
A2	345	368	363	330	333
A3	358	323	353	343	308
A4	288	280	298	260	298

首先绘制一个重叠散点图,假如 x 为自变量,y、z 为因变量,要想绘制 y、z 关于 x 的散点图,并且绘制在同一个图中,则只要设置参数 pch,用不同的符号表示在图上即可。可以得到销售量与品牌、销售地区的散点图,结果如图 7-2 所示。

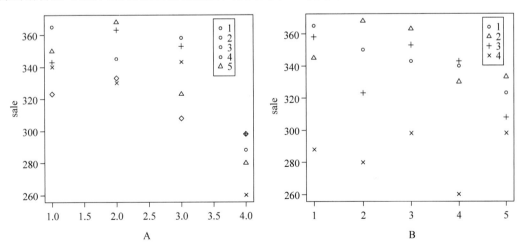

图 7-2 销售量与品牌、销售地区的多重散点图

```
> sale = c(365,345,358,288,350,368,323,280,343,363,353,298,340,330,343,260,323,333,308, 298)
> A = c(rep(c(1,2,3,4),5))
> B = c(rep(1,4),rep(2,4),rep(3,4),rep(4,4),rep(5,4))
> plot(sale~A,pch = B)  #pch 不同符号表
> legend(3.5,370,legend = 1:5,pch = B)  #(3.5,370)处添加图例
> plot(sale~B,pch = A)  #pch 不同符号表
> legend(4.5,370,legend = 1:4,pch = A)  #(4.5,370)处添加图例
```

从图 7-2 可以发现,不同品牌的彩电的销售量有明显差异,不同地区的彩电销售量也有一些差异,但是没有品牌的差异显著。

其次作箱线图对数据有一个基本了解。结果如图 7-3 所示,与多重散点图的信息一致。

```
> par(mfrow = c(1,2))
> boxplot(sale~A,xlab = "A")
> boxplot(sale~B,xlab = "B")
> par(mfrow = c(1,1))
```

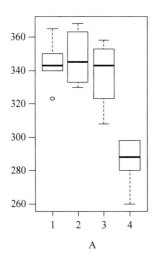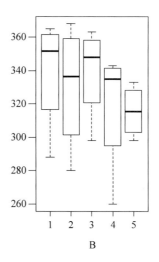

图 7-3 彩电销售各因子的箱线图

因此,我们可以对彩电销售与品牌、销售地区进行双因素方差分析,得到如下结果。

```
> A = factor(A);B = factor(B)    #将 A、B 转换成因子
> sale.aov = aov(sale~A + B)     #拟合方差分析模型
> sale.aov
Call:
   aov(formula = sale ~ A + B)

Terms:
                         A          B  Residuals
Sum of Squares    13004.55    2011.70    2872.70
Deg. of Freedom          3          4         12

Residual standard error: 15.47229
```

Estimated effects may be unbalanced

```
> summary(sale.aov)
            Df Sum Sq Mean Sq F value   Pr(>F)
A            3  13005    4335  18.108 9.46e-05 ***
B            4   2012     503   2.101    0.144
Residuals   12   2873     239
---
Signif. codes:  0 '***' 0.001 '**' 0.01 '*' 0.05 '.' 0.1 ' ' 1
```

可以看到，在显著性水平 $\alpha=0.05$ 时，$p_A<0.05$，$p_B>0.05$，彩电的品牌对销售量有显著影响，但是地区对彩电销售量并无多大影响。

例 7.3 为研究食品的包装和销售地区对其销售量是否有影响，一家食品公司在三个不同地区中用三种不同包装方法进行销售，表 7-4 是一周的销售量数据。取显著性水平 $\alpha=0.05$，检验不同地区和不同包装方法对该食品的销售量是否有显著影响。

表 7-4 不同包装方法的食品销售量

销售量		包装方法(B)		
		B1	B2	B3
销售地区(A)	A1	45	75	30
	A2	50	50	40
	A3	35	65	50

我们用 R 进行双因素无重复方差分析，得到的结果如下。

```
> sale = c(45,50,35,75,50,65,30,40,50)
> A = c(rep(c(1,2,3),3))
> B = c(rep(1,3),rep(2,3),rep(3,3))
> A = factor(A);B = factor(B)
> sale.aov = aov(sale~A+B)         #拟合方差分析模型
> summary(sale.aov)
            Df Sum Sq Mean Sq F value Pr(>F)
A            2   22.2    11.1   0.073  0.931
B            2  955.6   477.8   3.127  0.152
Residuals    4  611.1   152.8
```

可以看到 $p_A>0.05$，$p_B>0.05$，因此，包装方法和销售地区对食品的销售量并无显著影响。

7.2.3 有交互作用的双因素方差分析

如前面所述，单因素 ANOVA 是用于总体平均值相等的假设检验，无重复双因素 ANOVA 用分块来说明无总体变化，也是一种总体平均值相等的假设检验。本节讲述有重复双因素 ANOVA。

例 7.4 为检验广告媒体和广告方案对产品销售量的影响,一家营销公司做了一项实验,考察三种广告方案和两种广告媒体,获得的销售量数据见表 7-5。

表 7-5 不同广告媒体和广告方案下的产品销售量

销售量		广告媒体	
		报纸(B1)	电视(B2)
广告方案	A1	8	12
		12	8
	A2	22	26
		14	30
	A3	10	18
		18	14

下面用 R 语言进行有交互作用的双因素方差分析。首先在 R 中输入数据:

```
> Y = c(8,12,12,8,22,14,26,30,10,18,18,14)
> A = c(rep (1,4),rep (2,4),rep (3,4))
> B = gl(2,2,12)
```

♯gl 函数能生成模式属性,它有三个参数:水平的数量,每块的长度(每一水平需要重复多少次),以及结果的总长度。

```
> A = factor(A); B = factor(B)
> sale.aov = aov(Y~A + B + A * B)
> sale.aov
Call:
   aov(formula = Y ~ A + B + A * B)
Terms:
                    A    B  A:B Residuals
Sum of Squares    344   48   56        96
Deg. of Freedom    2    1    2         6

Residual standard error: 4
Estimated effects may be unbalanced
> summary(sale.aov)
            Df  Sum Sq  Mean Sq  F value  Pr(>F)
A            2     344      172    10.75  0.0104 *
B            1      48       48     3.00  0.1340
A:B          2      56       28     1.75  0.2519
Residuals    6      96       16
---
Signif. codes:  0 '***' 0.001 '**' 0.01 '*' 0.05 '.' 0.1 ' ' 1
```

由于 $p_A=0.0104<0.05$,$p_B=0.1340>0.05$,$p_{AB}=0.2519>0.05$,所以,因素 A 的效果高度显著,广告方案对产品销售量有影响。但是因素 B 以及 A、B 之间交互作用效果不显著,故可以认为因素 B 对产品销售量没有影响,而且 A 与 B 之间不存在交互作用。

例 7.5 一家超市连锁店想确定超市所在的位置和竞争者的数量对销售额是否有显著影响。获得的月销售额数据(单位:万元)见表 7-6。取显著性水平 $\alpha=0.01$,检验:

(1) 竞争者的数量对销售额是否有显著影响。
(2) 超市的位置对销售额是否有显著影响。
(3) 竞争者的数量和超市的位置对销售额是否有交互效应。

表 7-6 超市的销售额数据

超市位置(A)	竞争者数量(B)			
	0	1	2	3 个及以上
位于市内居民小区	41	38	59	47
	30	31	48	40
	45	39	51	39
位于写字楼	25	29	44	43
	31	35	48	42
	22	30	50	53
位于郊区	18	22	29	24
	29	17	28	27
	33	25	26	32

首先在 R 中输入数据:

```
> x0 = c(41,30,45);x1 = c(38,31,39);x2 = c(59,48,51);x3 = c(47,40,39);y0 = c(25,31,22);y1 =
c(29,35,30);y2 = c(44,48,50);y3 = c(43,42,53); z0 = c(18,29,33); z1 = c(22,17,25); z2 = c(29,
28,26); z3 = c(24,27,32)
> sale = c(x0,x1,x2,x3,y0,y1,y2,y3,z0,z1,z2,z3)
> location = factor(gl(3,12,36))
> competitor = factor(gl(4,3,36))
```

第一步要分析竞争者的数量对销售额是否有显著影响,就是做一个单因素方差分析,即检验以下问题:

零假设 H_0: 不同竞争者数量对销售额没有影响

备择假设 H_1: 不同竞争者数量对销售额有显著影响

```
> sale.competitor = data.frame(sale, competitor)
> sale.competitor.aov = aov(sale~competitor,data = sale.competitor)
> summary(sale.competitor.aov)
             Df Sum Sq Mean Sq F value Pr(>F)
competitor    3   1078   359.4    4.04  0.0152 *
Residuals    32   2847    89.0
---
Signif. codes:  0 '***' 0.001 '**' 0.01 '*' 0.05 '.' 0.1 ' ' 1
```

从销售额与竞争者数量的单因素方差分析结果得到 p 值为 $0.0152<0.05$,因此有理由拒绝零假设,即得出竞争者的数量对销售额有显著影响。

类似地,考虑超市的位置对销售额是否有显著影响,再做一个单因素方差分析,即检验以下问题:

零假设 H_0:不同超市位置对销售额没有影响

备择假设 H_1:不同超市位置对销售额有显著影响

```
> sale.location = data.frame(sale,location)
> sale.location.aov = aov(sale~location,data = sale.location)
> summary(sale.location.aov)
            Df  Sum Sq  Mean Sq  F value  Pr(>F)
location     2    1736    868.1    13.09  6.54e-05 ***
Residuals   33    2189     66.3
---
Signif. codes:  0 '***' 0.001 '**' 0.01 '*' 0.05 '.' 0.1 ' ' 1
```

销售额与超市位置的单因素方差分析结果得到 p 值为 $6.54\mathrm{e}-05 < 0.01$,因此拒绝零假设,即认为超市位置对销售额有显著影响。

进一步,我们还想知道竞争者的数量和超市位置对销售额是否有交互效应。我们先得出了每个位置面临不同竞争者数量时的平均销售额,结果如图 7-4 所示。

```
> A1 = c(mean(x0),mean(x1),mean(x2),mean(x3))
> A2 = c(mean(y0),mean(y1),mean(y2),mean(y3))
> A3 = c(mean(z0),mean(z1),mean(z2),mean(z3))
> plot(A1,xlab = "竞争者数量",ylab = "销售额",col = 'red',ylim = c(10,60),type = 'b',axes = T)
> lines(A2,type = 'b',lty = 2,col = 'black')
> lines(A3,type = 'b',lty = 3,col = 'blue')
> axis(side = 2,at = 10:60)
> legend('topright',c("城市内居民小区","写字楼","郊区"),col = c('red','black','blue'), lty = 1:2, cex = 0.6)
```

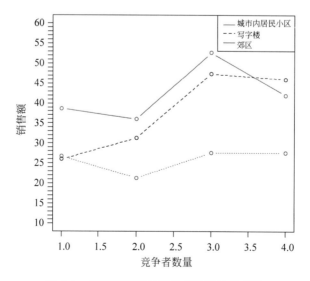

图 7-4　超市销售额与竞争者数量的关系图

图 7-4 中的三条折线分别表示了每个位置面临不同竞争者数量时的平均销售额。如果这样三条线是平行的,那就说明位置因素和竞争者数量因素之间没有交互效应。从图 7-4 可以看出,这三条线并不平行,从直观上说明这两个因素的主效应不是简单可加的,是有交互效应的。因此,可以考虑对交互效应进行检验。

```
> sale.competitor.location = data.frame(sale,competitor,location)
> sale.competitor.location.aov = aov(sale ~ competitor * location, data = sale.competitor.location)
> summary(sale.competitor.location.aov)
                    Df Sum Sq Mean Sq F value  Pr(>F)
competitor           3 1078.3   359.4  14.204 1.57e-05 ***
location             2 1736.2   868.1  34.305 9.18e-08 ***
competitor:location  6  503.3    83.9   3.315   0.0161 *
Residuals           24  607.3    25.3
---
Signif. codes:  0 '***' 0.001 '**' 0.01 '*' 0.05 '.' 0.1 ' ' 1
```

从输出结果可以看到,竞争者数量因素和超市位置因素的 p 值都小于 0.01,检验是高度显著的。交互项"竞争者 * 位置"反映的是竞争者数量因素和超市位置因素联合产生的对超市销售额的附加效应。由于交互效应的 p 值 0.0161 小于 0.05,因此,检验高度显著,这表明竞争者数量因素和超市位置因素联合产生的交互效应对销售额有显著影响。换句话说,不同竞争者数量的超市销售额差异会因为超市位置的不同而不同,或者说不同位置的超市的销售额差异会因为附近的竞争者数量不同而不同。

在实际应用中,我们碰到的情况可能会更加复杂,所涉及的因素个数可能远远大于两个。此时,就应该采用多因素方差分析。简单地说,多因素方差分析是双因素方差分析的延伸。在多因素方差分析中,同样可以考虑无交互模型,也可以考虑各种交互效应模型。但是值得注意的是,交互效应的准确估计需要较大的样本。而且,并不是每一种交互效应都有很好的实际意义,所以一般来说,不建议在多因素方差分析中盲目地添加交互效应项。

7.2.4 Friedman 检验

双因素方差分析在每格含有一个观测的情况下有一个非参数版本。Friedman 的检验基于每行观测的秩。如果没有列间效应的影响,那么每一行的秩应该都是一样的。一个基于每列平方和的检验可以通过计算与正规化变为一个服从 χ^2 分布的统计量。

在两列的情况下,Friedman 检验和符号检验是等价的,这时可以通过二项分布来检验正号对与负号对的概率是否相等。下面是对 Friedman 的一个实际应用。

```
> friedman.test(hr - time| subjr,data = heart.rate)
    Friedman rank sum test
data:  hr and time and subj
Friedman chi - squared = 8.,059. df = 3,p- value = 0.03664
```

注意到区组属性在模型方程中用垂直线标明了,这种记法可被读成"在 subj 情况下的 time"。可以看出,这个检验在显著性上并不会像对应的参数方法那样强,因为后者在假设成立的情况下更有功效。

练习题

1. R 的程序包 dataset 的内置数据 PlantGrowth 是关于植物生长的数据。该数据有 weight 和 group 两个变量,其中,group 有三个水平,分别为 ctrl(对照组),trt1(处理组 1)和 trt2(处理组 2)。请分析这三组植物的生长是否存在明显的差异。

2. 为检验不同品牌电池的质量,质检部门抽检了三家生产商生产的 5# 电池,在每个厂家随机抽取 5 个电池,测得使用寿命(单位:小时)数据如表 7-7 所示。

表 7-7 电池寿命数据

实验号	电池生产商		
	生产商 A	生产商 B	生产商 C
1	50	32	45
2	50	28	42
3	43	30	38
4	40	34	48
5	39	26	40

(1) 分析三个生产商生产的电池的平均寿命之间有无显著差异($\alpha=0.05$)。

(2) 如果有差异,到底是哪些生产商之间有差异?

3. 某企业准备用 A_1, A_2, A_3 三种方法组装一种新的产品,为确定哪种方法组装的产品数量最多,随机抽取了 30 名工人,并指定每个人使用其中的一种方法。每个工人生产的产品数如表 7-8 所示。

(1) 分析三种方法组装产品的数量之间有无显著差异($\alpha=0.05$)。

(2) 如果有差异,到底是哪些组装方法之间有差异?

表 7-8 每个工人生产的产品数

A_1	A_2	A_3
99	73	55
94	100	77
87	93	93
66	73	100
59	97	93
86	95	83
88	92	91
72	86	90
84	100	85
75	91	73

4. 有人认为本科毕业生挣的比高中毕业后工作的人多,具有硕士或博士学位的人挣的更多。检验这一观点,从一家跨国公司随机选择 25 名主管人员。按教育程度分类的收入(单位:万元)状况如表 7-9 所示。

(1) 分析三组学历的收入之间有无显著差异($\alpha=0.05$)。

(2) 如果有差异,到底是哪些学历之间的收入有差异?

表 7-9　按教育程度分类的收入状况

高中及更低	大学本科	硕士及更高
23	25	26
24	29	37
27	43	41
31	37	30
20	41	47
22	42	45
22	45	45
27	45	45
	46	48
	31	37

5. 某会计师事务所承接了多个企业的会计记账工作。由于业务发展迅速,2006 年年初从某大学会计专业硕士研究生毕业生中招收了三名新员工,并且每人独立担任三家企业(事业单位、工业企业、商业企业)的会计记账工作。半年后,事务所主管对这三位年轻人的记账情况进行检查,计算相关的差错率(%)。经过两周的检查,结果如表 7-10 所示。

(1) 三位员工记账的差错率是否存在显著差异($\alpha=0.05$)?

(2) 不同类型单位的会计记账工作的差错率是否存在区别($\alpha=0.05$)?

表 7-10　记账差错率

员工	事业单位	工业企业	商业企业
A	1.3	2.5	1.6
B	3.5	6.8	2.8
C	5.8	10.2	4.5

6. 在橡胶配方中,考虑了三种不同的促进剂和四种不同分量的氧化锌,每种配方各做一次实验,测得 300% 定伸强度如表 7-11 所示。

表 7-11　300%定伸强度

因素 B(氧化锌)	因素 A(促进剂)		
	A1	A2	A3
B1	31	33	35
B2	34	36	37
B3	35	37	39
B4	39	38	42

(1) 不同促进剂对定伸强度是否有显著影响($\alpha=0.05$)?
(2) 不同氧化锌对定伸强度是否有显著影响($\alpha=0.05$)?

7. 为了研究 5 种不同品牌的牛奶销售量是否有差异,随机抽取了 8 家超市,记录了一周中各品牌牛奶的销售量数据(单位:箱。每箱 30 袋,每袋 500 克),结果如表 7-12 所示。

表 7-12　各品牌的牛奶销售数量

品牌	商场							
	1	2	3	4	5	6	7	8
A1	71	73	66	69	58	60	70	61
A2	71	78	81	89	78	85	90	84
A3	73	78	76	86	74	80	81	76
A4	73	75	73	80	75	71	73	72
A5	62	66	69	81	60	64	61	57

(1) 5 种不同品牌的牛奶销售量是否有差异($\alpha=0.05$)?
(2) 不同的商场的牛奶销售量是否有显著影响($\alpha=0.05$)?

8. 三位操作工分别在三台不同的机器上操作三天的日产量,结果如表 7-13 所示。
(1) 操作工的差异对日产量是否有显著影响($\alpha=0.05$)?
(2) 机器之间的差异对日产量是否有显著影响($\alpha=0.05$)?
(3) 操作工和机器对日产量是否有交互影响($\alpha=0.05$)?

表 7-13　三台机器三天的日产量

机器	操作工		
	甲	乙	丙
A1	15	19	16
	15	19	18
	17	16	21
A2	17	15	19
	17	15	22
	17	15	22
A3	15	18	18
	17	17	18
	16	16	18

9. 研究不同温度与不同湿度对粘虫发育历期的影响,得实验数据如表 7-14 所示。
(1) 不同温度对粘虫发育历期是否有显著影响($\alpha=0.05$)?
(2) 不同湿度对粘虫发育历期是否有显著影响($\alpha=0.05$)?
(3) 温度和湿度对粘虫发育历期是否有交互影响($\alpha=0.05$)?

表 7-14 实验数据

相对湿度/%	温度/℃			
	25	27	29	31
100	91.2	87.6	79.2	65.2
	95	84.7	67	63.3
	93.8	81.2	75.7	63.6
	93	82.4	70.6	63.3
80	93.2	85.8	79	70.7
	89.3	81.6	70.8	86.5
	95.1	81	67.7	66.9
	95.5	84.4	78.8	64.9
40	100.2	90.6	77.2	73.6
	103.3	91.7	85.8	73.2
	98.3	94.5	81.7	76.4
	103.8	92.2	79.7	72.5

10. 为检验地区(A)和广告策略(B)对香水销售量的影响,现用三个不同地区和三个不同的广告策略对香水进行测试,每种组合采用两个不同的市场调查。调查结束,取得数据如表 7-15 所示。

(1) 不同的地区对销售额是否有显著影响($\alpha=0.05$)?
(2) 不同的广告策略对销售额是否有显著影响($\alpha=0.05$)?
(3) 地区和广告策略对销售额是否有交互影响($\alpha=0.05$)?

表 7-15 调查数据

	B1	B2	B3
A1	2.8	2.04	1.58
	2.73	1.33	1.26
A2	3.29	1.5	1
	2.68	1.4	1.82
A3	2.54	3.15	1.92
	2.59	2.88	1.33

第8章

一元线性回归

前面建立了一些度量标准,用于表示两个变量之间的相关性及相关程度。本章将建立一种模型,用以表示两个变量之间的线性关系。建立模型的过程就叫作**回归分析**(regression analysis)。"回归"是来自英国著名生物学家兼统计学家弗朗西斯·高尔顿(Francis Galton)在 19 世纪研究父亲和他们的孩子的身高时所采用的方法。这个研究发现有一种趋势,就是孩子比身材很矮或很高的父亲更加趋于平均值,这种向中间值的趋势被称作回归效应。

一般来说,回归分析是研究一个变量关于另一个或多个变量的具体依赖关系的方法。假如用 y 表示感兴趣的变量,用 x 表示其他可能与 y 有关的变量(x 也可能是由若干变量组成的一组解释变量),则所需要的是建立一个函数关系 $y=f(x)$。这里 y 称为**因变量**(dependent variable)、**被解释变量**(explained variable)或**响应变量**(response variable),而 x 称为**自变量**(independent variable),也称为**解释变量**(explanatory variable)或**协变量**(covariate)。根据所涉及变量的多少,回归分析可分为一元回归和多元回归。本章将介绍一元线性回归模型。一元回归又称简单回归,是指两个变量之间的回归。一些更复杂的情况将在第 9 章中介绍。

8.1 基本原理

8.1.1 基本模型

假设你现在希望通过线性回归分析来描述两个变量之间的联系,那么可以使用一元线性回归模型,该模型定义如下:
$$y = \beta_0 + \beta_1 x + \varepsilon$$
式中,β_0 和 β_1 为常数,称为**回归系数**或**回归参数**;ε 为误差或随机干扰。截距 β_0 表示当 $x=0$ 时 y 的预测值,也是这条线与 y 轴的交点。若 $x=0$ 是无意义的或者在样本值区间以外,那么这个预测值也是无意义的。斜率 β_1 表示 x 每增加一个单位时 y 的增加(或减少)量(注意:这个解释仅当 x 的值在样本数据区间内时才是有效的)。

根据该模型,如果得到 x,y 的每一个观测值,那么对于每一个观测值就有:

$$y_i = \beta_0 + \beta_1 x_i + \varepsilon_i, \quad i = 1,2,\cdots,n$$

式中,y_i 表示因变量 y 的第 i 个观测值;x_i 表示自变量 x 的第 i 个观测值;ε_i 表示在 y_i 的近似式中的残差。对于每个观测值,$\varepsilon_i = y_i - \beta_0 - \beta_1 x_i, i = 1, 2, \cdots, n$。

8.1.2 参数估计

得到 β_0 和 β_1 参数估计的方法有很多,我们主要使用**最小二乘估计法**(Ordinary Least Squares, OLS)和**最大似然估计法**(Maximum Likelihood Estimation, MLE)。

首先介绍系数 β_0 和 β_1 的最小二乘估计(OLS),也就是找到让残差平方和最小的 β_0 和 β_1。残差平方和为

$$S(\beta_0, \beta_1) = \sum_{i=1}^{n} \varepsilon_i^2 = \sum_{i=1}^{n} (y_i - \beta_0 - \beta_1 x_i)^2$$

使得 $S(\beta_0, \beta_1)$ 达到最小值的 $\hat{\beta}_0$ 和 $\hat{\beta}_1$ 满足下面的方程组:

$$\begin{cases} \sum_{i=1}^{n}(y_i - \beta_0 - \beta_1 x_i) = 0 \\ -2\sum_{i=1}^{n} x_i(y_i - \beta_0 - \beta_1 x_i) = 0 \end{cases}$$

其实这是利用微积分知识,将 $S(\beta_0, \beta_1)$ 分别对 β_0 和 β_1 求偏导并令其为 0 得到的。整理得到正规方程组:

$$\begin{cases} n\beta_0 + \beta_1 \sum_{i=1}^{n} x_i = \sum_{i=1}^{n} y_i \\ \beta_0 \sum_{i=1}^{n} x_i + \beta_1 \sum_{i=1}^{n} x_i^2 = \sum_{i=1}^{n} x_i y_i \end{cases}$$

解之得参数的最小二乘估计:

$$\hat{\beta}_1 = \frac{\sum_{i=1}^{n}(x_i - \bar{x})(y_i - \bar{y})}{\sum_{i=1}^{n}(x_i - \bar{x})^2}$$

$$\hat{\beta}_0 = \bar{y} - \hat{\beta}_1 \bar{x}$$

式中,$\bar{x} = \sum_{i=1}^{n} x_i, \bar{y} = \sum_{i=1}^{n} y_i$ 称为样本均值。由于是通过最小二乘法得到的估计,因此,$\hat{\beta}_0$ 和 $\hat{\beta}_1$ 分别称为 β_0 和 β_1 的最小二乘估计。

用该方法得到的直线叫作最小二乘回归直线,可表示为 $\hat{y} = \hat{\beta}_0 + \hat{\beta}_1 x$。最小二乘回归直线总是存在的,因为我们总能找到一条使竖直距离的平方和最小的直线。在 R 里面可以使用函数 lm() 得到最小二乘估计。

注意到 $\hat{\beta}_1$ 的表达式实际上为

$$\hat{\beta}_1 = \frac{\sum_{i=1}^{n}(x_i-\bar{x})(y_i-\bar{y})}{\sum_{i=1}^{n}(x_i-\bar{x})^2} = cor(x,y) \times \frac{\sqrt{\sum_{i=1}^{n}(y_i-\bar{y})^2}}{\sqrt{\sum_{i=1}^{n}(x_i-\bar{x})^2}}$$

因此，$\hat{\beta}_1$ 与 x,y 的相关系数 $cor(x,y)$ 有相同的符号，但是数量大小有所差异。直观上说，正或负的斜率意味着正相关或负相关。

对于线性回归模型来说，要得到参数的最大似然估计，需要对模型做一个假设：

$$y \sim N(\beta_0 + \beta_1 x, \sigma^2)$$

由此，得到样本 y_i 的概率密度函数为 $p(y_i) = \frac{1}{\sqrt{2\pi}\sigma}\exp\left(\frac{1}{2\sigma^2}(y_i-\beta_0-\beta_1 x_i)^2\right)$。因为 $y_1, y_2, \cdots, y_n$ 相互独立，因此得到所有样本观测值的联合密度函数为

$$L(\beta_0,\beta_1,\sigma^2) = p(y_1,y_2,\cdots,y_n) = \frac{1}{(2\pi)^{\frac{n}{2}}\sigma^n}\exp\left[\frac{1}{2\sigma^2}\sum_{i=1}^{n}(y_i-\beta_0-\beta_1 x_i)^2\right]$$

我们把 $L(\beta_0,\beta_1,\sigma^2)$ 称为**似然函数**（likelihood function），将该函数极大化即可得到模型的最大似然估计量。由于对数函数是单调递增的，所以一般把似然函数的极大化转为对数似然函数的极大化。得到对数似然函数为

$$\ln(L(\beta_0,\beta_1,\sigma^2)) = -\frac{n}{2}\ln(2\pi\sigma^2) - \frac{1}{2\sigma^2}\sum_{i=1}^{n}(y_i-\beta_0-\beta_1 x_i)^2$$

$$= -\frac{n}{2}\ln(2\pi) - \frac{n}{2}\ln(\sigma^2) - \frac{1}{2\sigma^2}\sum_{i=1}^{n}(y_i-\beta_0-\beta_1 x_i)^2$$

可以发现对对数似然函数求极大值，就等价于对 $\sum_{i=1}^{n}(y_i-\beta_0-\beta_1 x_i)^2$ 求极小值。因此，在满足基本假设的前提下，模型的最大似然估计与普通最小二乘估计是相同的。

在 R 里面可以使用 maxLik 包里的 maxLik() 函数求出模型参数的最大似然估计，但是，需要先写出模型的对数似然函数表达式。

8.2 数据描述

例 8.1 青原博士对一些小公司的销售额与收入感兴趣。随机抽取 12 家公司，得到这些公司的销售额与收入如表 8-1 所示（单位：百万元），销售额为自变量，收入为因变量。

表 8-1　12 家公司的销售额与收入　　　　　　　　　　（单位：百万元）

公司	销售额	收入	公司	销售额	收入
1	89.2	4.9	7	17.5	2.6
2	18.6	4.4	8	11.9	1.7
3	18.2	1.3	9	19.6	3.5
4	71.7	8.0	10	51.2	8.2
5	58.6	6.6	11	28.6	6.0
6	46.8	4.1	12	69.2	12.8

首先在 R 中输入数据：

> sale = c(89.2,18.6,18.2,71.7,58.6,46.8,17.5,11.9,19.6,51.2,28.6,69.2)
> income = c(4.9,4.4,1.3,8.0,6.6,4.1,2.6,1.7,3.5,8.2,6.0,12.8)

接着对数据进行探索，计算收入与销售额的相关系数以及画出散点图，结果如图 8-1 所示。从相关系数和散点图可以发现，销售与收入之间存在一定的线性关系。

> cor(sale,income)
[1] 0.6734993
> plot(sale,income)

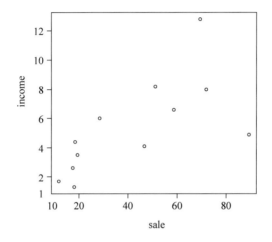

图 8-1　收入与销售的散点图

8.3　模型设定和估计

我们考虑对例 8.1 建立一元线性回归模型，此时因变量为公司收入 income，自变量为公司销售额 sale。我们使用函数 lm(linear model,线性模型)进行线性回归分析。①

> lm.income = lm(income~sale)
> lm.income
Call:
lm(formula = income ~ sale)
Coefficients:
(Intercept)   sale
    1.85174   0.08357

---

①　函数 lm 里面的参数是模型方程，波浪号(~)读为"通过……来描述"。它在之前已经出现过几次了，分别在箱线图以及 t 检验与 Wilcoxon 检验中。函数 lm 处理比简单线性回归复杂很多的模型。除了一个解释变量与一个因变量之外，模型方程还能描述很多其他的情况。比如，要在 y 上通过 x_1,x_2 进行多元线性回归分析(在第 9 章中介绍)，可以通过 $y\sim x_1+x_2$ 来完成。此外，函数 lm 的原始输出格式非常简单，只有估计出来的截距与斜率，以及由此可以看到最优拟合回归直线，但是没有给出任何像显著性检验之类的其他信息。

因此,可以得到一元线性回归模型中截距项 β_0 的最小二乘估计 $\hat{\beta}_0=1.85174$ 和自变量 sale 的系数 β_1 的最小二乘估计 $\hat{\beta}_1=0.08357$。由此得到一元回归直线为

$$收入 = 1.85174 + 0.08357 \times 销售额$$

接下来,求模型参数的最大似然估计。首先写出模型的对数似然函数表达式。

```
> library(maxLik)        ###最大似然估计程序包
> loglik = function (para){
+         N = length(income)
+         e = income - para[1] - para[2] * sale
+         ll = -0.5 * N * log(2 * pi) - 0.5 * N * log(para[3]^2) - 0.5 * sum(e^2/para[3]^2)
+         return(ll)
+         }
> mle1 = maxLik(loglik, start = c(0.1,1,1))
> coef(mle1)
[1] 1.85173543   0.08357448   2.29831933
```

coef(mle1)就是求出来的最大似然估计,第一个数字为截距项,第二个为 sale 的系数,第三个数是方差的估计量。从 MLE 结果来看,与 OLS 估计基本一致。小数点后面的细微差异主要是计算过程中的四舍五入差异。因此,后面的分析以 lm() 函数输出结果为主。

8.4 模型检验和评价

因为抽样的随机性,β_0 和 β_1 的估计值会与真实值有一定的差距。我们可以使用一组样本(x_i, y_i)来计算参数 β_0 和 β_1 的估计值的标准误 s.e.$(\hat{\beta}_0)$ 和 s.e.$(\hat{\beta}_1)$。由于不同样本的均值比单个样本的不同观测值要稳定得多,因此标准误也比标准差要小。估计的标准误定义为标准差除以样本量的平方根,即 $s/\sqrt{n}$。这样,我们可以使用这两个标准误来计算参数的置信区间,也能够检验参数是否等于某一个特定值。我们可以使用 β 的估计值 $\hat{\beta}$ 除以它的标准差 s.e.$(\hat{\beta})$简单地对假设 $\beta=0$ 做 t 检验:

$$t = \frac{\hat{\beta}}{\text{s.e.}(\hat{\beta})}$$

如果 β 的真实值为 0,那么这个统计量服从自由度为 $n-2$ 的 t 分布。通常我们只对斜率 β_1 做这样的检验。也可以用一个类似的检验来看看截距 β_0 是否为 0,不过这个假设一般没什么意义,因为没有理由让这条线一定经过原点,或者这个假设可能会让我们在数据范围之外进行外推分析。

例 8.1 继续。为了读取一元线性回归分析假设检验等更多的信息,我们使用 summary 提取更多的输出结果。

```
> summary(lm(income~sale))
Call:
lm(formula = income ~ sale)
```

```
Residuals:
    Min      1Q   Median      3Q     Max
-4.4066  -1.2755  -0.0695  1.1848  5.1649

Coefficients:
             Estlmate Std. Error t value Pr(>|t|)
(Intercept)  1.85174    1.41257   1.311   0.2192
sale         0.08357    0.02901   2.881   0.0164 *
---
Signif. codes:  0 '***' 0.001 '**' 0.01 '*' 0.05 '.' 0.1 ' ' 1

Residual standard error: 2.518 on 10 degrees of freedom
Multiple R-squared:  0.4536,     Adjusted R-squared:  0.399
F-statistic: 8.302 on 1 and 10 DF,  p-value: 0.01635
```

我们接下来对输出结果逐项"解剖",有助于我们了解回归建模。

```
Call:
lm(formula = income ~ sale)
```

与 t.test 中相似,输出的开头本质上在重复一个函数调用。如果我们只是在 R 命令行中将其输出,那么这部分的意义不大。但是如果结果被保存在一个变量中,之后查看输出的时候这部分就很有用了。

```
Residuals:
    Min      1Q   Median      3Q     Max
-4.4066  -1.2755  -0.0695  1.1848  5.1649
```

这部分简单地描述了残差的分布,可以帮助我们对分布性的假设做快速检查。根据定义,残差的均值是 0,所以中位数应该离 0 不远,然后最大值、最小值的绝对值也应该大致相当。在这个例子中,中位数明显过于接近 0,最大值、最小值的绝对值也比较接近。

```
Coefficients:
             Estlmate Std. Error t value Pr(>|t|)
(Intercept)  1.85174    1.41257   1.311   0.2192
sale         0.08357    0.02901   2.881   0.0164 *
---
Signif. codes:  0 '***' 0.001 '**' 0.01 '*' 0.05 '.' 0.1 ' ' 1
```

这里再次见到了回归系数和截距,不过这次还伴随着标准误,t 检验和 p 值。[①] 这里可以发现 sale 的 t 检验的 p 值为 0.0164。在参数的 t 检验中,判断参数是否显著的一种经验方法是看 t 的绝对值是否大于 2,大于 2 就可认为该参数是显著的。

注意到这一模型的常数项是统计不显著的,t 值为 1.311,p 值为 0.2192。尽管如此,常

---

① 输出结果最右边的符号是显著性水平的一个图像化标志。表格下方的一行字 Signif. codes 表明了这些标志的定义,一颗星表示 $0.01 < p < 0.05$。如果不喜欢星星,可以通过 options(show.signif.stars=FALSE)关掉它们。

数项仍应保留在模型中,除非有非常明确的理由才能剔除它,因为常数项反映了因变量的基准水平。一般来说,不显著的自变量应从模型中剔除,但是常数项却是例外。

```
Residual standard error: 2.518 on 10 degrees of freedom
```

这是残差的波动情况,通过观测值在回归线附近的波动情况来估计模型参数 σ,也就是后面即将提到的估计的标准误差。

```
Multiple R-squared:  0.4536,   Adjusted R-squared:  0.399
```

上式的第一项是 R^2,在简单线性回归中能将其理解为 Pearson 相关系数的平方,即 $R^2=r^2$,它可以理解为自变量解释的因变量的变异的比例。另一个是调整的 R^2。如果将其乘上 100%,它就可以被理解成"方差降低的百分率"(实际上,它可以是负数)。

```
F-statistic: 8.302 on 1 and 10 DF,  p-value: 0.01635
```

这是对假设回归系数是 0 而进行的 F 检验。这个检验在简单线性回归中并不特别,因为它只是对已有信息的重复——但是,如果自变量不止一个的时候,F 检验就变得更有意义了。因为 p 值为 0.01635,这表明拒绝一元线性回归模型不合适的零假设,意味着并非所有的回归系数都是零。从实际的角度来看,这意味着自变量作为一个整体可以显著地对因变量作出解释。注意,这里的结果与斜率的 t 检验结果一模一样。实际上,一元线性回归模型里 F 检验是 t 检验的平方:$8.302=(2.881)^2$。这在任何自由度为 1 的模型中都是成立的。

得到一个显著的一元回归模型后,可以把回归直线画在数据的散点图上,这可以使用函数 abline()。abline 就是 (a,b) 线段的意思,这个函数根据截距 a 和斜率 b 画一条直线。也可以直接在 abline() 中输入指定的截距和斜率等数值参数,比如本例的 abline(1.85174, 0.08357)。更方便的做法是从一个用 lm 拟合的线性回归中直接提取相关信息。因此,我们将得到的回归直线添加在散点图上,得到图 8-2。

```
> abline(lm(income~sale))
```

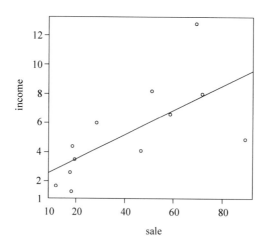

图 8-2　添加了回归直线的收入与销售的散点图

这条回归直线有一些有趣的特点。如同前面所讨论的,没有其他任何通过这些数据点的直线能使离差平方和更小。另外,这条直线将通过代表销售额均值和收入均值的点,在该例中就是 $\bar{x}=41.76, \bar{y}=5.34$。

注意到在散点图 8-2 中,并非所有的点都正好落在回归直线上。如果所有的点都落在直线上,并且观测值的数量足够多,那么在估计公司收入时就没有误差。换句话说,如果所有的点都落在回归直线上,对公司收入的预测将会 100% 地准确。然而,要得到完全的预测实际上往往是不可能的。因此,需要找到一种方法用于衡量基于 x 得到的 y 的预测值的精确度或者衡量估计值可能会有多不准确。残差的标准误用于度量数据相对于回归直线的离散程度。如果标准误很小,就意味着回归直线是数据的代表;如果标准误很大,则意味着回归直线也许不能代表数据。

对于上面的例子,summary(lm(income~sale))输出结果中最下面部分显示了估计的标准误为 2.518。如何解释 2.518 呢?它是我们使用这一模型预测因变量的典型"误差"。首先,它的单位与因变量相同。其次,如果误差 ε 服从正态分布,那么大约 68% 的残差应该在 ±2.518 之间,大约 95% 的残差应该在 ±2×2.518(或者 ±5.036)之间。

8.5 残差与回归值

我们已经用过 summary() 从回归分析的结果中提取更多信息。另外两个进一步的析取函数是 fitted() 和 resid(),分别可以得到因变量的拟合值和残差。为了方便,前面已经将 lm 的返回值存入变量 lm.income 中。

例 8.1 继续。对 lm.income 分别使用 fitted() 和 resid() 得到模型的拟合值和残差值。

```
> fitted(lm.income)
       1        2        3        4        5        6        7        8
9.306579 3.406221 3.372791 7.844026 6.749200 5.763021 3.314289 2.846272
       9       10       11       12
3.489796 6.130749 4.241966 7.635090
> resid(lm.income)
          1           2           3           4           5           6
-4.40657906  0.99377889 -2.07279132  0.15597425 -0.14920012 -1.66302131
          7           8           9          10          11          12
-0.71428919 -1.14627213  0.01020441  2.06925100  1.75803414  5.16491044
```

函数 fitted 返回的是回归值——根据最佳拟合直线与给定的 x 值计算出来的 y 值;对于这个结果,就是收入 = 1.851 74 + 0.083 57 × 销售额。函数 resid 显示的残差是 y 的观测值与回归值之差。

除了使用 abline(lm.income),我们也可以使用 lines() 函数将回归线画在图上,得到和图 8-2 一样的图:

```
> plot(sale,income)
> lines(sale,fitted(lm.income))
```

为了在一幅图中通过将观测值与对应的回归值连起来而显示出残差,可以使用下面的命令得到图 8-3。函数 segments 用来画线段,它的参数是两端端点的坐标 (x_1, y_1, x_2, y_2)。

```
> plot(sale,income)
> lines(sale,fitted(lm.income))
> segments(sale,fitted(lm.income),sale,income)
```

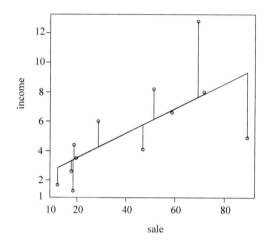

图 8-3　销售额和收入的散点图、回归线和残差线段

一个简单的残差与回归值的散点图如图 8-4 所示。

```
> plot(fitted(lm.income),resid(lm.income))
```

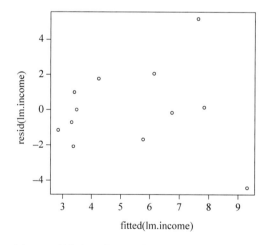

图 8-4　销售额和收入的残差与回归值的散点图

我们也能通过 Q-Q 图的线性性质来检验残差的正态性,见图 8-5。可以看出残差大致服从正态分布。

```
> qqnorm(resid(lm.income))
> qqline(resid(lm.income))
```

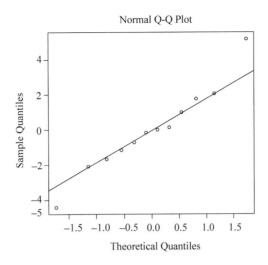

图 8-5 销售额和收入的残差的 Q-Q 图

8.6 预测与置信区间

如果对一个描述 y 和 x 的关系的模型满意,我们就可以使用模型进行预测。我们将介绍下面两种预测。

(1) 对于某一选定的自变量值 x_0,预测相应的因变量 y 的值。

(2) 当 $x=x_0$ 时,估计因变量的均值 μ_0。

对于第一种情况,$\hat{y}_0 = \hat{\beta}_0 + \hat{\beta}_1 x_0$,预测的标准误为:

$$\text{s.e.}(\hat{y}_0) = \hat{\sigma}\sqrt{\left[1 + \frac{1}{n} + \frac{(x_0 - \bar{x})^2}{\sum(x_i - \bar{x})^2}\right]}$$

因此,预测值的置信度为 $1-\alpha$ 的置信区间为 $\hat{y}_0 \pm t_{\alpha/2}(n-2) \times \text{s.e.}(\hat{y}_0)$。

对于第二种情况,$\hat{\mu}_0 = \hat{\beta}_0 + \hat{\beta}_1 x_0$,估计的标准误为:

$$\text{s.e.}(\hat{\mu}_0) = \hat{\sigma}\sqrt{\left[\frac{1}{n} + \frac{(x_0 - \bar{x})^2}{\sum(x_i - \bar{x})^2}\right]}$$

因此,μ_0 的置信度为 $1-\alpha$ 的置信区间为 $\hat{\mu}_0 \pm t_{\alpha/2}(n-2) \times \text{s.e.}(\hat{\mu}_0)$。

为了区别这两种情况下的置信区间,常称预测值的置信区间为预测区间,称 μ_0 的置信区间为置信区间。

从上面的内容可以看出,均值 μ_0 的点估计和因变量的预测值 $\hat{y}_0$ 是相等的。但是 $\hat{\mu}_0$ 的标准误要小于 $\hat{y}_0$ 的标准误,因此预测区间通常要比置信区间宽。这从直观上很容易理解,因为当 $x=x_0$ 时,预测一个观测值的不确定性要大于估计因变量均值的不确定性。隐含在因变量均值中的"平均"降低了估计的变异性和不确定性。为做进一步解释,假设我们要根据某行业管理人员的工作年限来估计他们的工资。如果我们要得到所有拥有 10 年工作经验的主管的平均工资水平的区间估计,就计算置信区间;如果我们要估计某一个指定的拥有10年经验的主管的工资,就计算预测区间。

回归线通常与置信区间和预测区间一起展示。置信区间反映了这条回归线本身的不确定性,通常有明显的弧度,因为回归线在数据的中心通常更准确。我们不仅能从数学上证明这一点,而且可以这样直观地理解:无论斜率是多少,在点 $\bar{x}$ 处的估计一定是 $\bar{y}$。而当 x 取其他值的时候就会让斜率估计量的方差增大,离 $\bar{x}$ 越远,这个增量就越大。预测区间包含未来观测值的不确定性。预测区间也是有弧度的,因为它们同样包含这条直线本身的不确定性,只不过这个弧度没有置信区间的那么明显。很显然,预测区间和置信区间十分依赖残差正态性以及方差齐性的假设,所以如果数据不太满足这些性质,那么最好不要用这个边界。

无论是否计算了置信区间与预测区间,都能够用函数 predict 提取出预测值。如果不加其他参数,它就只会输出回归值:

```
> predict(lm.income)
       1        2        3        4        5        6        7        8
9.306579 3.406221 3.372791 7.844026 6.749200 5.763021 3.314289 2.846272
       9       10       11       12
3.489796 6.130749 4.241966 7.635090
```

在函数 predict 中加上参数 interval = "confidence" 或者 int = "c" 以及 interval = "prediction" 或者 int = "p",就能分别得到置信区间和预测区间:

```
> predict(lm.income, int = "c")
        fit       lwr       upr
1  9.306579 5.8390552 12.774103
2  3.406221 1.2010878  5.611354
3  3.372791 1.1500301  5.595553
4  7.844026 5.3207031 10.367348
5  6.749200 4.7979909  8.700409
6  5.763021 4.1111704  7.414872
7  3.314289 1.0602972  5.568281
8  2.846272 0.3270775  5.365467
9  3.489796 1.3280084  5.651583
10 6.130749 4.4002001  7.861298
11 4.241966 2.4128524  6.071079
12 7.635090 5.2334385 10.036741
> predict(lm.income, int = "p")
        fit        lwr       upr
1  9.306579  2.7116582 15.901500
2  3.406221 -2.6213714  9.433814
3  3.372791 -2.6612725  9.406855
4  7.844026  1.6928945 13.995157
5  6.749200  0.8097998 12.688600
6  5.763021 -0.0848732 11.610916
7  3.314289 -2.7313488  9.359927
8  2.846272 -3.3031669  8.995711
9  3.489796 -2.5220746  9.501666
```

10	6.130749	0.2601393	12.001359
11	4.241966	-1.6584506	10.142382
12	7.635090	1.5328616	13.737318

警告信息:

In predict.lm(lm.income, int = "p") : 用当前数据得到的预测结果对_未来_响应有用

变量 fit 表示了回归值或预测值,而 lwr 和 upr 分别是下界和上界。这里的警告信息并不是说有什么事情做错了,而是提醒我们这里有一个陷阱:这个边界不能被用来考量我们用来做回归的已观测数据。因为在 x 的极值处,数据影响力更大,所以这会导致这些地方的边界离回归线更近,也就是说,预测区间弯向了错误的方向。

我们可以通过函数 matlines 将置信区间与预测区间一起加到散点图上。不过,这里有几点小障碍:①sale 的值是随机排列的,我们不希望置信曲线上的线段杂乱无章地排列;②下方的预测区间超出了画图区域;③matlines 的命令需要防止不停更迭的线段样式和颜色。解决方法是用合适的 x(这里是 sale)生成一个新数据框,然后在新数据框上进行预测,得到图 8-6。

```
> pred.frame = data.frame(sale = 11:90)  # 用希望进行预测的 sale 值生成了一个新的数据框.
> pc = predict(lm.income, int = "c", newdata = pred.frame)
# pc 记录 predict 函数在 pred.frame 上的结果,保留了置信区间.
> pp = predict(lm.income, int = "p", newdata = pred.frame)
# pp 记录 predict 函数在 pred.frame 上的结果,保留了预测区间.
> plot(sale, income, ylim = range(income, pp, na.rm = T))
> pred.sale = pred.frame $ sale
> matlines(pred.sale, pc, lty = c(1,2,2), col = "black")
> matlines(pred.sale, pp, lty = c(1,3,3), col = "black")
> legend('topleft', c("预测区间","置信区间"), lty = 3:2, cex = 0.8) # 加标签
```

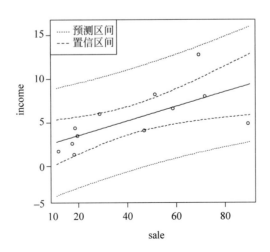

图 8-6 置信区间与预测区间的图像

对该程序的一点说明:在作图时,我们首先画出一个标准的散点图,此外为预测区间预留了足够的空间。我们可以用 ylim = range(income, pp, na.rm = T) 来做到这点。

函数 range 返回一个长度为 2 的向量,其中是传入参数的最大值和最小值。我们需要使用 na.rm=T 在计算中忽略缺失值。注意,income 也是一个参数,以防大于预测区间的数据点被漏掉(虽然这个例子中没有出现)。最后曲线被画出来了,以预测中使用的 sale 作为 x 值,同时把线段的类型和颜色设置得更容易察觉。

练习题

1. R 的程序包 ISwR 的内置数据 rmr 是关于 44 个女性的代谢率(resting metabolic rate)和体重(body weight)的数据。

(1) 请画出代谢率和体重的散点图。对这个关系拟合一条曲线。

(2) 这个模型预测 70kg 的体重对应的代谢率是多少?

(3) 给出这条线的斜率的 95% 置信区间。

2. 表 8-2 是某地区一些家庭的月收入与月支出的数据(单位:元)。

表 8-2　月收入与月支出数据　　　　　　　　　　(单位:元)

家庭	月支出	月收入	家庭	月支出	月收入
1	555	4388	21	913	6688
2	489	4558	22	918	6752
3	458	4793	23	710	6837
4	613	4856	24	1083	7242
5	647	4856	25	937	7263
6	661	4899	26	839	7540
7	662	4899	27	1030	8009
8	675	5091	28	1065	8094
9	549	5133	29	1069	8264
10	606	5304	30	1064	8392
11	668	5304	31	1015	8414
12	740	5304	32	1148	8882
13	592	5346	33	1125	8925
14	720	5495	34	1090	8989
15	680	5581	35	1208	9053
16	540	5730	36	1217	9138
17	693	5943	37	1140	9329
18	541	5943	38	1265	9649
19	673	6156	39	1206	9862
20	676	6603	40	1145	9883

(1) 以支出为因变量,每月收入为自变量,绘制散点图。
(2) 确定回归方程,解释斜率的取值。
(3) 计算相关系数。

3. 一家物流公司的管理人员想研究货物的运输距离和运输时间的关系,为此,他抽出了公司中最近 10 个卡车运货记录的随机样本,得到运送距离(单位:km)和运送时间(单位:天)的数据,见表 8-3。

表 8-3　运送距离与运送时间

运送距离 x/km	运送时间 y/天
825	3.5
215	1
1070	4
550	2
480	1
920	3
1350	4.5
325	1.5
670	3
1215	5

(1) 绘制运送距离和运送时间的散点图,判断二者之间的关系形态。
(2) 计算线性相关系数,说明两个变量之间的关系强度。
(3) 利用最小二乘法求出估计的回归方程,并解释回归系数的实际意义。
(4) 求运送距离为 1000 元时,运送时间的 95% 的置信区间和预测区间。

4. 随机抽取 10 家航空公司,对其最近一年的航班正点率和顾客投诉次数进行调查,数据如表 8-4 所示。

表 8-4　最近一年 10 家航空公司航班正点率和投诉次数

航空公司编号	航班正点率	投诉次数
1	81.8	21
2	76.6	58
3	76.6	85
4	75.7	68
5	73.8	74
6	72.2	93
7	71.2	72
8	70.8	122
9	91.4	18
10	68.5	125

(1) 绘制散点图，说明二者之间的关系形态。

(2) 用航班正点率作自变量，顾客投诉次数作因变量，求出估计的回归方程，并解释回归系数的意义。

(3) 检验回归系数的显著性（$\alpha=0.05$）。

(4) 如果航班正点率为 80%，估计顾客的投诉次数。

(5) 求航班正点率为 80% 时，顾客投诉次数 95% 的置信区间和预测区间。

5. 测得某地 10 名 3 岁儿童的体重与体表面积资料如表 8-5 所示，试计算相关系数并以 0.05 的显著性水平检验相关系数的显著性。

表 8-5 体重与体表面积

体重/kg	11.0	11.8	12.0	12.3	13.1	13.7	14.4	14.9	15.2	16.0
体表面积/($10^{-1}\mathrm{m}^2$)	5.3	5.3	5.4	5.64	5.3	6.0	5.8	6.1	6.1	6.4

6. 假设某地区住宅建筑面积与建造单位成本的有关资料如表 8-6 所示。

表 8-6 住宅建筑面积与建造单位成本

建筑地编号	建筑面积 x/万平方米	建造单位成本 y/(元/平方米)
1	0.6	1860
2	0.95	1750
3	1.45	1710
4	2.1	1690
5	2.56	1678
6	3.54	1640
7	3.89	1620
8	4.37	1576
9	4.82	1566
10	5.66	1498
11	6.11	1425
12	6.23	1419

(1) 建立建筑面积与建造单位成本的回归方程；

(2) 解释回归系数的经济意义；

(3) 估计当建筑面积为 4.5 万平方米时，建造单位成本可能为多少？

7. 根据表 8-7 中的数据，完成以下分析。

表 8-7 统计数据

x	80	100	120	140	160	180	200	220	240	260
y	70	65	90	95	110	115	120	140	155	150

（1）以 y 为纵轴，x 为横轴作出散点图。
（2）你认为 y 与 x 是怎样的关系？
（3）确定回归模型。

8. 从某大学统计系学生中随机抽取 16 名学生，对他们的数学和统计学成绩进行调查，结果如表 8-8 所示。

表 8-8 数学和统计学成绩

学生编号	数学成绩	统计学成绩	学生编号	数学成绩	统计学成绩
1	81	72	9	83	78
2	90	90	10	81	94
3	91	96	11	77	68
4	74	68	12	60	66
5	70	82	13	66	58
6	73	78	14	84	87
7	85	81	15	70	82
8	60	71	16	54	46

（1）绘制学生数学成绩与统计学成绩的散点图，判断二者之间的关系。
（2）用数学成绩作自变量，统计学成绩作因变量，求回归方程，并解释回归系数的意义。
（3）检验回归系数的显著性（$\alpha=0.05$）。

9. 某城市 15 年以来的人均鲜蛋消费金额和人均生活费收入的统计数据如表 8-9 所示。

表 8-9 人均鲜蛋消费金额和人均生活费收入的统计数据

序号	人均鲜蛋消费 y	人均生活费收入 x	序号	人均鲜蛋消费 y	人均生活费收入 x
1	14.76	491.76	9	48.67	1231.77
2	15.84	491.76	10	54.33	1374.6
3	18.12	498.84	11	52.16	1522.22
4	23.64	552.72	12	55.49	1698.6
5	29.76	671.16	13	75.1	2080.08
6	37.44	811.80	14	86.91	2579.06
7	37.60	988.43	15	102.81	3724.75
8	41.42	1094.65			

（1）绘制人均鲜蛋消费金额和人均生活费收入的散点图。
（2）计算人均鲜蛋消费金额和人均生活费收入的相关系数。
（3）对相关系数的显著性做检验。

10. 表 8-10 是 1990—2001 年我国财政收入 y 和税收 x 数据(单位：百亿元)。

表 8-10　1990—2001 年我国财政收入和税收数据　　　(单位：百亿元)

t	x	y
1990	2821.87	2937.10
1991	2990.17	3149.48
1992	3296.91	3483.37
1993	4255.30	434.95
1994	5126.88	5218.10
1995	6038.04	6242.20
1996	6909.82	7407.99
1997	8234.04	8651.14
1998	9262.80	9875.95
1999	10 682 58	11 444 08
2000	12 581 51	13 395 23
2001	15 301.38	16 386.04

(1) 绘制散点图，说明 x 与 y 之间的关系形态。

(2) 用 x 作自变量，y 作因变量，求回归方程，并解释回归系数的意义。

(3) 检验回归系数的显著性($a=0.05$)。

第9章

多元线性回归

在许多实际问题中,影响因变量的因素往往有很多。本章将考虑**多元回归**(multiple regression)建模。当因变量与各自变量之间为线性关系时,称为**多元线性回归**(multiple linear regression)。

9.1 基本原理

多元线性回归的基本模型如下:
$$y = \beta_0 + \beta_1 x_1 + \cdots + \beta_p x_p + \varepsilon$$
其中,$x_1, x_2, \cdots, x_p$ 是自变量,也叫解释变量、预测变量;模型参数 $\beta_0, \beta_1, \cdots, \beta_p$ 可通过最小二乘方法或者最大似然估计法得到。

如果得到 $y, x_1, x_2, \cdots, x_p$ 的每一个观测值,那么对于每一个观测值就有
$$y_i = \beta_0 + \beta_1 x_{1i} + \cdots + \beta_p x_{pi} + \varepsilon_i, \quad i = 1, 2, \cdots, n$$
还可以采用矩阵符号表示多元线性回归模型
$$Y = X\beta + e$$
其中,$Y = (y_1, y_2, \cdots, y_n)^T$,$X = \begin{bmatrix} x_{11} & x_{21} & \cdots & x_{p1} \\ x_{12} & x_{22} & \cdots & x_{p2} \\ \vdots & \vdots & \vdots & \vdots \\ x_{1n} & x_{2n} & \cdots & x_{pn} \end{bmatrix}$,$\beta = (\beta_1, \beta_2, \cdots, \beta_p)^T$,$e = (\varepsilon_1, \varepsilon_2, \cdots, \varepsilon_p)^T$ 于是得到最小二乘估计为
$$\hat{\beta} = (X^T X)^{-1} X^T y$$

多元线性回归的结果本质上就是一元线性回归结果的推广。因此,多元线性回归的模型设定、参数估计及结果输出等内容与一元回归的内容没有太大区别。

但是与一元线性回归相比,需要特别注意以下两点。

(1) 自变量数量的增加带来了一个新的问题。即如何在一个潜在的自变量集合中找到

一个能够有效刻画响应变量的自变量子集。

（2）在多元回归中F检验和t检验不再等价,二者的检验结果有时并不一致。对于上面的多元回归模型,F检验的零假设为 $H_0: \beta_1 = \beta_2 = \cdots = \beta_p = 0$,备择假设为 $H_1: \beta_i (i=1, 2, \cdots, p)$ 不同时为 0,即 $\beta_1, \beta_2, \cdots, \beta_p$ 至少有一个不为零。

（3）在多元线性回归中,我们更常用修正的 R^2 来描述方程的拟合优度。因为当变量数目增加时,判定系数 R^2 有增大的缺点。所以人们采用**修正的 R^2**（adjusted R square,记为 R_a^2）：

$$R_a^2 = 1 - \left[\frac{n-1}{n-(p+1)}\right](1-R^2) = 1 - \left[\frac{n-1}{n-(p+1)}\right]\frac{\sum_{i=1}^{n}(y_i-\hat{y})^2}{\sum_{n}(y_i-\overline{y})^2}$$

注意到 $R_a^2 \leqslant R^2$。它和 R^2 有类似的意义,然而与 R^2 不同, R_a^2 考虑了(经调整)样本容量和模型中变量的个数的影响,更重要的是 R_a^2 不会因越来越多的变量加入而"被迫"趋向 1。所以,分析者在判定模型的有效性时倾向于使用 R_a^2。

例 9.1　如果工作一段时间后,你发现你厌倦了这份工作,你该怎么办？有什么办法可以让你预先知道自己是会喜欢还是会厌倦你的工作吗？一个调查研究与分析中心进行了一项名为"工作走势"的调查,他们向接受调查的雇员提了一些问题,以确定他们的工作满意度。这些问题主要涉及雇员与主管之间的关系,工作环境的总体质量,每周工作的小时数,在工作中获得提升的机会。假定从 19 名雇员那里搜集了关于这些问题的调查数据,见表 9-1。其中,工作满意度评分为 0~100(100 表示非常满意),与主管的关系按 1~5 打分(1 表示关系很糟,5 代表关系很好),工作环境总体质量按 0~10 打分(0 表示工作环境很恶劣,10 代表工作环境非常好),工作提升的机会按 1~5 打分(1 表示没有机会,5 表示机会很多)。

表 9-1　员工工作满意度调查相关指标

工作满意度 （satisfaction）	与主管的关系 （relationship）	工作环境总体质量 （working condition）	每周工作小时数 （working hours）	提升的机会 （advance）
55	3	6	55	4
20	1	1	60	3
85	4	8	45	1
65	4	5	65	5
45	3	4	40	3
70	4	6	50	4
35	2	2	75	2
60	4	7	40	3
95	5	8	45	5
65	3	7	60	1
85	3	7	55	3
10	1	1	50	2

续表

工作满意度 (satisfaction)	与主管的关系 (relationship)	工作环境总体质量 (working condition)	每周工作小时数 (working hours)	提升的机会 (advance)
75	4	6	45	4
80	4	8	40	5
50	3	5	60	5
90	5	10	55	3
75	3	8	70	4
45	2	4	40	2
65	3	7	55	1

本例中自变量不止一个，因此可以建立多元回归模型。首先在 R 中输入数据。因为数据较多，我们可以采用读取文本数据的形式输入数据：

```
> job.satisfaction = read.table("D:/data/job.txt", header = T)
```

9.2 多维数据描述

对于例 9.1，首先对数据进行探索。使用 pairs 函数可以绘制数据集中任意两个变量之间的散点图，见图 9-1。

```
> attach(job.satisfaction)    #便于直接引用数据集中的变量,将数据集加入到当前路径
> par(mex = 0.5)    #绘图参数 mex 则用来减少图形边界的行间距
> pairs(job.satisfaction, gap = 0, cex.labels = 0.9)
```

矩阵相关图提供了一种获知多维数据整体情况的有效方法。例如，从图中可以清晰地看到变量 satisfaction 和 relationship，workingcondition 有较强的相关关系，与 workinghours，advance 似乎没有什么关系。这些信息也可以通过变量之间的相关系数得以验证。因此，进一步来看变量之间的相关系数。

```
> cor(job.satisfaction)
                 satisfaction  relationship  workingcondition  workinghours   advance
satisfaction       1.0000        0.8856        0.9329           -0.18063       0.26029
relationship       0.8856        1.0000        0.8444           -0.28861       0.40205
workingcondition   0.9329        0.8444        1.0000           -0.19985       0.15547
workinghours      -0.1806       -0.2886       -0.1999            1.00000      -0.01414
advance            0.2603        0.4020        0.1555           -0.01414       1.00000
```

可以发现，satisfaction 和 relationship，workingcondition 的相关系数分别为 0.886 和 0.933，有较强的相关关系，而与 workinghours，advance 的相关系数分别为 -0.181 和 0.260。此外，我们还注意到 relationship 和 workingcondition 的相关系数达到 0.844，relationship 和 advance 的相关系数也有 0.402。其他变量之间的相关系数都很低。

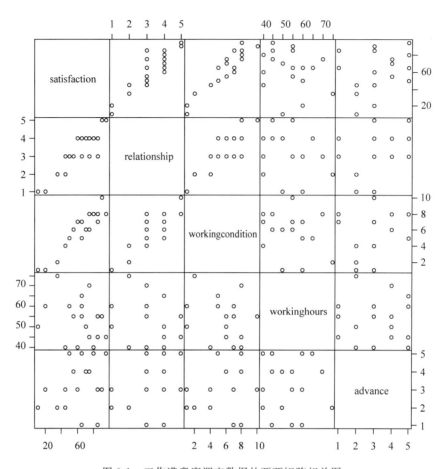

图 9-1 工作满意度调查数据的两两矩阵相关图

9.3 模型设定和估计

由于与因变量 satisfaction 相关的指标不止一个,我们可以考虑建立多元线性回归。与一元线性回归一样,我们使用函数 lm() 进行建模。在 R 中多元回归分析的模型设定是通过在模型公式中的解释变量之间添加＋来完成的。

```
> job.lm = lm(satisfaction~.,data = job.satisfaction)   #~表示 satisfaction 之外的变量都作
                                                        # 为自变量
```

对于多元线性回归模型,我们首先考虑最小二乘估计。

```
> job.lm
Call:
lm(formula = satisfaction ~ ., data = job.satisfaction)
Coefficients:
(Intercept)    relationship   workingcondition    workinghours     advance
   -2.6961         6.9211           6.0814           0.1063         0.3881
```

上面的公式意味着变量 satisfaction 可由一个由变量 relationship, workingcondition, workinghours, advance 组成的模型来描述。

接下来使用 R 中的 maxLik 包里的 maxLik() 函数,求出模型参数的最大似然估计。

```
> library(maxLik)    ###最大似然估计程序包
> loglik = function (para){
+         #para[6] = sigma
+         N = length(satisfaction)
+         e = satisfaction - para[1] - para[2] * relationship - para[3] * workingcondition
  - para[4] * workinghours - para[5] * advance
+         ll = -N * log(sqrt(2 * pi) * para[6]) - (1/(2 * para[6]^2)) * sum(e^2)
+         #ll = -0.5 * N * log(2 * pi) - 0.5 * N * log(para[6]^2) - 0.5 * sum(e^2/para[6]^2)
+         return(ll)
+ }
> mle1 = maxLik(loglik, start = c( -2,1,1,0,0), iterlim = 10000)
> coef(mle1)
[1] -2.6961          6.9211          6.0814          0.1063          0.3881
detach()
```

可以发现,最大似然估计与最小二乘估计一致。因此,模型的参数估计主要使用 lm() 函数输出结果。

9.4　模型检验和评价

我们对 lm() 函数的输出结果使用 summary() 函数可以得到包括模型检验等更多结果,比如输出结果中的 t 检验用于检验假设 $H_0:\beta_i=0 \Leftrightarrow H_1:\beta_i \neq 0 (i=1,2,3,4)$。

```
> summary(job.lm)
Call:
lm(formula = satisfaction ~ ., data = job.satisfaction)
Residuals:
    Min      1Q  Median      3Q     Max
-12.9730 -4.6020  0.1694  3.7230 17.3540

Coefficients:
                  Estimate Std. Error t value Pr(>|t|)
(Intercept)       -2.6961    13.0047   -0.207  0.83875
relationship       6.9211     3.7741    1.834  0.08802 .
workingcondition   6.0814     1.5499    3.924  0.00153 **
workinghours       0.1063     0.1925    0.552  0.58952
advance            0.3881     1.6322    0.238  0.81549
---
Signif. codes:  0 '***' 0.001 '**' 0.01 '*' 0.05 '.' 0.1 ' ' 1
```

```
Residual standard error: 8.034 on 14 degrees of freedom
Multiple R-squared:   0.9064,    Adjusted R-squared:  0.8796
F-statistic: 33.89 on 4 and 14 DF,  p-value: 4.629e-07
```

从输出结果可以看出，relationship 和 workingcondition 的回归系数显著不为 0，但是 workinghours 和 advance 的回归系数没有通过 t 检验。因此，上面的结果表明不是所有变量对应的 t 值都显著。但是，联合 F 检验的结果却是显著的，因为 F 统计量为 33.89，相应的 p 值 $4.629\mathrm{e}{-07}<0.01$。这表明采用多元线性模型是合适的，但是并不是 4 个变量都适合。t 检验说明的仅仅是当从模型中删除某个变量而保留其他变量时模型的变化结果，对于变量在简化模型中是否统计显著，则没有做出说明。后面用 anova(job.lm) 得到的结果就反映出了每个变量单独的作用。

注意到这一模型的常数项也是统计不显著的，t 值为 -0.207，p 值为 0.83875。尽管如此，常数项仍应保留在模型中，除非有非常明确的理由才能剔除它，因为常数项反映了因变量的基准水平。一般来说，不显著的自变量应从模型中剔除，但是常数项却是例外。

此外，输出结果中的未调整 R^2 值 0.9064 和调整后 R_a^2 值 0.8796 有较大差异，这归因于模型中较多的变量个数，这一变量个数与方差的自由度密切相关。前面讲过，前者表示的是与空模型相对的残差平方和的变化，后者对应的是残差方差的类似变化，在 R 中很容易计算 R_a^2：

```
> 1 - 8.034^2/var(satisfaction)
[1] 0.8796377
```

其中，8.034 取自 summary 函数输出结果中的"残差标准误"。

通过 anova() 函数可以得到多元回归分析对应的方差分析（ANOVA）表：

```
> anova(job.lm)
Analysis of Variance Table
Response: satisfaction
                 Df  Sum Sq  Mean Sq  F value    Pr(>F)
relationship      1  7569.6   7569.6  117.2722  3.452e-08 ***
workingcondition  1  1152.6   1152.6   17.8567  0.0008471 ***
workinghours      1    23.1     23.1    0.3578  0.5592961
advance           1     3.6      3.6    0.0565  0.8154908
Residuals        14   903.7     64.5
---
Signif. codes:  0 '***' 0.001 '**' 0.01 '*' 0.05 '.' 0.1 ' ' 1
```

对变量的 F 检验结果与 summary() 函数输出的 t 检验结果几乎完全相同。这里的检验过程是逐步进行的，即（从下至上）将变量逐个从模型中移除，直至只剩下 relationship 变量。

ANOVA 表的输出结果表明在模型中已包含 relationship 变量的情况下，再添加其他变量，模型并未得到多少显著的提高。因此，可以进行联合检验，看看是否可以将 relationship 以外的变量全部剔除。可运行下面的命令直接得到上述结果：

```
> job.lm = lm(Satisfaction~.)
> job.lm1 = lm(satisfaction~relationship + workingcondition)
```

```
> anova(job.lm,job.lm1)
Analysis of Variance Table
Model 1: satisfaction ~ relationship + workingcondition + workinghours + advance
Model 2: satisfaction ~ relationship
  Res.Df    RSS  Df  Sum of Sq      F     Pr(>F)
1     14  903.66
2     17 2083.01  -3    -1179.3  6.0903  0.007152 **
---
Signif. codes:  0 '***' 0.001 '**' 0.01 '*' 0.05 '.' 0.1 ' ' 1
```

注意,上述两个模型应该是嵌套关系。虽然 R 会自动检查响应观测值的数据是否一致以避免更明显的错误,但其不会对模型的嵌套关系进行检验。从方差分析表可以看出,删除除 relationship 外的其余变量都是允许的。

9.5 模型选择和逐步回归

我们注意到,在例 9.1 中有两个自变量(workinghours 和 advance)的回归系数没有通过显著性检验。事实上,一个好的回归模型,并不是自变量越多越好,而是尽可能少而精。如果遗漏了某些重要的自变量或者变量选择不恰当,会使所建立的模型与实际的偏离加大而不能使用。所以,应该从可能对因变量有影响的众多自变量中选择一些重要变量来建立回归模型,使得模型中的自变量作用显著,并且自变量的个数尽可能少。前面介绍的 R_a^2 就是从拟合优度的角度在一系列回归模型中选择 R_a^2 最大的回归模型作为最优模型。

在例 9.1 中,我们基于 4 个自变量建立了一个多元回归方程,在进行整体检验时发现有两个回归系数显著,两个不显著。要得到一个好的模型,可以将 t 的绝对值最小或 p 值最大的那个自变量剔除,并基于其他三个变量重新建立回归方程。然后,对包含三个自变量的新的回归方程进行单个回归系数检验。如果仍然有不显著的回归系数,就再把 t 的绝对值最小的变量剔除。重复以上过程直到每一个自变量都显著。

首先删除 advance 变量,重新建立回归方程。

```
> job.lm1 = lm(satisfaction ~ relationship + workingcondition + workinghours, data = job.satisfaction)  #或者 job.lm1 = lm(satisfaction~. - advance,data = job.satisfaction)
> job.lm
> summary(job.lm1)
Call:
lm(formula = satisfaction ~ relationship + workingcondition +
    workinghours, data = job.satisfaction)
Residuals:
     Min      1Q   Median      3Q      Max
-13.1412 -4.5792   0.8942  3.4345  17.5509


Coefficients:
```

```
                  Estimate Std. Error t value Pr(>|t|)
(Intercept)       -2.5551      12.5760  -0.203 0.841729
relationship       7.3965       3.0987   2.387 0.030597 *
workingcondition   5.9380       1.3821   4.296 0.000636 ***
workinghours       0.1136       0.1839   0.618 0.545914
---
Signif. codes:  0 '***' 0.001 '**' 0.01 '*' 0.05 '.' 0.1 ' ' 1

Residual standard error: 7.777 on 15 degrees of freedom
Multiple R-squared:  0.906,    Adjusted R-squared:  0.8872
F-statistic: 48.19 on 3 and 15 DF,  p-value: 6.17e-08
```

可以发现,该模型输出结果中的未调整 R^2 和调整后 R_a^2、残差标准误、F 值都得到了改善,但是仍然有一个变量 workinghours 没有通过显著性检验。重复以上过程,继续删除变量 workinghours。

```
> job.lm2 = lm(satisfaction~relationship + workingcondition, data = job.satisfaction)
> summary(job.lm2)
Call:
lm(formula = satisfaction ~ relationship + workingcondition,
    data = job.satisfaction)
Residuals:
    Min      1Q  Median      3Q     Max
-14.350  -4.863   1.599   3.648  17.610

Coefficients:
                  Estimate Std. Error t value Pr(>|t|)
(Intercept)        4.436      5.384    0.824 0.422097
relationship       6.959      2.958    2.353 0.031768 *
workingcondition   6.011      1.350    4.452 0.000401 ***
---
Signif. codes:  0 '***' 0.001 '**' 0.01 '*' 0.05 '.' 0.1 ' ' 1

Residual standard error: 7.626 on 16 degrees of freedom
Multiple R-squared:  0.9036,   Adjusted R-squared:  0.8916
F-statistic:     75 on 2 and 16 DF,  p-value: 7.451e-09
```

现在的模型不仅自变量都显著,而且输出结果中的未调整 R^2 和调整后 R^2 残差标准误,F 值都得到了很大的改善。表明删除这两个不显著的自变量后得到了一个更优的模型。

实际上,前面选择最优模型的方法就是逐步回归(stepwise regression)中的向后剔除回归法,这里根据回归系数的 p 值进行指标的选择,从而得到最优回归模型。

逐步回归主要分为向前选择法(forward)、向后剔除法(backward)和向前向后回归法(both)。实际上,逐步回归法并不是一个新的回归方法,所用到的参数估计方法都是之前介绍的,只是从众多变量中选择出最优模型的一套方法。逐步回归一般是按照 AIC(Akaike Information Criterion)选择最优模型,即选择 AIC 值达到最小回归模型作为最优模型。该准则是 1974 年由赤池(Akaike)根据最大似然估计原理提出来的。设模型的似然函数为 $L(\theta, X)$, θ 的维数为 p, AIC 的通常定义为
$$\text{AIC} = -2\ln(\text{似然函数的极大值}) + 2p$$
上式右边第一项是似然函数对数的 -2 倍, 由于似然函数越大得到的估计量就越好, 因此 $-2\ln L$(似然函数)越小越好, 这一项刻画了模型的精度或拟合程度, 但是模型的自变量个数不能太大, 因此, 上式右边第二项是一个惩罚项, 是对模型自变量个数的描述。

在多元线性回归模型中, 假定回归模型的随机误差项服从正态分布, 则 AIC 公式为
$$\text{AIC} = n\ln(\text{SSE}_p) + 2p$$
其中, n 表示样本量; p 为自变量个数; SSE_p 表示有 p 个自变量的回归模型的误差平方和。

例 9.1 继续。采用逐步回归法来选择一个最优的模型。在 R 中有一个可以按照 AIC 进行模型筛选的函数 step()。该函数的参数 direction = "forward" 表示前进法、direction = "backward" 表示后退法和 direction = "both" 表示逐步回归法。这里以逐步回归为例说明如何采用 AIC 选择最优模型。

```
> step(job.lm,direction = "both") ### 向前向后逐步回归
Start:  AIC = 83.38
satisfaction ~ relationship + workingcondition + workinghours + advance

                   Df Sum of Sq     RSS    AIC
- advance           1       3.65  907.31 81.455
- workinghours      1      19.68  923.35 81.788
<none>                           903.66 83.378
- relationship      1     217.07 1120.74 85.469
- workingcondition  1     993.78 1897.44 95.473


Step:  AIC = 81.45
satisfaction ~ relationship + workingcondition + workinghours

                   Df Sum of Sq     RSS    AIC
- workinghours      1      23.09  930.41 79.932
<none>                           907.31 81.455
+ advance           1       3.65  903.66 83.378
- relationship      1     344.62 1251.93 85.572
- workingcondition  1    1116.55 2023.86 94.698


Step:  AIC = 79.93
satisfaction ~ relationship + workingcondition

                   Df Sum of Sq     RSS    AIC
<none>                           930.41 79.932
+ workinghours      1      23.09  907.31 81.455
+ advance           1       7.06  923.35 81.788
- relationship      1     321.87 1252.27 83.577
- workingcondition  1    1152.60 2083.01 93.245


Call:
lm(formula = satisfaction ~ relationship + workingcondition,
    data = job.satisfaction)
```

```
Coefficients:
    (Intercept)     relationship    workingcondition
         4.436            6.959               6.011
```

首先我们看到"Start： AIC=83.38"，最开始的模型是"satisfaction ~ relationship + workingcondition + workinghours + advance"表示最开始的包含 4 个变量的模型 AIC 值为 83.378。在接下来的表里看到"— advance"，变量名前面的减号表示剔除 advance 变量，在同一行之后的 AIC 这一列可以看到剔除 advance 变量后模型的 AIC 值为 81.455。类似地，剔除 workinghours 变量后的模型的 AIC 值为 81.788，剔除 relationship 变量后的模型的 AIC 值为 85.469，剔除 workingcondition 变量后的模型的 AIC 值为 95.473。因此，这表明该模型剔除 advance 变量可以得到更优的模型。

现在，从模型 AIC=81.455 出发继续对模型进行筛选，可以发现，剔除 workinghours 变量使得模型的 AIC 值继续下降达到 79.932，但是剔除 relationship 变量或者 workingcondition 变量，都不能使得模型的 AIC 值下降。因此，这表明继续剔除 workinghours 变量就可以得到更优的模型。

然后在模型 AIC=79.932 出发继续对模型进行筛选，可以发现剔除 relationship 变量或者 workingcondition 变量都不能使得模型的 AIC 值下降。因此，最优模型就只包括 relationship 和 workingcondition 变量，其相应的系数分别为：截距为 4.436，relationship 的系数为 6.959，workingcondition 的系数为 6.011。该模型与前面按照 p 值大小依次剔除 advance 和 workinghours 得到的 job.lm2 模型是一样的。

我们可以用下面的程序得到向前选择法和向后剔除法选择的最优模型（此处输出结果略，感兴趣的读者可以自己运行）：

```
> step(job.lm,direction = "forward") ###向前法回归
> step(job.lm,direction = "backward") ###向后法回归
```

可以发现向前选择法得到的最优模型就是把所有自变量都引入到模型中，即没有剔除掉任何变量。而向后剔除法剔除了 advance 和 workinghours 变量，保留 relationship 和 workingcondition 变量得到了更优的模型，该模型和向前向后逐步回归结果完全一致。

因此，对于例 9.1 来说，最优模型就是

$$\text{satisfaction} = 4.436 + 6.959 \times \text{relationship} + 6.011 \times \text{workingcondition}$$

或者

$$\text{工作满意度} = 4.436 + 6.959 \times \text{与主管的关系} + 6.011 \times \text{工作环境}$$

9.6 多重共线性

9.6.1 多重共线性的定义及检验

当一个回归模型包含两个或更多自变量时，它们通常会提供多余的信息，也就是自变量之间彼此相关。当自变量相关时，我们就说存在多重共线性（multicollinearity）。实际中，

自变量间相关并不罕见。然而,当回归模型中的变量存在严重共线性时,会产生一些问题。首先,自变量之间的高相关性会增大 β 估计和标准误差等的计算中的舍入误差。其次,更重要的是,回归结果可能令人困惑或对人产生误导。

多重共线性检验有如下几种常用方法。

(1) 判定系数法。判定系数 R^2 较大,但是很多回归系数不显著,此时需要怀疑自变量之间存在多重共线性。

(2) Klein 判别法。若有两个自变量的相关系数的绝对值大于判定系数,此时需要怀疑自变量之间存在多重共线性。

(3) 特征根法。根据矩阵的性质,矩阵行列式等于其特征根的连乘积。因而当行列式 $|X^TX| \to 0$,矩阵 X^TX 至少有一个特征根近似等于0,说明自变量之间存在多重共线性。

(4) 条件指数法(conditional index,CI)。条件指数为

$$\mathrm{CI} = \sqrt{\frac{\lambda_{\max}}{\lambda_{\min}}}, \quad j = 1, 2, \cdots, p$$

其中,$\lambda_{\max}$ 和 $\lambda_{\min}$ 分别是矩阵 X^TX 的最大和最小特征根。一般地,若 $0<\mathrm{CI}<10$ 就认为没有多重共线性;若 $10<\mathrm{CI}<100$,认为多重共线性程度较小;若 $100<\mathrm{CI}<1000$,认为多重共线性程度中等;若 $\mathrm{CI}>1000$,认为多重共线性程度严重。

(5) 方差膨胀因子(variance inflation factor,VIF)。自变量 x_j 的方差膨胀因子

$$\mathrm{VIF}_j = C_{jj} = \frac{1}{1-R_j^2}, \quad j = 1, 2, \cdots, p$$

其中,C_{jj} 为 $(X^TX)^{-1}$ 中第 j 个对角元素;R_j^2 为以 x_j 为因变量,其余 $p-1$ 个变量为自变量的回归模型的判定系数。

例 9.2 青原博士考虑一个存在多重共线性的回归问题。表 9-2 数据里除第一组之外,$x_1, x_2, x_3, x_4, x_5, x_6$ 之间存在线性关系:$x_1 + x_2 + x_3 + x_4 = 10$。那么,如何检验多重共线性?如何克服共线性得到最优模型?

表 9-2 员工收入的影响因素

序号	y	x_1	x_2	x_3	x_4	x_5	x_6
1	10.006	8	1	1	1	0.451	−0.099
2	9.737	8	1	1	0	0.130	0.070
3	15.087	8	1	1	0	2.116	0.115
4	8.422	0	0	9	1	−2.397	0.252
5	8.625	0	0	9	1	−0.046	0.017
6	16.289	0	0	9	1	0.365	1.504
7	5.958	2	7	0	1	1.996	−0.865
8	9.313	2	7	0	1	0.228	−0.055
9	12.960	2	7	0	1	1.380	0.502
10	5.541	0	0	0	10	−0.798	−0.399
11	8.756	0	0	0	10	0.257	0.101
12	10.937	0	0	0	10	0.440	0.432

首先在 R 中输入数据：

```
> collinear = data.frame(
+ y = c(10.006,9.737,15.087,8.422,8.625,16.289,5.958,9.313,12.960,5.541,8.756,10.937),
+ x1 = rep(c(8,0,2,0),c(3,3,3,3)),
+ x2 = rep(c(1,0,7,0),c(3,3,3,3)),
+ x3 = rep(c(1,9,0),c(3,3,6)),
+ x4 = rep(c(1,0,1,10),c(1,2,6,3)),
+ x5 = c(0.451,0.130,2.116,-2.397,-0.046,0.365,1.996,0.228,1.38,-0.798,0.257,0.440),
+ x6 = c(-0.099,0.070,0.115,0.252,0.017,1.504,-0.865,-0.055,0.502,-0.399,0.101,0.432)
+ )
```

首先对该数据做多元线性回归模型。

```
> collinear.lm <- lm(y~x1 + x2 + x3 + x4 + x5 + x6, data = collinear)
> summary(collinear.lm)
Call:
lm(formula = y ~ x1 + x2 + x3 + x4 + x5 + x6, data = collinear)
Residuals:
        1           2           3           4           5           6           7
-3.53e-15   -1.55e+00    1.55e+00    7.65e-01   -2.52e-01   -5.13e-01   -6.03e-01
        8           9          10          11          12
 4.73e-01    1.30e-01    1.51e-01   -2.37e-01    8.61e-02
Coefficients:
            Estimate Std. Error t value Pr(>|t|)
(Intercept)   15.739     14.098    1.12  0.31502
x1            -0.439      1.346   -0.33  0.75741
x2            -0.746      1.424   -0.52  0.62267
x3            -0.683      1.416   -0.48  0.64974
x4            -0.752      1.408   -0.53  0.61631
x5             1.023      0.391    2.62  0.04725 *
x6             5.047      0.728    6.94  0.00096 ***
---
Signif. codes:  0 '***' 0.001 '**' 0.01 '*' 0.05 '.' 0.1 ' ' 1

Residual standard error: 1.13 on 5 degrees of freedom
Multiple R-squared:  0.946,    Adjusted R-squared:  0.881
F-statistic: 14.5 on 6 and 5 DF,  p-value: 0.00499
```

对例 9.2 中的回归结果可以发现判定系数 R^2 为 0.946，调整的判定系数 R_a^2 为 0.881，F 值 14.5 也很大，但是有 4 个自变量的回归系数不显著。利用 Klein 判别法，也可以从相关系数矩阵发现有一些自变量之间的相关系数很高，比如 x_3 和其他自变量的相关系数都比较高，虽然小于 R^2，但是也足以怀疑自变量之间可能存在多重共线性。

```
> cor(collinear[,-1])
         x1        x2        x3        x4       x5        x6
x1  1.00000   0.05231   -0.3434  -0.49761   0.4068  -0.19210
```

x2	0.05231	1.00000	−0.4316	−0.37070	0.4872	−0.31674
x3	−0.34338	−0.43160	1.0000	−0.35512	−0.5030	0.49438
x4	−0.49761	−0.37070	−0.3551	1.00000	−0.2114	−0.08691
x5	0.40675	0.48718	−0.5030	−0.21136	1.0000	−0.12029
x6	−0.19210	−0.31674	0.4944	−0.08691	−0.1203	1.00000

我们进一步计算该模型的最小特征根、条件数和方差膨胀因子。在 R 中函数 eigen() 可以求出 $X^\mathrm{T}X$ 的最小特征根和特征向量；函数 kappa() 可以求出 $X^\mathrm{T}X$ 的条件数；在 R 的 faraway 包里的函数 vif() 可以求出方差膨胀因子。因此，我们依次得到该模型的最小特征根为 0.001 098，非常接近 0；条件指数的值为 2207>1000，认为多重共线性程度严重；x_1、x_2、x_3、x_4 的方差膨胀因子都比较大，分别为 183.168、162.213、268.619、299.948。因此，最小特征根、条件指数和方差膨胀因子都表明，该模型存在严重的多重共线性问题。

```
> xx = cor(collinear[2:7])
> kappa(xx, exact = T) #条件数
[1] 2207
> eigen(xx) #找出最小特征根
$ values
[1] 2.423337   1.545404   0.922918   0.797333   0.309910   0.001098

$ vectors
          [,1]      [,2]      [,3]      [,4]      [,5]      [,6]
[1,]  −0.3882   0.34061   0.68646  −0.05170   0.24336   0.447442
[2,]  −0.4579   0.05681  −0.69232  −0.08836   0.35068   0.420720
[3,]   0.4839   0.45175  −0.15804  −0.19463  −0.45274   0.542126
[4,]   0.1864  −0.73690   0.12273   0.27965  −0.01251   0.573440
[5,]  −0.4962   0.09590  −0.06030   0.56612  −0.64841   0.007161
[6,]   0.3529   0.35279  −0.07615   0.74360   0.43844   0.001895
> install.packages("faraway")
> library(faraway) #VIF 检验
> vif(collinear.lm)
      x1        x2        x3        x4        x5        x6
 183.168   162.213   268.619   299.948    1.917     1.455
```

9.6.2 逐步回归

逐步回归(stepwise regression)就是克服多重共线性的一个常用方法。因此，我们使用函数 step() 对前面得到的线性回归模型做进一步的分析。

```
> step(collinear.lm, direction = "both")
Start:    AIC = 6.42
y ~ x1 + x2 + x3 + x4 + x5 + x6
        Df  Sum of Sq   RSS   AIC
− x1     1       0.1    6.5   4.7
− x3     1       0.3    6.7   5.0
```

```
  - x2         1       0.4   6.7   5.1
  - x4         1       0.4   6.7   5.1
  < none >                   6.4   6.4
  - x5         1       8.7  15.1  14.8
  - x6         1      61.4  67.8  32.8

Step:    AIC = 4.67
y ~ x2 + x3 + x4 + x5 + x6
           Df  Sum of Sq    RSS    AIC
  < none >                  6.5   4.67
  + x1         1       0.1   6.4   6.42
  - x3         1       2.6   9.2   6.75
  - x2         1       4.1  10.6   8.48
  - x4         1       7.6  14.1  11.97
  - x5         1       9.2  15.7  13.22
  - x6         1      62.0  68.5  30.90

Call:
lm(formula = y ~ x2 + x3 + x4 + x5 + x6, data = collinear)

Coefficients:
(Intercept)        x2          x3          x4        x5        x6
     11.150      -0.285      -0.224      -0.294     1.040     5.062
```

可以发现逐步回归剔除了 x_1 变量,保留 x_2,x_3,x_4,x_5,x_6 变量得到了最优的模型:
$$y = 11.150 - 0.285x_2 - 0.224x_3 - 0.294x_4 + 1.040x_5 + 5.062x_6$$

9.6.3 岭回归

岭回归(ridge regression)也是克服多重共线性的有效方法。岭回归分析实际上是一种改良的最小二乘法,是一种专门用于多重共线性数据分析的有偏估计回归方法。岭回归分析的基本思想是当 p 个自变量间存在共线性时,解释变量的相关矩阵行列式近似为零, $X^{\mathrm{T}}X$ 是奇异的,也就是说它的行列式的值也接近于零,此时 OLS 估计将失效。岭回归就是用 $X^{\mathrm{T}}X+\lambda I_p$ 代替正规方程中的 $X^{\mathrm{T}}X$,人为地把最小特征根提高,希望这样有助于降低均方误差。

多元线性回归模型中 $\beta=(\beta_1,\beta_2,\cdots,\beta_p)^{\mathrm{T}}$ 的最小二乘估计为 $\hat{\beta}=(X^{\mathrm{T}}X)^{-1}X^{\mathrm{T}}Y$,则 β 岭估计为

$$\hat{\beta}(\lambda) = (X^{\mathrm{T}}X + \lambda I_p)^{-1} X^{\mathrm{T}}Y, \quad 0 < \lambda < +\infty$$

从式子直观看出,当 $\lambda=0$ 时,它就是最小二乘估计;当 $\lambda\to+\infty,\hat{\beta}(\lambda)\to0$。那么, λ 究竟取多大值为好?

例 9.2 继续。R 里 MASS 包的函数 lm.ridge()可以用来得到岭估计,其用法和函数 lm()类似。

```
> library(MASS)
> lm.ridge = lm.ridge(y~.,data = collinear)
> lm.ridge
                 x1        x2        x3        x4        x5        x6
   15.7390   -0.4392   -0.7464   -0.6832   -0.7519    1.0232    5.0470
```

当在岭回归分析中不指定 λ 值的时候，函数 lm.ridge()默认 $\lambda=0$，其结果与普通最小二乘估计结果一致。下面用 lambda＝seq(0,1,0.001)生成 λ 值的一个从 0 到 1，间隔 0.001 的序列，从而将 λ 值对应的参数估计值画在图上，形成一个岭迹图，见图 9-2。

```
> plot(lm.ridge(y~.,data = collinear,lambda = seq(0,1,0.001)))
```

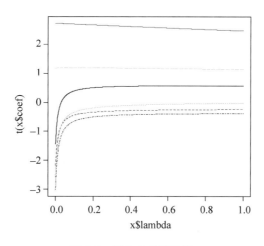

图 9-2　例 9.2 的岭迹图

从岭迹图上来看，当 λ 在 0.5 以后参数的估计大致趋于稳定。R 的 select()函数还可以帮助我们选取岭参数 λ。该函数提供了 HKB，L-W 和 GCV（广义交叉验证）三种方法。我们可以发现 HKB，L-W 和 GCV（广义交叉验证）建议的最优 λ 值分别为 0.1626，0.5509 和 0.6。这里选择 GCV 确定的 0.6，代入到函数 lm.ridge()中可以得到相应的岭估计结果。

```
> select(lm.ridge(y~.,data = collinear,lambda = seq(0,1,0.001)))
modified HKB estimator is 0.1626
modified L - W estimator is 0.5509
smallest value of GCV   at 0.6
> lm.ridge(y~.,data = collinear,lambda = 0.6)
              x1        x2         x3         x4         x5        x6
9.24969   0.17429   -0.08769   -0.01529   -0.10026    1.01428   4.76067
```

可以发现岭回归保留了 6 个自变量。此时的回归方程为
$$y=9.250+0.174x_1-0.088x_2-0.015x_3-0.100x_4+1.014x_5+4.761x_6$$

因此，一旦检验到多重共线性的存在，有几种可选的方法来解决这个问题。采取哪种方法合适取决于多重共线性的严重性和回归分析的最终目的。当面对高度相关的自变量时，一些研究者宁愿在最终的回归模型中只包含一个相关变量。如果仅对使用模型进行估计与预测感兴趣，可以决定不删除模型中的任何一个自变量。我们发现当存在多重共线性时对

参数 β 的解释存在危险。然而,y 的均值的置信区间和 y 的预测区间通常不受影响,只要用来预测 y 的 x 值服从样本数据中多重共线性的模式,即必须严格确保自变量的值落在样本数据之内。

练习题

1. 一家电气销售公司的管理人员认为,每月的销售额是广告费用的函数,并想通过广告费用对月销售额做出估计。表 9-3 是近 8 个月的销售额与广告费用数据。

表 9-3 近 8 个月销售额与广告费用

月销售额 y	电视广告费用 x_1	报纸广告费用 x_2
96	5.0	1.5
90	2.0	2.0
95	4.0	1.5
92	2.5	2.5
95	3.0	3.3
94	3.5	2.3
94	2.5	4.2
94	3.0	2.5

(1) 用电视广告费用作自变量,月销售额作因变量,建立估计的回归方程。

(2) 用电视广告费用和报纸广告费用作自变量,月销售额作因变量,建立估计的回归方程。

(3) 上述(1)和(2)所建立的估计方程,电视广告费用的系数是否相同?对其回归系数分别进行解释。

(4) 根据问题(2)所建立的估计方程,在销售收入的总变差中,被估计的回归方程所解释的比例是多少?

(5) 根据问题(2)所建立的估计方程,检验回归方程的线性关系是否显著($\alpha=0.05$)。

2. 一家房地产评估公司想对某城市的房地产销售价格(y)与地产的评估价值(x_1)、房产的评估价值(x_2)和使用面积(x_3)建立一个模型,以便对销售价格做出合理预测。为此,收集了 20 栋住宅的房地产评估数据,见表 9-4。

表 9-4 房地产评估数据

房地产编号	销售价格 y	地产估价 x_1	房产估价 x_2	使用面积 x_3
1	6890	596	4497	18 730
2	4850	900	2780	9280
3	5550	950	3144	11 260

续表

房地产编号	销售价格 y	地产估价 x_1	房产估价 x_2	使用面积 x_3
4	6200	1000	3959	12 650
5	11 650	1800	7283	22 140
6	4500	850	2732	9120
7	3800	800	2986	8990
8	8300	2300	4775	18 030
9	5900	810	3912	12 040
10	4750	900	2935	17 250
11	4050	730	4012	10 800
12	4000	800	3168	15 290
13	9700	2000	5851	24 550
14	4550	800	2345	11 510
15	4090	800	2089	11 730
16	8000	1050	5625	19 600
17	5600	400	2086	13 440
18	3700	450	2261	9880
19	5000	340	3595	10 760
20	2240	150	578	9620

(1) 写出估计的多元回归方程。
(2) 在销售价格的总变差中,被估计的回归方程所解释的比例是多少?
(3) 检验回归方程的线性关系是否显著($\alpha=0.05$)。
(4) 检验各回归系数是否显著($\alpha=0.05$)。
(5) 进行回归并对模型进行检验,所得的结论与(3)是否相同?
(6) 计算 x_1 与 x_2 之间的相关系数,所得结果意味着什么?
(7) 检验模型是否存在多重共线性。

3. 表 9-5 是随机抽取的 15 家大型商场销售的同类产品的有关数据(单位:元)。

表 9-5 产品销售数据　　　　　　　　　　　　　　　(单位:元)

企业编号	销售价格 y	购进价格 x_1	销售费用 x_2
1	1238	966	223
2	1266	894	257
3	1200	440	387
4	1193	664	310
5	1106	791	339
6	1303	852	283
7	1313	804	302
8	1144	905	214

续表

企业编号	销售价格 y	购进价格 x_1	销售费用 x_2
9	1286	771	304
10	1084	511	326
11	1120	505	339
12	1156	851	235
13	1083	659	276
14	1263	490	390
15	1246	696	316

(1) 计算 y 与 x_1、y 与 x_2 之间的相关系数，是否有证据表明销售价格与购进价格、销售价格与销售费用之间存在线性关系？

(2) 根据上述结果，你认为用购进价格和销售费用来预测销售价格是否有用？

(3) 进行回归并检验模型的线性关系是否显著（α=0.05）。

(4) 解释判定系数 R^2，所得结论与问题(2)中是否一致？

(5) 计算 x_1 与 x_2 之间的相关系数，所得结果意味着什么？

(6) 模型中是否存在多重共线性？你对模型有何建议？

4. 表 9-6 是从《中国统计年鉴 2014 年》收集的 1998—2012 年我国财政收入及其可能的影响因素的相关数据，建立多元回归模型，并对其做相关的统计检验。

表 9-6 1998—2012 年我国财政收入及其可能的影响因素

年份	工业总产值（industry）	农业总产值（agriculture）	建筑业总产值（construction）	社会商品零售总值（consumption）	人口总数（pop）	受灾面积（disaster）	财政收入（revenue）
1998	34 018.4	14 241.9	10 062	39 229.3	124 761	50 145	9876
1999	35 861.5	14 106.2	11 152.9	41 920.4	125 786	49 980	11 444.1
2000	40 033.6	13 873.6	12 497.6	45 854.6	12 6743	54 688	13 395.2
2001	43 580.6	14 462.8	15 361.6	49 435.9	127 627	52 215	16 386
2002	47 431.3	14 931.5	18 527.2	53 056.6	128 453	46 946	18 903.6
2003	54 945.5	14 870.1	23 083.9	57 649.8	129 227	54 506	21 715.3
2004	65 210	18 138.4	29 021.5	65 218.5	129 988	37 106	26 396.5
2005	77 230.8	19 613.4	34 552.1	72 958.7	130 756	38 818	31 649.3
2006	91 310.9	21 522.3	41 557.2	82 575.5	131 448	41 091	38 760.2
2007	110 534.9	24 658.2	51 043.7	96 332.5	132 129	48 992	51 321.8
2008	130 260.2	28 044.1	62 036.8	111 670.4	132 802	39 990	61 330.4
2009	135 240	30 777.5	76 807.7	123 584.6	133 450	47 214	68 518.3
2010	160 722.2	36 941.1	96 031.1	140 758.7	134 091	37 426	83 101.5
2011	188 470.2	41 988.6	116 463.3	168 956.6	134 735	32 471	103 874.4
2012	199 671	46 940.5	137 217.9	190 423.8	135 404	24 960	117 253.5

5. 表 9-7 给出了一些人每天的消费支出 y 与每天收入 x 的数据（单位：元）。

表 9-7 消费支出与收入数据

收入 x	消费支出 y
80	55,60,65,70,75
100	65,70,74,80,85,88
120	79,84,90,94,98
140	80,93,95,103,108,113,115
160	102,107,110,116,118,000
180	110,115,120,130,135,000
200	120,136,140,144,145
220	135,137,140,152,157,160,162
240	137,145,155,165,175,189
260	150,152,175,178,180,185,191

(1) 对每一收入水平,计算平均的消费支出。
(2) 以收入为横轴,消费支出为纵轴作散点图。
(3) 你认为 x 与 y 之间的关系怎样? x 与 y 的均值之间的关系如何?
(4) 写出回归模型。
(5) 回归模型是线性的吗? 如果不是线性的,该如何处理?

6. 表 9-8 中是 1992 年亚洲各国人均寿命(y)、按购买力平价计算的人均 GDP(x_1)、成人识字率(x_2)、一岁儿童疫苗接种率(x_3)的数据。

表 9-8 统计数据

国　　家	平均寿命 y/年	人均 GDP x_1/100 美元	成人识字率 x_2/%	一岁儿童疫苗接种率 x_3/%
日本	79	194	99	99
韩国	70	83	97	83
新加坡	74	147	92	90
泰国	69	53	94	86
马来西亚	70	74	80	90
斯里兰卡	71	27	89	88
中国	70	29	80	94
菲律宾	65	24	90	92
朝鲜	71	18	95	96
蒙古	63	23	95	85
印度尼西亚	62	27	84	92
越南	63	13	89	90
缅甸	57	7	81	74
巴基斯坦	58	20	36	81

续表

国　　家	平均寿命 y/年	人均 GDP x_1/100 美元	成人识字率 x_2/%	一岁儿童疫苗接种率 x_3/%
老挝	50	18	55	36
印度	60	12	50	90
孟加拉国	52	12	37	69
柬埔寨	50	13	38	37
尼泊尔	53	11	27	73
不丹	48	6	41	85
阿富汗	43	7	32	35

资料来源：联合国发展规划署《人的发展报告》。

(1) 绘制散点图，说明各个指标之间的关系形态。
(2) 分析各国人均寿命与人均 GDP、成人识字率、一岁儿童疫苗接种率的关系。
(3) 检验回归系数的显著性（$\alpha=0.05$）。
(4) 检验模型是否存在多重共线性。

7. 假定某大型汽车零件发行商的销售经理想估计地区年销售额。有若干因素与销售额有关，我们从中选择了 5 个最重要的自变量，而后收集了最近一年的数据，还记录了那一年每个地区的总销售额。数据如表 9-9 所示。

表 9-9　各地区销售数据

销售额 y/百万元	零售出口数量 x_1	注册汽车数量 x_2/百万	地区个人收入总和 x_3/千万元	汽车平均使用时间 x_4/年	管理人员数量 x_5
37.702	1739	9.27	85.4	3.5	9
24.196	1221	5.86	60.7	5.0	5
320.055	1846	8.81	68.1	4.4	7
3.611	120	3.81	20.2	4.0	5
17.625	1096	10.31	33.8	3.5	7
45.919	2290	11.62	95.1	4.1	13
29.600	1687	8.96	69.3	4.1	15
8.114	241	6.28	16.3	5.9	11
20.116	649	7.77	34.9	5.5	16
12.994	1427	10.92	15.1	4.1	10

(1) 写出估计的多元回归方程。
(2) 在销售额的总变差中，被估计的回归方程所解释的比例是多少？
(3) 检验回归方程的线性关系是否显著（$\alpha=0.05$）。
(4) 检验各回归系数是否显著（$\alpha=0.05$）。

8. 根据表 9-10 的数据回答下面的问题。

表 9-10 统计数据

y	x_1	x_2
123.7	22.3	96.6
126.6	25.7	89.4
120	38.7	44
119.3	31	66.4
110.6	33.9	49.1
130.3	28.3	85.2
131.3	30.2	80.4
114.4	21.4	90.5
128.6	30.4	77.1
108.4	32.6	51.1
112	33.9	50.5
115.6	23.5	85.1
108.3	27.6	65.9
126.3	39	49
124.6	31.6	69.6

(1) 计算 y 与 x_1 之间的相关系数,有无证据表明二者之间存在线性关系?
(2) 计算 y 与 x_2 之间的相关系数,有无证据表明二者之间存在线性关系?
(3) 根据上面的结论,你认为 $E(y)=\beta_0+\beta_1 x_1+\beta_2 x_2$ 对预测 y 是否有用?
(4) 进行回归并对模型进行检验,所得的结论与(3)是否相同?
(5) 计算 x_1 与 x_2 之间的相关系数,所得结果意味着什么?

9. 一位研究员对用变量"宽恕"和"社会支持"来预测幸福指数感兴趣,他对 25 个同意参与这项研究的人采取了表 9-11 所描述的三种度量。

表 9-11 幸福指数度量

尺 度	度 量 什 么	尺 度 范 围
幸福	一个人近期在生活中的幸福程度	7~35,分值越大表示越幸福
宽恕	一个人可以宽恕他人的程度	10~50,分值越大表示越大的宽恕意愿
社会支持	一个人觉得可以得到他人支持的程度	5~30,分值越大表示越强的支持网络

得到的数据见表 9-12,回答下列问题。

表 9-12 结果数据

幸福	宽恕	社会支持
20	28	17
33	45	19

续表

幸福	宽恕	社会支持
28	17	18
15	14	17
20	32	11
13	14	11
30	32	17
27	18	22
14	21	15
23	29	13
17	15	22
19	33	14
14	17	17
27	29	21
24	26	19
31	48	22
17	32	18
21	25	11
15	16	26
17	18	12
19	40	18
15	16	16
34	42	11
23	45	14
29	35	19

（1）计算幸福与宽恕、幸福与社会支持之间的相关系数，是否有证据表明幸福与宽恕、幸福与社会支持之间分别存在线性关系？

（2）根据上述结果，你认为用宽恕与社会支持来预测幸福是否有用？

（3）进行回归并检验模型的线性关系是否显著（$\alpha=0.05$）。

（4）计算判定系数 R^2，所得结论与问题（2）中是否一致？

（5）模型中是否存在多重共线性？你对模型有何建议？

第10章

简单时间序列分析

在本书前面的章节中，主要使用了独立的数据。然而，我们也经常遇到在一段时间（逐日、逐周、逐月、逐季或者逐年）内记录的一组数据，这类数据称为**时间序列**（time series）。有时候，时间序列也称随机过程（stochastic process），是指随机变量的一个序列。现在我们每天非常关注的 PM2.5 就可以视为一个时间序列。这样的例子有很多，比如病人每分钟的心率、股票价格每天的变化、每个月测量的空气温度等。时间序列主要包含相关的历史数据，即不同期的观测值存在一定的相关性。因此，通过对历史数据——时间序列——的分析，我们可对未来进行预测。

10.1 基本概念

10.1.1 自相关

时间序列的观测值一般都不是独立的，所以观测值之间最重要的关系就是相关性。我们可以使用**自相关函数**（auto correlation function，ACF）来看看它们的相关性。严格来说，如果数据是来自一个样本，我们可以考虑样本的自相关函数，如果数据不是实际数据而是来自一个模型，则可以考虑理论上的自相关函数。自相关函数的定义为

$$\rho_k = \frac{E(X_t - \mu)(X_{t-k} - \mu)}{\text{Var}(X_t)}$$

式中：μ 是时间序列的均值。因此，自相关是度量了第 t 个观测值 X_t 和滞后 k 期的观测值 X_{t-k} 之间的相关系数。

例 10.1 空气质量指数（Air Quality Index，AQI）是定量描述空气质量状况的无量纲指数。表 10-1 是青原博士收集的 2014 年 11 月 1 日到 11 月 28 日北京的 AQI。这些数据能帮助我们获得什么信息呢？AQI 是如何变化的？有变化模式吗？

表 10-1　2014 年 11 月 1 日到 11 月 28 日北京的 AQI

序号	1	2	3	4	5	6	7	8	9	10	11	12	13	14
AQI	65	34	59	150	79	32	63	93	80	95	59	40	65	77
序号	15	16	17	18	19	20	21	22	23	24	25	26	27	28
AQI	143	98	64	93	282	351	74	155	94	196	293	83	114	276

资料来源：http://datacenter.mep.gov.cn/report/air_daily/airCityMain.jsp?lang=

我们画出 AQI 的时间序列图，看看序列随时间变化的特点，结果如图 10-1 所示。从图 10-1 中可以看到随着时间的推移，AQI 呈现了一定的趋势性和周期性。

```
> x = read.table("AQI.txt", header = T)
> AQI = x $ AQI
> plot(AQI, type = "o", ylab = "", main = "AQI")
```

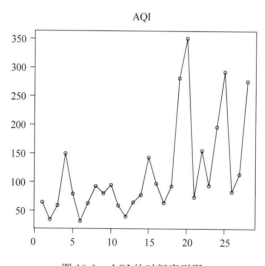

图 10-1　AQI 的时间序列图

为了看看数据之间是否存在自相关性，我们给出了观测值与滞后期观测值之间的多重散点图，结果如图 10-2 所示。该图显示了时间序列的不同期的观测值存在一定的相关性。

```
> n = length(AQI)
> k = 5
> m = matrix(nr = n + k - 1, nc = k)
> colnames(m) = c("AQI[i]", "AQI[i-1]", "AQI[i-2]", "AQI[i-3]", "AQI[i-4]")
> for (i in 1:k) {
+     m[,i] = c(rep(NA, i-1), AQI, rep(NA, k-i))
+ }
> pairs(m, gap = 0, lower.panel = panel.smooth, upper.panel = function(x, y)
+         {panel.smooth(x, y)
+          par(usr = c(0,1,0,1))
+          a = cor(x, y, use = 'pairwise.complete.obs')
+          text(.1, .9, adj = c(0,1), round(a, digits = 2), col = 'blue', cex = 2 * a)
+         })
> title("AQI: 自相关", line = 3)
```

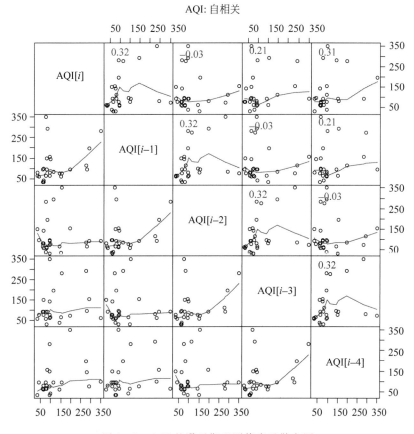

图 10-2　AQI 的滞后期观测值多重散点图

我们使用下面的命令计算 AQI 的自相关函数,结果如图 10-3 所示。

```
> op = par(mfrow = c(1,2))
> ts.plot(AQI)
> acf(AQI)
> par(op)
```

从图 10-3 中可以看出,在没有滞后时,自相关函数为 1;当滞后期为 5 时,自相关函数超过了 0.4;在其他滞后期,自相关函数取值几乎都为 $-0.4 \sim 0.4$。

10.1.2　白噪声

白噪声(white noise)是独立同分布(independent, identically distributed,IID)的随机变量,其期望值为常数,方差也为常数。白噪声可以表示为

$$w_t \sim iid(\mu,\sigma^2)$$

如果白噪声 $\{w_t\}$ 的分布是均值为 0 的正态分布,则 $\{w_t\}$ 也称为**高斯白噪声**(Gaussian white noise)。白噪声序列的自相关函数为

$$\rho_k = \begin{cases} 1, & k = 0 \\ 0, & k = \pm 1, \pm 2, \cdots \end{cases}$$

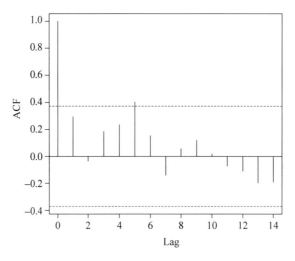

图 10-3　AQI 的自相关函数图

例 10.2　产生白噪声序列,计算白噪声的自相关函数,结果如图 10-4 所示。

```
> op = par(mfrow = c(1,2))
> x = rnorm(200)
> ts.plot(x, ylab = "白噪声");
> acf(x, main = " ")
> par(op)
```

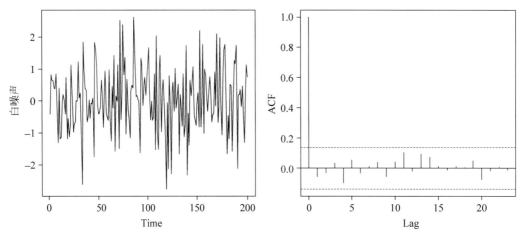

图 10-4　白噪声的时间序列图和自相关函数图

从自相关函数图中可以看出,在没有滞后期时,自相关函数为 1;在其他滞后期,自相关函数取值都在上下两条虚线之内。这个特点有助于我们判断一个序列是否为白噪声。

除了通过观察时间序列的自相关函数来直观判断序列是否为白噪声,还可以执行 Box-Pierce 检验或者 Ljung-Box 检验来判断。该检验的零假设为 H_0:序列为白噪声。检验的基本思想是自相关系数的(加权)平方和(近似)服从一个 χ^2 分布。Ljung-Box 检验是 Box-Pierce 检验的变形,在小样本情况下有一个更近似的 χ^2 统计量。此时就可以根据输出

的 p 值判断序列是否为白噪声。

例 10.3 R 中 datasets 包内置数据集 co2 是白噪声吗？该数据集是从 1959—1997 年按月收集的含有 468 个大气中的二氧化碳浓度的观测值的时间序列。

首先对数据进行差分，然后再按周期 12 差分得到序列，并给出自相关函数图，结果如图 10-5 所示。

```
> x = diff(co2); y = diff(x,lag = 12)
> op = par(mfrow = c(1,2), mar = c(5,4,2,2) + .1)
> plot(ts(y)); acf(y, main = "")
> par(op)
```

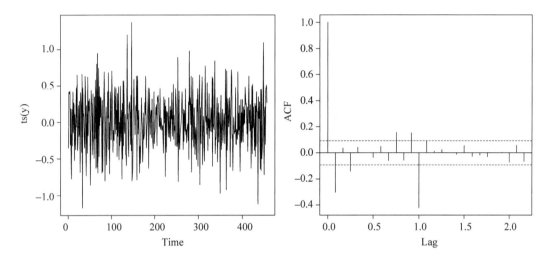

图 10-5 468 个二氧化碳浓度数据差分后再按周期 12 差分得到的数据的自相关函数图

从自相关函数图 10-5 中可以发现，除了 0 滞后期的自相关函数为 1 外，还有几个滞后期的自相关函数超过了上下两条虚线，这显示在这几个滞后期自相关函数显著不为 0。

再对该序列进行白噪声检验。Box-Pierce 检验和 Ljung-Box 检验均显示检验的 p 值远远小于 0.05，因此，拒绝序列为白噪声的零假设。

```
> Box.test(y)  # Box - Pierce
        Box - Pierce test
data:   y
X - squared = 41.5007, df = 1, p - value = 1.178e - 10
> Box.test(y, type = "Ljung - Box")
        Box - Ljung test
data:   y
X - squared = 41.7749, df = 1, p - value = 1.024e - 10
```

在 R 软件中有一个函数 tsdiag() 可以对时间序列进行一些检验。比如对数据 co2 执行 tsdiag() 命令如下，可以得到和前面类似的结论。

```
> data(co2)
> r = arima(co2,order = c(0,1,1),seasonal = list(order = c(0,1,1),period = 12))
> tsdiag(r)
```

10.1.3 平稳性

时间序列分析希望利用过去时间序列的模式来预测未来,因此,为了有足够的关于序列模式的信息,时间序列通常需要较多的历史数据。只有那些比较规范而且信息量较大的时间序列才有可能被建模并且用于预测。对于一元时间序列来说,较规范的序列就是在进行一系列差分变换之后可以变为"平稳"的序列。因此,时间序列的平稳性显得尤其重要。

有以下几种平稳性定义。

(1) 一个时间序列是**弱平稳**(weakly stationary),如果 X_t 的期望并不依赖于 t,并且 X_t 和 X_{t-k} 的协方差仅依赖于 k 的绝对值。

(2) 一个时间序列是**平稳的**(stationary),如果所有 X_t 有相同的分布,对给定的 k 的绝对值,(X_t, X_{t-k}) 的联合分布也是相同的。因此,"弱平稳"就是二阶平稳。

如果时间序列有一个趋势,即 X_t 的期望不是常数,那么该序列就是不平稳的。

例 10.4 随机游走(randomwalks)是平稳的吗?

随机游走建立在白噪声的基础之上。假设 $\{w_t\}$ 为白噪声,均值为 0,方差为 σ^2。如果 $X_t = \mu + X_{t-1} + w_t$,则称 $\{X_t\}$ 为带飘移的随机游走。我们用下面的命令模拟产生 10 个随机游走序列,如图 10-6 所示。

```
> n = 200
> k = 10
> x = 1:n
> r = matrix(nr = n, nc = k)
> for (i in 1:k) {r[,i] = cumsum(rnorm(n)) }
> matplot(x, r, type = "l", lty = 1, col = par("fg"), main = "随机游走是不平稳的")
> abline(h = 0, lty = 3)
```

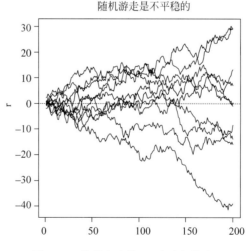

图 10-6 模拟产生的 10 个随机游走

从图 10-6 中可以发现随机游走是不平稳的,因为每个随机游走的期望仍然为 0,但是方差却增加了。

10.2 时间序列的平滑与分解

10.2.1 时间序列的成分

一个时间序列可能由趋势、季节、循环这三个成分中的某些或全部再加上随机成分构成。如果能够把这些成分分解出来,问题就可以得到简化。可以分解的序列的最简单形式为**可加模型**(additive model):

$$X_t = \mu_t + \gamma_t + \varepsilon_t$$

或**可乘模型**(multiplicative model):

$$X_t = \mu_t \gamma_t \varepsilon_t$$

式中:X_t 表示时间序列的观测值;μ_t 表示**趋势**(trend);γ_t 表示**季节**(seasonal);ε_t 表示**剩余成分**(remainder)。如果模型正确,ε_t 就被认为是随机的。一般情况下,我们不把既非随机又无规律的**循环**(cyclic)或**波动**(fluctuations)成分放入模型中,而是将其放入到 ε_t 中。对于可乘模型,只要在模型两边取对数,就可以变形为可加模型。当然,并不是所有的序列都可以分解。

例 10.5 时间序列分析的一个目的就是发现时间序列的结构或成分。青原博士使用高斯白噪声和随机游走构造几个模拟数据,以发现时间序列的趋势、季节性等,并了解它的构建过程,结果如图 10-7 所示。

```
> op = par(mfrow = c(3,3), mar = .1 + c(0,0,0,0))
> n = 100;k = 5;N = k * n;x = (1:N)/n;
> y1 = rnorm(N) #白噪声
> plot(ts(y1), xlab = "", ylab = "", main = "", axes = F)
> box()
> y2 = cumsum(rnorm(N)) #对白噪声累计求和
> plot(ts(y2), xlab = "", ylab = "", main = "", axes = F)
> box()
> y3 = cumsum(rnorm(N)) + rnorm(N) #随机游走
> plot(ts(y3), xlab = "", ylab = "", main = "", axes = F)
> box()
> y4 = cumsum(cumsum(rnorm(N))) #对 y2 累计求和
> plot(ts(y4), xlab = "", ylab = "", main = "", axes = F)
> box()
> y5 = cumsum(cumsum(rnorm(N)) + rnorm(N)) + rnorm(N) #随机游走
> plot(ts(y5), xlab = "", ylab = "", main = "", axes = F)
> box()
> y6 = 1 - x + cumsum(rnorm(N)) + .2 * rnorm(N) # 添加趋势
```

```
>plot(ts(y6), xlab = "", ylab = "", main = "", axes = F)
>box()
>y7 = 1 - x - .2 * x^2 + cumsum(rnorm(N)) + .2 * rnorm(N)  #添加趋势
>plot(ts(y7), xlab = "", ylab = "", main = "", axes = F)
>box()
>y8 = .3 + .5 * cos(2 * pi * x) - 1.2 * sin(2 * pi * x) + .6 * cos(2 * 2 * pi * x) + .2 * sin(2 * 2 *
pi * x) + -.5 * cos(3 * 2 * pi * x) + .8 * sin(3 * 2 * pi * x)  #添加季节成分
>plot(ts(y8 + .2 * rnorm(N)), xlab = "", ylab = "", main = "", axes = F)
>box()
>lines(y8, type = 'l', lty = 3, lwd = 3, col = 'red')
>y9 = y8 + cumsum(rnorm(N)) + .2 * rnorm(N)  #对y8添加趋势
>plot(ts(y9), xlab = "", ylab = "", main = "", axes = F)
>box()
>par(op)
```

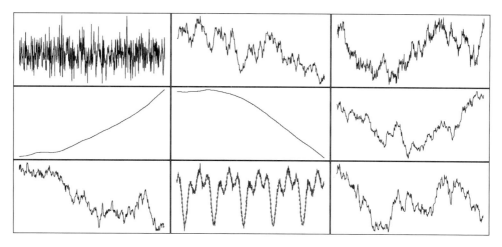

图 10-7　使用高斯白噪声和随机游走构造的模拟数据，反映时间序列的趋势、季节性等

10.2.2　时间序列的分解

为了获得更准确的时间序列的结构特征，通常将时间序列分解为趋势、季节成分或其他可解释的成分再加上一个干扰项（一般是白噪声）。

1. 寻找趋势的回归方法

我们将使用经典的估计方法（主要是回归）对时间序列建模以寻找其趋势、季节成分等成分，这些方法包括使用多项式加一个正弦波或者更一般的多项式加周期信号。

例 10.3 继续。以 R 软件的内置数据集 co2 说明如何对时间序列进行趋势分解。

查看数据的序列图（如图 10-8 所示），可以发现数据有明显的增长趋势，同时可能还有周期性或季节性。

```
>data(co2);plot(co2)
```

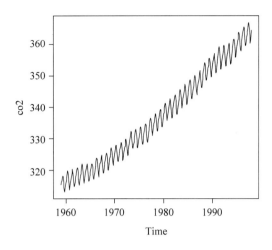

图 10-8　数据集 co2 的时间序列图

我们把时间视为一个自变量，尝试使用回归建模方法拟合数据的趋势。首先使用自由度为 1 的多项式加上正、余弦函数，结果如图 10-9 所示。

```
> y = as.vector(co2)
> x = as.vector(time(co2))
> r0 = lm(y~poly(x,1) + cos(2 * pi * x) + sin(2 * pi * x))
> plot(y~x, type = "l",xlab = " ",ylab = "co2")
> lines(predict(r0)~x,lty = 3,col = "red",lwd = 3)
```

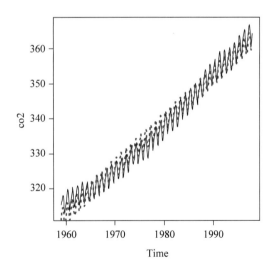

图 10-9　对数据集 co2 趋势的拟合：自由度为 1 的多项式加上正余弦函数

但是图像还不能说明建模的效果好。因此，我们再看看残差图（如图 10-10 所示）。此时结果就很明显了，因为残差的抛物线趋势很明显，这说明我们还没有很好地拟合数据集 co2 的趋势。

```
> plot(y - predict(r0), main = "残差不是随机的", xlab = " ",ylab = "Residuals")
```

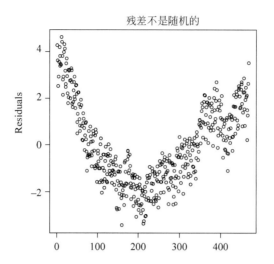

图 10-10　数据集 co2 趋势拟合后的残差：自由度为 1 的多项式加上正余弦函数

我们把模型再复杂化一点儿：自由度为 2 的多项式加正余弦函数。当然，我们可以同时对时间序列做变换，例如取对数，结果如图 10-11 所示，看起来比第一个模型拟合得更好一点儿。

```
> r1 = lm(y~poly(x,2) + cos(2 * pi * x) + sin(2 * pi * x))
> plot(y~x,type = "l",xlab = " ",ylab = "co2")
> lines(predict(r1)~x,lty = 3,col = "red",lwd = 3)
```

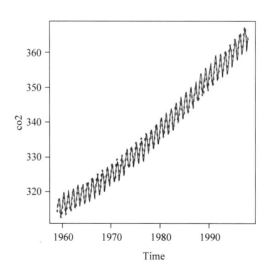

图 10-11　数据集 co2 趋势的拟合：自由度为 2 的多项式加正余弦函数

残差图（如图 10-12 所示）也显示残差的抛物线趋势变得不那么明显了，这表明模型更好了，但是残差仍然不随机。

```
> plot(y - predict(r1),main = "模型更好,但是残差仍然不随机",xlab = "",ylab = "Residuals" )
```

我们还可以改进周期性成分，比如变为下面的模型，但是结果没有太大的改进。

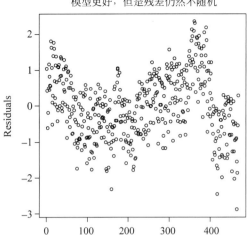

图 10-12　数据集 co2 趋势拟合后的残差：自由度为 2 的多项式加上正余弦函数

```
> r2 = lm(y~poly(x,2)+cos(2*pi*x)+sin(2*pi*x)+cos(4*pi*x)+sin(4*pi*x))
> plot(y~x, type = "l", xlab = " ", ylab = "co2")
> lines(predict(r2)~x, lty = 3, col = "red", lwd = 3)
```

自相关函数（见图 10-13）也表明这些模型都没有看起来那么好。如果残差确实是白噪声，则没有几个点会超过虚线。

```
> op = par(mfrow = c(1,3))
> acf(y - predict(r0),main = "r0")
> acf(y - predict(r1),main = "r1")
> acf(y - predict(r2),main = "r2")
```

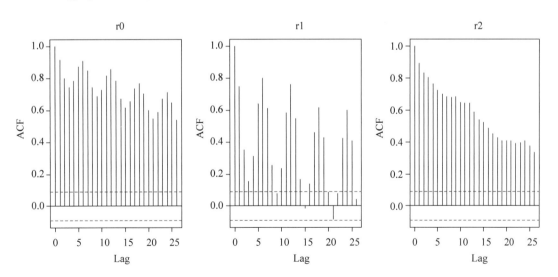

图 10-13　数据集 co2 趋势拟合：三种模型的残差的自相关函数图

这些建模的过程告诉我们一些重要的信息：首先，这几个模型都是有用的，可以反映时间序列的趋势和周期分量；其次，这些模型没有完全解决自相关问题；再次，如果确定了一个时间序列有趋势，而且这个趋势可以用自由度 n 的多项式来刻画，那么可以通过差分 n 次消除趋势。

2. 移动平均

有时候噪声太多，以致于我们看不到更多信息，此时可以使用**移动平均**(moving average, MA) 对时间序列进行平滑。移动间隔为 k 的移动平均预测值为

$$F_{t+1} = \frac{\text{最近 } k \text{ 期数据之和}}{k} = \frac{X_{t-k+1} + X_{t-k+2} + \cdots + XX_{t-1} + Y_t}{k}$$

即使用时间序列中最近几个时期的数据的平均数作为下一个时期的预测值。在移动平均法中，计算移动平均数时每个观测值都使用了相同的权重。如果某些时期得到的权重不同于其他时期的权重，则移动平均称为**加权移动平均**(weighted moving average)。加权移动平均公式为

$$F_{t+1} = \frac{w_t X_t + w_{t-1} X_{t-1} + w_{t-2} X_{t-2} + \cdots + w_1 X_1}{\sum_{i=1}^{t} w_i}$$

在大多数情况下，最近时期的观测值应取得最大的权重，而比较远的时期的权重依次递减。

我们可以用 R 软件的函数 filter() 进行求移动平均，其中，side 参数没有设置时就是使用过去和未来的值，此时就是平滑 (smoothing)；设置 side=1 表示使用到目前的值，此时就是滤波 (filtering)。

例 10.6 R 中的 datasets 包内置数据集 sunspots 是关于 1749—1983 年间每月平均太阳黑子数，对该数据求移动平均。我们发现对该数据平滑后，太阳黑子数的变化规律变得明显。结果如图 10-14 所示。

```
> x = window(sunspots, start = 1750, end = 1800)
> plot(x, xlab = "",type = "p", ylab = "", main = "平均太阳黑子数量")
> k = 20
> lines( filter(x, rep(1/k,k)), col = "red", lwd = 3)
```

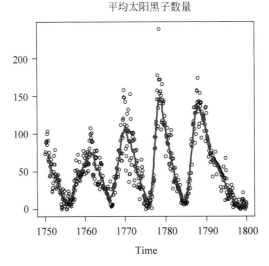

图 10-14　1749—1983 年间每月平均太阳黑子数

例 10.3 继续。对数据集 co2 使用函数 filter()进行移动平均平滑,结果如图 10-15 所示。

```
> x = co2
> plot(x, ylab = "co2")
> k = 12
> lines(filter(x, rep(1/k,k)), col = "red")
```

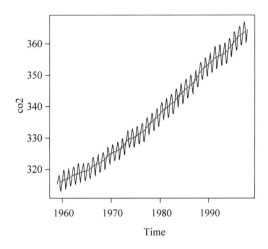

图 10-15　对数据集 co2 的移动平均平滑

我们将对 co2 的平滑和滤波放在同一个图中,结果如图 10-16 所示。

```
> op = par(mfrow = c(1,1))
> x = co2
> plot(window(x,1990,max(time(x))),ylab = "co2")
> k = 12
> lines(filter(x,rep(1/k,k)),col = "red",lwd = 3)
> lines(filter(x,rep(1/k,k),sides = 1), col = "blue",lwd = 3)
> legend(par("usr")[1],par("usr")[4],xjust = 0,c("smoother","filter"),lwd = 3,lty = 1,col = c("red","blue"))
> par(op)
```

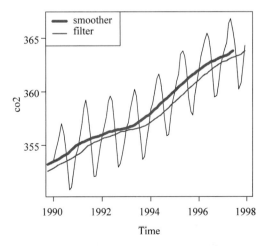

图 10-16　对数据集 co2 使用函数 filter()进行的平滑和滤波

图 10-16 显示了移动平均的平滑和滤波二者之间的区别,当预测某一点的数值时,移动平均的平滑是使用整个样本(包括这一点之后的数据)来求这点的值,而移动平均的滤波仅使用直到这一点的信息来求出这点的平滑值。这使得移动平均的平滑预测值大于滤波预测值。因此,如果想使用到目前为止的所有数据得到某些量的最好估计,并且在新数据收集后更新这个估计,则使用滤波可能会更适合。

3. 指数平滑和 Holt-Winters 滤波

移动平均有一个问题是当较大的观测值进入或离开计算的区间窗口时,会导致移动平均有一个较大的跳跃。加权移动平均通过对 k 个最近的值设置不同的权重来改善这个问题,但是其权重设置比较困难。类似于加权移动平均,**指数平滑**(exponential smoothing)使用所有前期的值并给最近的值一个较高的权重。"指数"意味着按照已有观测值"陈旧"程度增加的方向,在其上所加的权重按指数速度递减,权重变得越来越小。指数平滑仅选择最近时期观测值的权重 α,其他时期数据值的权重可以自动推算出来。指数平滑预测公式为

$$F_{t+1} = \alpha X_t + (1-\alpha) F_t, \quad 0 < \alpha < 1$$

在 R 软件中的函数 HoltWinters()可以用作 Holt-Winters 滤波(Holt-Winters filtering),这是指数平滑的一种推广。

例 10.3 继续。对数据集 co2 做 Holt-Winters 平滑,结果如图 10-17 所示。

```
> x = co2
> m = HoltWinters(x, alpha = .1, beta = 0, gamma = 0)
> p = predict(m, n.ahead = 240, prediction.interval = T)
> plot(m, predicted.values = p)
```

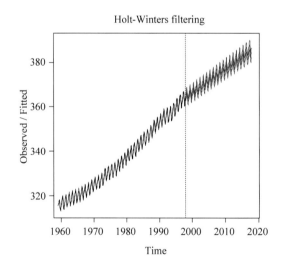

图 10-17 对数据集 co2 做 Holt-Winters 滤波平滑

4. 局部回归:loess

前面的方法都是全局建模,而 loess 光滑(loess 是英文 LOcal regRESSion 中大写字母的缩写)是基于局部多项式回归(local polynomial regression)的方法。对于时间序列变量的

观测值,我们取邻近的观测值做一个线性回归,loess 曲线就是这些回归线的包络(envelope)。基于 loess 的分解方法称为 STL(Seasonal-trend Decomposition based on Loess),这是基于时间序列的加法模型的。STL 是最简单的非参数季节-趋势分解模型,可以产生季节成分、趋势成分和剩下的残差成分,在 R 软件的函数 stl()中分别称为 seasonal、trend 和 remainder。①

例 10.3 继续。对数据集 co2 使用 STL 方法进行分解,结果如图 10-18 所示。

```
> op = par(mfrow = c(5,1), mar = c(3,4,0,1), oma = c(0,0,2,0))
> r = stl(co2, s.window = "periodic") $ time.series
> plot(co2)
> plot (r[,2], ylab = " trend ") #趋势
> plot (r[,1], ylab = "seasonal") #季节
> plot (r[,3], ylab = "residuals") #残差
> acf(r[,3],)
> par(op)
> mtext("STL(co2)", line = 3, font = 2, cex = 1.2)
```

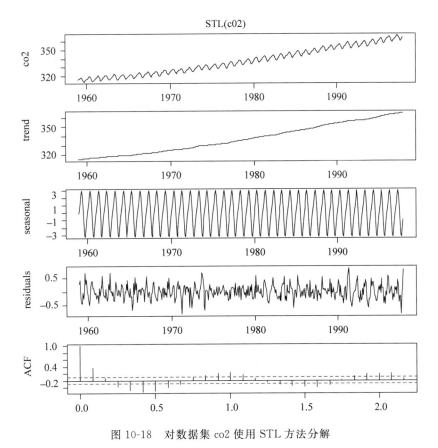

图 10-18 对数据集 co2 使用 STL 方法分解

这 5 个图从上往下分别为原始数据、趋势、季节成分、残差和残差的自相关图。这些图显示,时间序列主要是趋势的影响,但是残差不是白噪声,这显示模型并没有那么好。

---

① R 软件中的 decompose()函数可以得到类似的结果:r=decompose(co2);plot(r)。

练习题

1. 一个计算机软件供应商最近 5 年的销售额（单位：百万元）如表 10-2 所示。请选用合适的方法对该数据进行分解与平滑，并预测 2012 年的销售额。

表 10-2　最近 5 年销售额　　　　　　　　　（单位：百万元）

年份	销售额
2006	1.1
2007	1.5
2008	2.0
2009	2.4
2010	3.1

2. 表 10-3 是 2000—2010 年的销售量（单位：百万件）情况。如果将下面的时间序列直接作成图形，将呈现曲线的特性。请问该数据是否可以使用对数线性方程进行拟合预测？为什么？

表 10-3　2000—2012 年销售量

年份	销量/百万件	年份	销量/百万件
2000	8.0	2006	39.4
2001	10.4	2007	50.5
2002	13.5	2008	65.0
2003	17.6	2009	84.1
2004	22.8	2010	109.0
2005	29.3		

3. 表 10-4 是 2000—2010 年的广告费用支出（单位：千元）情况。请选用合适的方法对该数据进行分解与平滑，并预测 2012 年的广告费用支出。

表 10-4　2000—2010 年广告费用支出　　　　　　（单位：千元）

年份	支出	年份	支出
2000	88.1	2006	132.6
2001	94.7	2007	141.9
2002	102.1	2008	150.9
2003	109.8	2009	157.9
2004	118.1	2010	162.6
2005	125.6		

4. 某地区 1992—2004 年商品出口额（单位：亿美元）如表 10-5 所示。分析商品出口额的变动趋势，选择适当的趋势模型预测 2006 年该地区的商品出口额。

表 10-5　1992—2004 年商口出口额　　　　　　（单位：亿美元）

年份	序号	商品出口额	年份	序号	商品出口额
1992	1	2.13	1999	8	3.99
1993	2	2.73	2000	9	4.24
1994	3	2.58	2001	10	4.77
1995	4	2.63	2002	11	6.07
1996	5	2.92	2003	12	6.76
1997	6	2.94	2004	13	8.48
1998	7	3.24			

5. 表 10-6 的数据是从国家统计局网站获得的 1978—2013 年中国社会消费品零售总额的年度数据（单位：亿元）。

表 10-6　1978—2013 年中国社会消费品零售总额　　　　　（单位：亿元）

年份	社会消费品零售总额	年份	社会消费品零售总额
1978	1558.60	1996	28 360.20
1979	1800.00	1997	31 252.90
1980	2140.00	1998	33 378.10
1981	2350.00	1999	35 647.90
1982	2570.00	2000	39 105.70
1983	2849.40	2001	43 055.40
1984	3376.40	2002	48 135.90
1985	4305.00	2003	52 516.30
1986	4950.00	2004	59 501.00
1987	5820.00	2005	68 352.60
1988	7440.00	2006	79 145.20
1989	8101.40	2007	93 571.60
1990	8300.10	2008	114 830.10
1991	9415.60	2009	132 678.40
1992	10 993.70	2010	156 998.40
1993	14 270.40	2011	183 918.60
1994	18 622.90	2012	210 307.00
1995	23 613.80	2013	237 809.90

(1) 分析 1978 年以来我国社会消费品零售总额发展变化的基本态势，并对各种方法的分析结果加以对比。

(2) 预测 2014 年中国社会消费品零售总额的可能水平。

附录A

R 的 使 用

在网站 http://www.R-project.org 上下载和安装 R 软件,包括 Windows、Linux 和 Mac OX 三个版本。该网站还提供各种数据分析、数据挖掘的程序包以及相关的使用手册。

A.1 程序包的安装与加载

在第 2 章计算数据的偏度和峰度时使用了程序包 moments,第 4 章计算置信区间时使用了程序包 Hmisc。R 中的程序包包含 R 数据、函数等信息。R 有一些自带的程序包(如 base,datasets,stats,graphics)可以直接使用。如果还需要其他程序包,就可以使用 install.packages()来安装所需的程序包。例如,可以使用下面的命令安装程序包 moments:

> install.packages("moments")

也可以同时安装多个包。例如:

> install.packages("moments","Hmisc")

然后选择相应的镜像站点下载程序包并进行安装。如果已经安装了某个程序包,可以使用函数 library()载入该程序包,比如使用下面的命令载入 moments 包。

> library(moments)

由于 R 的程序包更新,还可以使用 update.packages()更新已安装的程序包,比如

> update.packages("moments")

使用函数 help(packages="程序包名称")可以输出包的简短描述以及包中的函数名称和数据集名称列表。比如查看程序包 moments 的信息,可以使用命令:

> help(package = "moments")

得到该程序包的一个网页说明,如附图 A-1 所示。

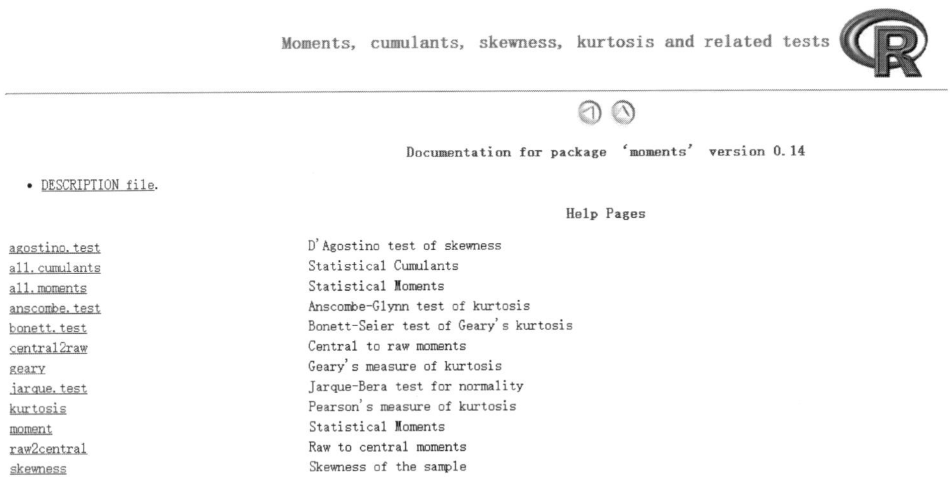
Moments, cumulants, skewness, kurtosis and related tests

Documentation for package ‘moments’ version 0.14

- DESCRIPTION file.

Help Pages

agostino.test	D'Agostino test of skewness
all.cumulants	Statistical Cumulants
all.moments	Statistical Moments
anscombe.test	Anscombe-Glynn test of kurtosis
bonett.test	Bonett-Seier test of Geary's kurtosis
central2raw	Central to raw moments
geary	Geary's measure of kurtosis
jarque.test	Jarque-Bera test for normality
kurtosis	Pearson's measure of kurtosis
moment	Statistical Moments
raw2central	Raw to central moments
skewness	Skewness of the sample

附图 A-1　程序包的网页说明

A.2　数据的读取与保存

R 读取数据非常灵活方便，当数据量较小时，我们可以在 R 软件中直接输入（本书几乎全部采用直接输入数据方式）。当数据量较大时，一般需要从外部读取数据。外部数据包括电子表格、文本文件、数据库或者网络数据。关于 R 数据输入输出的详细信息可以参考帮助里的 R data Import/Export 手册。

A.2.1　直接输入数据

直接输入数据有两种方式。第一种方式是使用函数 *c*()，它把各个值连成一个向量或列表，形成数值型向量、字符型向量或其他类型向量。用它输入的数据之间要用逗号分开。例如，例 2.3 和例 2.4 的数据输入：

```
> salary = c(2000,2100,2200,2350,2500,2900,3500,3800,2600,3300,3200,4000,4100,3100, 4200)
> smoke = c("吸烟","不吸烟","吸烟","不吸烟","吸烟","不吸烟","吸烟","不吸烟")
```

第二种方式是使用函数 scan()，类似于函数 *c*()，它实际上是一种键盘输入数据函数。当输入 scan()并按回车键后，将等待输入数据，数据之间用空格分开。输入完数据之后，再按回车键，这时数据录入完毕。例如：

```
> salary = scan()
1: 2000 2100 2200 2350 2500 2900 3500 3800 2600 3300 3200 4000 4100 3100 4200
16:
Read 15 items
```

scan()还可以读取外部文本文件。假设有一个文本文件 salary.dat，读取命令为

```
> salary = scan(file = "salary.dat")
```

A.2.2 读取 R 包中的自带数据

我们可以使用参数 package 读取 R 中自带的数据。如果要查看 datasets 包里有哪些自带数据,则可以使用下面的命令:

```
> data(package = "datasets")
```

如果要读取 datasets 包中的 AirPassengers 数据,则可以使用命令:

```
> data(AirPassengers, package = "datasets")
```

如果已经使用 library 加载了一个包,那么这个数据将自动包含在其中。例如:

```
> library(datasets)
> data(AirPassengers)
> AirPassengers
```

A.2.3 读取外部数据

1. 读取文本文件

读取文本文件的命令为

```
> read.table(file, header = FALSE, sep = "", quote = "\"'", dec = ".", numerals = c("allow.loss", "warn.loss", "no.loss"), row.names, col.names, as.is = !stringsAsFactors, na.strings = "NA",…)
```

其中,file 是一个带分隔符的 ASCII 文本文件,header 表示首行是否包含变量名,sep 用来指定分隔符。例如,我们读取例 9.1 的数据:

```
> job.satisfaction = read.table("D:/data/job.txt", header = T)
```

下面列出了前 10 行的数据:

	Satisfaction	Importance	Advance	Express
1	35	20	12	18
2	48	24	22	20
3	22	10	17	12
4	38	8	25	12
5	33	20	10	17
6	45	15	30	15
7	30	12	20	19
8	38	22	9	17
9	45	21	18	23
10	23	12	14	11

文本数据的第一行提供了数据中每个变量的名称,其余行中包含一个行标签(比如这里

的 1,2,3,…,10,一般在第一项的位置)和其他各变量的值。请注意,上面输出的数据集中第一行所包含的项目比第二行少,也被认为是有效的。

在默认情况下,数值项(除了行标签,如上面数据集的第一列数字)将被当作数值型变量读入。非数值型变量将被作为因子读入。如果需要的话,可以使用一些命令对数据类型进行修改。

如果数据就在当前的工作目录,就可以直接调用数据,比如下面的命令就省略了数据所在电脑上的路径:

> a = read.table("job.txt ",header = T) ♯读带有变量名的数据

如果文件没有保存在当前工作目录,则有两种方法去处理:
(1) 在 R 中更改 job.txt 文件所在文件夹为当前工作目录。例如:

> setwd("d:/mydata") ♯建立工作路径

(2) 输入路径名。例如:

> a = read.table("("D:/data/job.txt"",header = T) ♯读带有变量名的数据

2. 读取 Excel 格式数据

对于后缀为 xls、xlsx 的数据表,在读入 R 中时通常需要把数据另存为 csv 文件,转换方法是在 Excel 里直接另存为 csv 格式。在 R 中使用 read.csv()读取 csv 文件。命令为

> read.csv(file, header = TRUE, sep = ",", quote = "\"", dec = ".", fill = TRUE, …)

其中,header 表示是否含有列名,sep 表示 csv 文件的分隔方式,一般用逗号作为分隔符。例如:

> v = read.csv("test.csv") ♯读入 csv 数据文件

当需要读取的文件不是保存在当前工作目录时,处理方法与前面类似。

R 也可以直接读取 xlsx 文件,但需要安装 xlsx 包。此时的读取数据函数为 read.xlsx2()。

3. 读取其他格式数据

要读取其他格式的数据,必须先安装和加载 foreign 包。

> install.packages("foreign")
> library(foreign)

1) 读取 stata 数据
R 可以使用函数 read.dta()读取 stata 数据库,命令为

> read.dta("文件名.dta")

读取数据文件后,使用"数据集名 $ 变量名"就可以使用各个变量。例如,要计算数据集中一个变量的方差,便可以使用:

```
> data = read.dta("文件名.dta")
> var("data$salary")
```

2) 读取 SPSS 数据

R 可以使用函数 read.spss()读取 spss 数据库,命令为

```
> read.spss("文件名.sav")
```

也可以使用 Hmisc 包中的函数 spss.get()。

```
> install.packages("Hmisc")
> library(Hmisc)
> spss.get ("文件名.sav")
```

3) 读取 SAS 数据

R 只能读取 SAS Transport format(XPORT)文件,所以需要先把普通的 SAS 文件(.ssd 和 .sas7bdat)转换为 Transport format(XPORT)文件,然后可以使用函数 read.xport()读取数据,命令为

```
> read.xport("文件名.xpt")
```

A.2.4 输出数据

可以使用函数 write()将 R 工作空间的数据输出存储。命令为

```
> write(x, file = "data", ncolumns = if(is.character(x)) 1 else 5, append = FALSE, sep = " ")
```

其中,x 是数据,通常是矩阵或向量;file 是文件名,默认为"data";append = TRUE 时,表示在原文件上添加数据,否则(append 默认值为 FALSE)写一个新文件。

若对于列表数据或数据库数据,也可以使用函数 write.table()或 write.csv()写出纯文本格式的数据文件或 csv 格式的 Excel 数据文件。例如:

```
> write(x,"test.txt") #把数据写入文本文件
> write.table(y,"test.txt",row.names = F) #把数据写入文本文件
> write.csv(y,"test.csv") #把数据写入 csv 文件
```

A.2.5 编辑数据

在使用一个数据框或矩阵时,函数 edit()可对已读入的数据集做小改动。下面的命令将对数据集 xold 进行编辑,并在完成时将改动后的对象赋值给 xnew 使用。

```
> xnew = edit(xold)
```

也可以通过工作表界面录入新数据。

```
> xnew = edit(data.frame())
```

A.3 基本的命令与函数

A.3.1 数据类型

1. 基本类型

R 的数据类型包括数值型、字符型、逻辑型、复数型、原始型、默认值等。**数值型**(numeric)数据的形式是实数,可以为整数、小数或科学计数的形式。**字符型**(character)数据的形式是夹在双引号或单引号之间的字符串,如"男"。**逻辑型**(logical)数据智能取值为 T(TRUE)或 F(FALSE)值。**复数型**(complex)数据是形如 $a+bi$ 的复数。**原始型**(raw)数据是以二进制形式保存的数据。

2. 缺失值

有些统计资料可能是不完整的,相关位置会被保留并赋予一个特定的 NA(not available)值。任何包括 NA 值的运算结果都是默认值 NA。函数 is.na()可以用来检测数据是否缺失,并且由相应位置的元素是否为 NA 来决定这个逻辑向量相应位置的元素是 TRUE 还是 FALSE。

```
> z = c(1:3,NA); ind = is.na(z)
> ind
[1] FALSE FALSE FALSE  TRUE
```

A.3.2 数据对象及其运算

在 R 中的数据对象主要有 6 种:向量(vector)、矩阵(matrix)、数组(array)、因子(factor)、列表(list)和数据库(data frames)。

1. 向量

1) 向量赋值

向量(vector)是由相同基本元素组成的序列。例如,下面的 R 命令将创建一个名为 x,包含 5 个数字(10.4,5.6,3.1,6.4 和 21.7)的向量:

```
> x = c(10.4, 5.6, 3.1, 6.4, 21.7)
```

上面的命令也就是一个使用函数 $c()$ 的赋值过程。一个数字形成的向量可以被看作长度为 1。

R 的赋值操作符除了"=",还有"<-""->"。"="和"<-"都表示把符号后面的内容赋值给前面的内容。"->"则相反。例如,我们可以通过下面的命令把 $c(10.4,5.6,3.1,6.4,21.7)$ 复制给 x:

```
> c(10.4, 5.6, 3.1, 6.4, 21.7) -> x
```

同样可以使用函数 assign()进行赋值。通常使用的操作符<—可以被当作函数 assign()的简写。于是,与上面等价的赋值方法是:

```
> assign("x", c(10.4, 5.6, 3.1, 6.4, 21.7))
```

如果使用下面的命令将输出前面输入的 5 个值的倒数:

```
> 1/x
```

而下面的这个赋值操作将创建一个向量 y,其中的 11 项包含两个 x 和中间位置的一个 0:

```
> y = c(x, 0, x)
```

在 R 中也广泛地使用字符和字符向量(比如图表的标签)。字符串在输入时可以使用单引号或双以号,但在打印时用双引号(有时不用引号)。字符向量可以通过函数 $c()$ 连接:

```
> z = c("X","Y")
> z
[1] "X" "Y"
```

我们还可以使用函数 paste()对字符向量进行操作,例如,逐个取出字符并连成新的字符串。例如,基于字符"X","Y"生成新的字符变量 labs:

```
> labs = paste(c("X","Y"), 1:10, sep = "")
> labs
[1]c("X1", "Y2", "X3", "Y4", "X5", "Y6", "X7", "Y8", "X9", "Y10")
```

由于 labs 字符串的个数为 10,因此 $c("X","Y")$ 被重复了 5 次来匹配数列 1:10。即比较短的字符串也要被循环使用,使得新字符变量的长度与设置的最长字符串的长度相同。如果参数中包含数字,数字将被强制转化为字符串。在默认情况下,参数中的各字符串是被一个空格分隔的,不过通过参数 sep=string 可以把它更改为其他字符串,包括空字符串。

与数字向量相同,R 也可以对逻辑向量进行操作。一个逻辑向量的值可以是 TRUE 或 T,FALSE 或 F 和 NA。逻辑向量是由条件给出的。比如

```
> x = c(10.4, 5.6, 3.1, 6.4, 21.7)
> temp = x > 13
> temp
[1] FALSE FALSE FALSE FALSE TRUE
```

2) 向量运算

向量的计算是按照向量中的元素一个一个进行的。"+,-,*,/,^"等操作符号的运算都是逐个元素进行运算,log,exp,sin,cos,tan,sqrt 等运算函数也是如此。同一个表达式中的向量并不需要具有相同的长度。如果它们的长度不同,计算结果是一个与表达式中最长向量有相同长度的向量。表达式中较短的向量会根据它的长度被重复使用若干次(不一定是整数次),直到与长度最长的向量相匹配。而常数很明显的将被不断重复。所以在上面

的赋值前提下命令

```
> v = 2 * x + y + 1
```

产生一个长度为 11 的新向量 v,逐个元素进行运算,其中,$2*x$ 被重复 2.2 次,y 被重复 1 次,常数 1 被重复 11 次。

常用的一些向量运算包括:max 和 min 的作用是选出所给向量中最大的或最小的元素。range 函数的值是一个长度为 2 的向量,即 $c(\min(x),\max(x))$。length(x) 返回了向量 x 中元素的个数,也就是 x 的长度。sum(x) 给出了 x 中所有元素的总和,prod(x) 给出 x 中所有元素的乘积。两个统计函数是 mean(x) 和 var(x),分别计算样本均值和样本方差,这两个函数分别相当于 $\text{sum}(x)/\text{length}(x)$,$\text{sum}((x-\text{mean}(x))\wedge 2)/(\text{length}(x)-1)$。如果 var() 的参数是一个 $n\times p$ 的矩阵,那么函数的值是一个 $p\times p$ 的样本协方差矩阵,认为每行是一个 p 变量的样本向量。sort(x) 返回一个与 x 具有相同长度的向量,其中的元素按升序排列。还有其他更灵活的排序功能(比如 order() 和 sort.list())。需要注意,max 和 min 给出的是所有向量的一个最大值或最小值。而最大最小函数 pmax 和 pmin 将返回一个与最长的向量长度相等的向量,向量中的元素由参数中所有向量在相应位置的最大值(最小值)组成。在计算机中运算是按照双精度的实数或复数进行的。如果要使用复数,需要直接给出一个复数部分。因此

```
> sqrt(-17)
```

将会返回 NaN(无效数值)和一个警告,而

```
> sqrt(-17 + 0i)
```

将按照复数进行运算。

3) 产生规则的序列

R 有很多产生数列的方法。最简单的是":"符号就可以产生有规律的序列。例如:

```
> (c(1:30))
 [1]  1  2  3  4  5  6  7  8  9 10 11 12 13 14 15 16 17 18 19 20 21 22 23 24
[25] 25 26 27 28 29 30
```

此外,$2*1:15$ 就是向量 $c(2,4,\cdots,28,30)$。

函数 seq() 可以产生更为一般的序列。命令为:

```
> seq(from, to, by)
```

其中,from 表示序列的起始值,to 表示序列的终止值,by 表示步长。by 参数省略时默认步长为 1,比如 seq(2,10) 相当于 2:10。例如,下面的命令在变量 $s1$ 中产生向量 $c(-5.0, -4.8, -4.6, \cdots, 4.6, 4.8, 5.0)$:

```
> seq(-5, 5, by = .2) -> s1
```

有时候我们关注的是数列的长度,此时下面的命令在 $s2$ 中产生一个与 $s1$ 相同的向量:

```
> s2 = seq(length = 51, from = -5, by = .2)
```

函数 rep() 可以用各种复杂的方式重复一个对象,其命令为:

```
> rep(x,times,…)
```

其中,x 表示要重复的对象,times 表示重复的次数。下面的命令将 1,2,3 首尾相连复制了 5 次:

```
> rep(c(1:3), times = 5)
[1] 1 2 3 1 2 3 1 2 3 1 2 3 1 2 3
```

接下来的这个例子是 rep 的嵌套使用,里层的 rep(2,3) 实际上等价于向量 c(2,2,2)。

```
> rep(c(1:3),rep(2,3))
[1] 1 1 2 2 3 3
```

4) 索引向量,数据集子集的选择与修改

有时候我们需要选择一个向量中元素的子集,这可以通过在向量名称后加一个方括号中的索引向量来完成,比如对于前面产生的 x 向量,$x[1:3]$ 表示返回前三个元素。更一般的,任何一个向量都可以通过加索引向量来选择其中的子集。这样的索引向量有以下 4 种不同的类型。

(1) 逻辑的向量。在这种情况下,索引向量必须与从中选取元素的向量具有相同的长度。在索引向量中返回值是 TRUE 的元素所对应的元素将被选出,而返回值为 FALSE 的值所对应的元素将被忽略。例如:

```
> y = x[!is.na(x)]
> y
[1] 10.4  5.6  3.1  6.4 21.7
```

创建了一个名为 y 的对象,对象中包含 x 中的非缺失值,同时保持顺序。请注意,如果 x 中包含缺失值,y 的长度将小于 x。这里 x 向量没有缺失值,所有得到的 y 与 x 一样。

下面的命令创建一个对象 z,其中的元素由向量 $x+1$ 中与 x 中的非缺失值和大于 5 的正数对应的向量组成。

```
> (x + 1)[(!is.na(x)) & x>5] -> z
> z
[1] 11.4  6.6  7.4 22.7
```

(2) 正整数的向量。这种情况下索引向量中的值必须在集合 $\{1,2,\cdots,\text{length}(x)\}$ 中。在返回的向量中包含索引向量中的指定元素,并且在结果中按照索引向量中的顺序排列。索引向量的长度可以是任意的,返回的向量与索引向量有相同的长度。例如:

```
> x[1:3] # 返回前 3 个元素
[1] 10.4  5.6  3.1
> x[5] # 选择第 5 个元素
[1] 21.7
```

而下面的命令产生了一个字符向量,长度为 16,由 "x", "y", "y", "x" 重复 4 次而组成。

```
> c("x","y")[rep(c(1,2,2,1), times = 4)]
```

（3）负整数的向量。这种索引向量的作用是删除某些值而不是包括进来。因此

```
> y = x[ -(1:2)]
```

向量 y 取得了前两个元素以外的值。

（4）字符串的向量。这种情况只存在于拥有 names 属性并由它来区分向量中元素的向量，此时一个由名称组成的子向量起到了和正整数的索引向量相同的效果。例如

```
> fruit = c(5, 10, 1, 20)
> names(fruit) = c("orange", "banana", "apple", "peach")
> lunch = fruit[c("apple","orange")]
```

由字母和数字组成的名称（names）比单纯的数值索引更好记是它最大的优点。这个功能在使用数据框的时候非常有用。

2．矩阵

1）矩阵赋值

矩阵（matrix）是将数据用行和列排列的表格，它是二维的数组，其单元必须是相同的数据类型。通常用列表示不同的变量，行表示各个对象。R 生成矩阵的函数是 matrix()，命令为

```
> matrix(data = NA, nrow = 1, ncol = 1, byrow = FALSE, dimnames = NULL)
```

其中，data 是必要的矩阵元素，nrow 表示行数，ncol 表示列数，dimnames 给定行和列的名称，byrow 控制排列元素是否按行进行，默认为 byrow = FALSE，即按照列顺序排列。例如：

```
>(A = matrix(1:8,nrow = 2,ncol = 4))  # 默认按照列顺序排列
     [,1] [,2] [,3] [,4]
[1,]   1    3    5    7
[2,]   2    4    6    8
>( B = matrix(1:8,nrow = 2,ncol = 4,byrow = TRUE))
     [,1] [,2] [,3] [,4]
[1,]   1    2    3    4
[2,]   5    6    7    8
```

2）矩阵的常规运算

函数 $t()$ 得到 A 的转置矩阵 A^T。类似地，将函数 $t()$ 作用于一个向量，则得到向量的转置。函数 nrow(A) 和 ncol(A) 分别返回矩阵 A 的行数和列数。$A+B$ 表示矩阵的加法，此处要求矩阵 A 和 B 是同样大小的矩阵。$2*A$ 表示矩阵的每一个元素都乘以 2。

R 还可以对矩阵对角元素进行计算，例如，取一个方阵（行与列数相同的矩阵）的对角元素：

```
>(a = diag(matrix(1:9,nrow = 3)))
[1] 1 5 9
```

对一个向量 a 应用 diag()函数,可以产生以这样向量的元素为对角元素的对角矩阵:

```
> diag(a)
     [,1] [,2] [,3]
[1,]   1    0    0
[2,]   0    5    0
[3,]   0    0    9
```

如果只输入一个整数,则 diag()函数生成一个对应维数的单位矩阵:

```
> diag(3)
     [,1] [,2] [,3]
[1,]   1    0    0
[2,]   0    1    0
[3,]   0    0    1
```

在 R 中可以使用 lower.tri()和 upper.tri()提取矩阵的上三角矩阵和下三角矩阵。命令分别为:

```
> lower.tri(x, diag = FALSE)
> upper.tri(x, diag = FALSE)
```

结果返回逻辑矩阵,其中,diag=T 时包含对角元,默认为不含对角元。例如:

```
> C = matrix(rnorm(9),3)
> lower.tri(C)
      [,1]  [,2]  [,3]
[1,] FALSE FALSE FALSE
[2,]  TRUE FALSE FALSE
[3,]  TRUE  TRUE FALSE
> C[lower.tri(C)] = 0
> C
          [,1]      [,2]       [,3]
[1,] -1.584614 0.1966174  1.7685665
[2,]  0.000000 0.1348116  0.2192405
[3,]  0.000000 0.0000000 -1.7921603
```

在 R 中,$A * B$ 是相应位置上元素乘积组成的矩阵,例如:

```
> A * B
     [,1] [,2] [,3] [,4]
[1,]   1    6   15   28
[2,]  10   24   42   64
```

而 $A \%*\% B$ 是矩阵乘积。例如:

```
> A%*%t(B)
     [,1] [,2]
[1,]  50  114
[2,]  60  140
```

函数 crossprod()产生一个交叉乘积(cross product),即 crossprod(X, y)与 $t(X)$ %*% y 达成相同的效果,但 crossprod()的效率更高。如果省略第二个参数,相当于第一个参数与自己做运算,即 crossprod(X)等价于 crossprod(X, X)。

在矩阵中,还有一个很重要的运算是求逆。在 R 中使用函数 solve()可以计算。solve(A, b)是求解线性方程 $Ax = b$。例如,对矩阵 $D = (A\%*\%t(B))$ 为例,假设 $x = c(1,3)$,得到

```
> D = (A % * % t(B))
> x = c(1,3)
> b = D % * % x
```

之后,若只有 D 和 b 被给出,则向量 x 是线性方程的解。在 R 中

```
> solve(D,b)
     [,1]
[1,]   1
[2,]   3
```

对线性方程求解,返回 x 的值(可能会有一些精度上的损失)。

函数 eigen()返回一个对称矩阵的特征值和特征向量。这个函数的结果是由名为 values 和 vectors 的两部分组成的列表。操作

```
> ev = eigen(D)
> ev
$ values
[1] 189.154129   0.845871

$ vectors
            [,1]        [,2]
[1,] - 0.6337259 - 0.9182767
[2,] - 0.7735577   0.3959394
```

把这个列表赋值给 ev。而 ev $ val 和 ev $ vec 分别是方阵 D 的特征值向量和对应的特征向量组成的矩阵。如果只是需要特征值,可以使用:

```
> evals = eigen(D) $ values
```

此时 evals 包含特征值的向量,而第二部分则被丢弃了。

3) 矩阵分解与合并

矩阵分解方法有 choleskey 分解,奇异值分解和 QR 分解。对于正定矩阵,使用函数 chol()进行 choleskey 分解。对于一般的矩阵,使用 svd()函数进行奇异值分解,使用 qr()函数得到 QR 分解。

在统计计算中,常常需要计算 X^TX 矩阵的逆,比如 OLS 的系数矩阵。在 R 的 strucchange 包里面有 solveCrossprod()函数可以很方便地计算,命令如下。

```
> solveCrossprod(X, method = c("qr", "chol", "solve"))
```

对于 method 中的求逆方法,qr 效率最高,chol 精度最高。例如:

```
> library("strucchange")
> X = matrix(rnorm(16),4)
> solveCrossprod(X,method = "qr")
```
	[,1]	[,2]	[,3]	[,4]
[1,]	0.52449597	0.1108404	−0.09180045	−0.04314768
[2,]	0.11084044	0.6818233	−0.22644205	−0.12083121
[3,]	−0.09180045	−0.2264421	0.37286448	0.43821428
[4,]	−0.04314768	−0.1208312	0.43821428	0.98050143

矩阵合并可以使用 cbind()和 rbind()来对矩阵按照列或行进行合并。例如：

```
> X = cbind(arg1,arg2,arg3, ...)
```

3. 数组

数组(array)可以看成一个由递增下标表示的数据项的集合,例如数值。也可以看作是向量和矩阵的推广。一维数组就是向量,二维数组就是矩阵。如果一个向量需要在 R 中以数组的方式被处理,则必须含有一个维数向量作为它的 dim 属性。对于假设,例如,z 是一个由 1500 个元素组成的向量。下面的赋值语句

```
> dim(z) = c(3,5,100)
```

使它具有 dim 属性,并且将被当作一个 $3 \times 5 \times 100$ 的数组进行处理。

还可以用函数 array()生成数组。array()命令为：

```
> array(data = NA, dim = length(data), dimnames = NULL)
```

其中,data 表示数据,可以为空。dim 表示维数,dimnames 可以更改数组的维度的名称。

```
> x = array(1:20,dim = c(4,5))
> x
```
	[,1]	[,2]	[,3]	[,4]	[,5]
[1,]	1	5	9	13	17
[2,]	2	6	10	14	18
[3,]	3	7	11	15	19
[4,]	4	8	12	16	20

数组 x 是一个二维数组,其中,第一维有 4 个水平,第二维有 5 个水平。索引数组类似于索引矩阵,索引向量可以利用下标位置来定义。函数 dim()可以返回数组的维数。

```
> x[2,3]
[1] 10
> x[2:3,c(1,3)]
     [,1] [,2]
[1,]   2   10
[2,]   3   11
> dim(x)
[1] 4 5
```

dim()还可以用来将向量转换成数组或矩阵。例如：

```
> sale = c(365,345,358,288,350,368,323,280,343,363,353,298,340,330,343,260,323,333,308,
298)
> dim(sale) = c(2,5,2)) #将向量转成维度为(2,5,2)的数组
> sale
, , 1
     [,1] [,2] [,3] [,4] [,5]
[1,]  365  358  350  323  343
[2,]  345  288  368  280  363
, , 2
     [,1] [,2] [,3] [,4] [,5]
[1,]  353  340  343  323  308
[2,]  298  330  260  333  298
```

4. 因子

分类变量的取值称为水平或**因子**(factor)。在 R 里可以使用函数 factor()创建一个因子，函数形式如下：

```
> factor(x = character(), levels, labels = levels, exclude = NA, ordered = is.ordered(x),
nmax = NA)
```

其中，levels 指定因子的水平，labels 指定水平的名字，excluded 表示在 x 中需要排除的水平，ordered 指定因子的水平是否有序。

我们用例 2.1 来说明。用 factor()将 x 生成因子 factor(x)，然后用 levels(factor(x))查看因子中有多少不同的水平。

```
> x = c("是","否","否","是","是","否","否","是","是")
> (factor(x)) #生成因子
[1] 是 否 否 是 是 否 否 是 是
Levels: 否 是
> levels(factor(x)) #提取因子的水平
[1] "否" "是"
```

上面的例子中的因子并不表示因子的大小。如果要表示因子之间有大小顺序，则可以利用函数 ordered()产生有序因子。假设我们得到 6 个人的收入等级数据。

```
> income = c("低收入","中等收入","中等收入","高收入","低收入","高收入")
> income = c("低收入","中等收入","中等收入","高收入","低收入","高收入")
> ordered(income,levels = c("低收入","中等收入","高收入")) #生成有序因子
[1] 低收入   中等收入 中等收入 高收入   低收入   高收入
Levels: 低收入 < 中等收入 < 高收入
```

由因子容易生成频数表。一对因子可以定义一个二维的交叉分类，还可以有更多的因子。在第 2 章中我们已经发现可以由函数 table()生成各种频数表或列联表。

5. 列表

如果一个数据对象包含不同的数据类型,则可以使用**列表**(list)。列表中包含的对象又称为它的**分量**(components)。一个列表可以包括数值向量、逻辑向量、矩阵、字符和数组等。它可以是任何对象(包括 list 本身)的集合。创建列表的函数是 list()。

下面是构造列表的一个简单例子。

```
> Lst = list(name = "小明", wife = "小丽", no.children = 3, child.ages = c(4,7,9))
> Lst
 $ name
 [1] "小明"

 $ wife
 [1] "小丽"

 $ no.children
 [1] 3

 $ child.ages
 [1] 4 7 9
```

若要使用列表的某一部分,可以使用 Lst[[1]], Lst[[2]], Lst[[3]] 和 Lst[[4]] 的形式来调用。更进一步的,如果 Lst[[4]] 是一个有下标的数组,Lst[[4]][1] 就是它的第一项。比如,这里 Lst[[4]][1] 就代表数字 4;与 Lst[[1]] 相同,Lst $ name 代表字符串"Fred";与 Lst[[2]] 相同,Lst $ wife 代表字符串"Mary"。

也可以使用 Lst $ child.ages 来得到 Lst[[4]]。即

```
> Lst $ child.ages
 [1] 4 7 9
```

函数 length(),mode(),names()可以分别返回列表的长度(分量的数量)、数据类型和列表里成分的名字。如果 Lst 是一个列表,那么函数 length(Lst)返回列表(最高级别)分量的个数。

请注意区分 Lst[[1]] 和 Lst[1],'[[…]]'是选择单个元素时使用的操作符,而'[…]'是一个一般的下标操作符。因此,前者代表列表 Lst 中的第一个对象,后者是列表 Lst 的子列表,仅包含列表的第一项。

新的列表可以通过 list()函数从现有的对象中建立。例如:

```
> Lst = list(name_1 = object_1, …, name_m = object_m)
```

将创建一个包含 m 个分量的列表,并根据参数中指定的名称为其命名(其名称可以自由选取)。如果它们的名称被省略,将对分量进行编号。在创建列表的过程中,所使用的分量是被复制到新的列表中的,对原始对象没有影响。和其他有下标对象一样,也可以通过指定额外分量的方式扩展列表。例如:

```
> Lst[5] = list(matrix = Mat)
```

当连接函数 c() 的参数为列表时,其结果也是一个模式为列表的对象。由参数中的列表作为分量依次连接而成。命令为:

```
> list.ABC = c(list.A, list.B, list.C)
```

6. 数据框

数据框(data.frame)是一种矩阵形式的数据,但数据框中各列可以是不同类型的数据。数据框每列是一个变量,每行是一个观测。数据框既可以视为矩阵的推广,也可以看作是一种特殊的列表。数据框是 R 语言特有的数据类型,也是进行统计分析最为有用的数据类型。下面对列表的限制对数据框也有效。

(1) 分量必须是向量(数值、字符或逻辑型),因子,数值矩阵,列表或其他数据框。

(2) 矩阵、列表和数据框向新数据框提供的变量数分别等于它们的列数、元素数和变量数。

(3) 数值向量,逻辑值和因子在数据框中保持不变,字符向量将被强制转化为因子,其水平是字符向量中所出现的值。

(4) 数据框中以变量形式出现向量结构必须长度一致,而矩阵结构必须有一样的行数。

很多情况下,数据框会被当作各列具有不同模式和属性的矩阵。数据框按照矩阵的方式显示,选取的行或列也按照矩阵的方式来索引。

在 R 中可以用函数 data.frame() 生成数据框,命令为:

```
> data.frame(…, row.names = NULL, check.rows = FALSE, check.names = TRUE, …)
```

下面以例 7.2 的数据为例进行说明。

```
> sale = c(365,345,358,288,350,368,323,280,343,363,353,298,340,330,343,260,323,333,308,298)
> A = c(rep(c(1,2,3,4),5))
> B = c(rep(1,4),rep(2,4),rep(3,4),rep(4,4),rep(5,4))
> sale.df = data.frame(sale,A,B)
>(a = sale.df [1:5,]) #限于篇幅只显示前 5 行
   sale A B
1  365 1 1
2  345 2 1
3  358 3 1
4  288 4 1
5  350 1 2
```

当然,也可以对数据框的行名进行修改。例如:

```
> rownames(a) = c("小圆","小明","小丽","小刚","小亮")
> a
      sale A B
小圆   365 1 1
```

```
小明    345 2 1
小丽    358 3 1
小刚    288 4 1
小亮    350 1 2
```

如果一个列表的分量与数据框的限制一致,这个列表就可以通过函数 as.data.frame() 强制转化为一个数据框。

创建数据框最简单的方法应当是使用 read.table()函数从外部文件中读取整个数据框。对于前面创建的数据框 sale.df,有以下两种形式可以调用。

(1) 以数组形式访问。数据框可以看作是特殊的数组,因为数据框的列表示变量,行表示观测值,因此,可以访问指定的行或列。下面以数据框 sale.df 为例进行说明。

```
> sale.df[,"B"] #返回变量 B 的所有观测数值
[1] 1 1 1 1 2 2 2 2 3 3 3 3 4 4 4 4 5 5 5 5
> sale.df[,3] #同上,返回变量 B 的所有观测数值
[1] 1 1 1 1 2 2 2 2 3 3 3 3 4 4 4 4 5 5 5 5
> sale.df[1:5,1:3] #返回第 1 到 5 行,第 1 到 3 列的观测值
   sale A B
1  365 1 1
2  345 2 1
3  358 3 1
4  288 4 1
5  350 1 2
```

(2) 以列表形式访问。数据框是特殊的列表,数据框的列可以视为向量,而且要求是同一类型对象。可以用列表形式访问数据框,只要采用"数据框名$变量名"形式即可。

```
> sale.df $ B
[1] 1 1 1 1 2 2 2 2 3 3 3 3 4 4 4 4 5 5 5 5
```

除了用$形式之外,还可以采用数据框名[[变量名]]形式访问:

```
> sale.df[[3]]
[1] 1 1 1 1 2 2 2 2 3 3 3 3 4 4 4 4 5 5 5 5
> sale.df[["B"]]
[1] 1 1 1 1 2 2 2 2 3 3 3 3 4 4 4 4 5 5 5 5
```

还可以筛选出符合要求的数据。按如下方式可以得到到销售额大于 360 的数据。

```
> sale.df[sale.df $ sale>360,]
    sale A B
1   365 1 1
6   368 2 2
10  363 2 3
```

调用数据框的变量需要使用"数据框名$变量名"的形式。但是,在 R 中提供了 attach() 函数,可以把数据框中的变量连接到内存中,从而可以直接用数据框中的变量名访问,而不必使用"数据框名$变量名"。特别是模式为 list 的对象可以通过相同的方式连接。例如,

前面的 sale.df 数据框有三个变量,可以使用"数据框名 $ 变量名"的形式,也可以利用 attach()把数据框连接入当前名字空间。任何被连接的对象都可以用 detach()来卸载。

A.3.3 数据的合并与拆分

1. 数据框的合并与拆分

有时候我们希望对一个数据框进行分组统计分析或者只分析其中的一部分数据,还有的时候又希望把不同组的数据合并起来分析。我们可以分别使用函数 unstack()和 stack()拆分数据框和合并数据框。

下面以 dataset 的内置数据 PlantGrowth 为例进行说明,该数据是关于植物生长的数据。

```
> data(PlantGrowth)
> PlantGrowth
```

该数据有 weight 和 group 两个变量,其中,group 有三个水平,分别为 ctrl(对照组)、trt1(处理组 1)和 trt2(处理组 2),每个水平 10 个样本。

对于这种类型数据,可以将数据拆分,使得 group 的每个水平作为一个变量:

```
> data(PlantGrowth)
> unPG = unstack(PlantGrowth)
```

也可以用函数 stack()把 unPG 的三组数据用同一个变量来表示,也就是三组数据的变量形成一个分组变量。

```
> sPG = stack(unPG)
```

2. 数据集的合并

在多数情况下,两个数据框可能需要通过一个或多个共有变量进行连接。要横向合并两个数据框或数据集,可以使用 merge()函数。例如,下面的命令通过 ID 将数据框 A 和 B 进行了合并。

```
> newdata = merge(dataframe.A, dataframe.B, by = "ID")
```

若要直接横向合并两个矩阵或数据框,则可以直接使用 cbind()函数。此时要求每个对象必须有相同的行数,且以相同的顺序排列。比如,我们在例 2.8 里使用 cbind()函数把 time 和 transportation 合并。

```
> traffic.time = cbind(time, transportation)
```

3. 数据集的抽取

有时候也需要抽取一部分数据或变量。我们以 R 的程序包 MASS 中的 Cars93 数据为例说明数据的抽取。首先查看该数据,发现共包含 27 个变量 93 个样本。

```
> library(MASS); data(Cars93); attach(Cars93)
> dim(Cars93)
[1] 93 27
```

(1) 保留变量。从一个大数据集中选择有限数量的变量来创建一个新的数据集。例如：

```
> newdata = Cars93[,c(3,5,8)]    #我们选择其中的三个变量 Price、Type 与 mpg.
```

(2) 剔除变量。如果已经知道要剔除的变量是第几个变量，可以使用命令：

```
> newdata = Cars93[,-c(3,5,8)]   #我们剔除其中的三个变量 Price、Type 与 mpg.
```

如果要检查变量是否在数据集中，可以使用"x %in% table"返回数据集中的每个元素是否在 table 中。例如：

```
> newdata.delete = names(Cars93) %in% c("Price","Type","MPG.highway")
> newdata.delete
 [1] FALSE FALSE  TRUE FALSE  TRUE FALSE FALSE  TRUE FALSE FALSE FALSE FALSE
[13] FALSE FALSE FALSE FALSE FALSE FALSE FALSE FALSE FALSE FALSE FALSE FALSE
[25] FALSE FALSE FALSE
```

(3) 选择观测值。例如：

```
> newdata1 = Cars93[1:10,]    # 我们选择前10个观测值.
> newdata2 = Cars93[which(Price>20&Price<50),] #我们选择价格在20～50的观测值.
```

(4) subset()函数。

```
> newdata3 = subset(Cars93,Price>20&Price<50,select = c(Price,Type, MPG.highway))
  #我们选择价格在20～50,包括三个变量 Price、Type 与 mpg 的观测值.
```

参 考 文 献

[1] 刘超.简明应用统计学[M].2版.北京:中国人民大学出版社,2015.
[2] Sarah Boslaugh.统计学及其应用(原书第2版)[M].北京:机械工业出版社,2016.
[3] Ruey S. Tsay.多元时间序列分析及金融应用[M].北京:机械工业出版社,2016.
[4] 方匡南,朱建平,姜叶飞.R数据分析:方法与案例详解[M].北京:电子工业出版社,2015.
[5] Peter Dalgaard.R语言统计入门[M].2版.北京:人民邮电出版社,2014.

图书资源支持

感谢您一直以来对清华版图书的支持和爱护。为了配合本书的使用,本书提供配套的资源,有需求的读者请扫描下方的"书圈"微信公众号二维码,在图书专区下载,也可以拨打电话或发送电子邮件咨询。

如果您在使用本书的过程中遇到了什么问题,或者有相关图书出版计划,也请您发邮件告诉我们,以便我们更好地为您服务。

我们的联系方式:

地　　址: 北京市海淀区双清路学研大厦 A 座 701

邮　　编: 100084

电　　话: 010-62770175-4608

资源下载: http://www.tup.com.cn

客服邮箱: tupjsj@vip.163.com

QQ: 2301891038(请写明您的单位和姓名)

用微信扫一扫右边的二维码,即可关注清华大学出版社公众号"书圈"。

书 圈

扫一扫,获取最新目录